文學叢刊

採訪憶往

章南著

文史哲出版社印行

國家圖書館出版品預行編目資料

採訪憶往 / 章南著. -- 初版. -- 臺北市：文史哲,
民 90
面： 公分.--（文學叢刊；115）
ISBN 957-549-330-3(平裝)

1.新聞

895.3 89017438

文學叢刊 ⑪⑤

採訪憶往

著者：章南
出版者：文史哲出版社
登記證字號：行政院新聞局版臺業字五三三七號
發行人：彭正雄
發行所：文史哲出版社
印刷者：文史哲出版社
臺北市羅斯福路一段七十二巷四號
郵政劃撥帳號：一六一八〇一七五
電話 886-2-23511028・傳真 886-2-23965656
實價新臺幣五〇〇元 美金十五元
中華民國九十年四月初版

ISBN 957-549-330-3

採訪憶往 目次

貳、軍事篇

叄、中外時人訪問

肆、外島記行

伍、大陸實況

陸、國際問題論述

柒、故事小品

序言

「今日是新聞，明天便成了歷史。」這句話說明了新聞與歷史兩者之間的密切關係。所以從事新聞工作，不僅參與了歷史的記載，而且常常也是歷史的見證人。作者獻身新聞事業，在這本「採訪憶往」中，蒐集了他歷年所撰的新聞特寫和訪問記等作品，大多有關於六〇年代中我國在外交和軍事以及中美合作等方面的要聞報導，其中頗具歷史價值和可讀性，值得讀者們去瀏覽、回憶和深思。

時代的巨輪即將進入二十一世紀。由於通訊工具的日新月異，新聞學領域也走進了「大衆傳播」（Mass Communication）的時代。它從傳統的報紙與新聞雜誌，發展到廣播和電視，到二十世紀末年，更有「網路新聞」（Internet News）的出現，新聞媒體的擴增，與傳播速度之迅捷，成爲今日「資訊時代」（Information Age）的兩大特色。

由於報紙的影響力，它在「大衆傳播」中仍佔有極爲重要的地位。例如美國的紐約時報（New York Times）和華盛頓郵報（Washington Post），它們的言論與新聞確能反映民意，影響政府的決策。臺灣現在走向民主化，更需要有健全的報紙輿論充任「爲民喉舌」，負起監督政府施政的責任。這將有賴於我新聞從業人員共同的努力，以求達到民主政治的遠大目標。

我和作者章南同學是師生關係，業已經歷了半世紀的友誼。他是政工幹校新聞組首屆畢業生。我在擔任他們的系主任時，正值民國四十年初。當時政府遷臺未久，幹校初創，百廢待舉。後來改革學制，成爲新聞系。學生畢業後，都先要分發至軍中服務，數年後才有機會轉到新聞機構，在各個不同的新聞崗位服務。有的在新聞界嶄露頭角，升任報社社長；有的繼續進修，進入大學研究所或出國深造；有的成爲作家、教授；留在軍中的有當將官的。此外也有考取外交官投身外交界服務，章南同學便是一位優秀的外交人才。他們都兢兢業業，獻身社會、效忠國家，各有成就，使我感到非常慶幸，亦覺與有榮焉。

最近作者整理過去從事新聞工作多年所留下來的作品，分門彙編，行將付梓問世，此不僅爲作者個人的成就，也是幹校新聞系共享的榮譽，衷心欣慰，特爲之序。

謝然之　一九九九年己卯臘月於美國南加州侯青廬

自序

臺灣是個美麗的寶島，也是我成長發展的好地方。這裡留下了我年輕時期獨自奮鬥的歷程，也追求過青年人夢想的實現。我在臺灣十八年，其中有三分之二的歲月是與新聞工作有關。在完成了中美兩國的新聞專業訓練後，我幹了二年編輯、四年記者生涯，和在臺最後四年的外交部新聞發佈工作。

這本「採訪憶往」，是我三十年前在臺灣從事新聞工作時所留下來的作品，有著許多歷史性的要聞報導。書中所蒐集的多以新聞特寫和訪問記爲主。也有部份分析性的專欄和評論，以及數篇「英譯中」的報導。此外，另有若干篇故事小品文章也予列入。全書共計一百零八篇達廿餘萬字。這些都是已經當年發表過的剪報，直到去年我退休後，才有時間將它一一整理出來，編成此書，並將它付梓問世。如果它能給予讀者一段歷史的回憶、並對有志於新聞工作的青年，來提供一些有關採訪題材和新聞寫作方面的參考，我也就心滿意足了。

作者從事新聞採訪工作，正當六〇年代開始，時間從民國四十九年至五十三年之間，那幾年可說是自由中國的全盛時期，舉國上下，在蔣總統領導下勵精圖治，臺灣呈現了一片復興氣象。外交上，國際形勢樂觀。中華民國是聯合國安理會成員之一，是代表中國的合法政府。國際間承認中共者寥寥可數。中美兩國保持著密切的合作關係。兩國政府高層首長的互訪，如詹森副總統訪華及陳誠副總統報聘訪美，便是一個明證。軍事上，臺灣經過了十年生聚教訓、整軍經武，歷經金門大捷和「八、二三」砲戰的考驗，三軍戰力達到顛峰狀態。反觀中國大陸，當時正値「大躍進」失敗後，生產凋蔽、連年飢荒、民不聊生。而毛澤東卻忙於奪權鬥爭。一九六五年更利用紅衛兵發動了「文化大革命」，導致整個社會近乎癱瘓。可惜當時我政府受美國政策所限，只能充當西太平洋防線的一環，而不能對大陸採取軍事行動，坐失反攻良機。待美政策改變，局勢便不堪收拾。七〇年代尼克森訪問中共，我國被迫退出聯合國，最後美國轉而承認中共，「反共復國」希望頓成泡影，一代偉人蔣總統亦告含恨而終，歷史無情由此可見。

我在中華日報四年的記者生涯中，負責軍事和外交新聞的採訪。那時臺北共有七家日報，三家晚報和五家中外通訊社。軍事記者中有中央日報劉毅夫，他是老大哥，也是軍事記者的龍頭。新生報葉建麗，他是我同班，後來升爲該報社長。其他還有聯合報劉宗周，徵信新聞續伯雄，公論報張少白，青年戰士報張家驤以及中央社楊允達等人。後來我兼跑外交新聞時，又和中央日報王嗣佑，新生報李文中和中央社曲克寬、傅建中等人一起採訪。外國通訊社中有美聯社慕沙、徐福寶，合衆國際社蕭樹倫和一位法新社同業，那四年的記者生涯，可說是給我一個工作上的考驗，重大新聞接踵而至，而我恰好躬逢其盛，全部投入了採訪工作，緊張忙碌可想而知。

四年的記者生涯，隨着我考進外交部而畫下了句點。我很幸運一進部便被分派到情報司（現爲新聞文化司）服務，擔任外交部的新聞發佈工作。所以實際上我並未脫離新聞崗位，只是工作立場不同而已。

我在外交部內也幹了四個年頭，先後歷經沈昌煥、魏道明兩任部長，和孫碧奇、賴家球兩任司長。我對沈部長只有在文字上經常和他見面，因爲外交部所有新聞稿都要經他批閱後才可發表。到後來魏道明接事，我與他則有一次面對面的工作機會。緣一九六七年葡萄牙承認中共，外交部要發表一篇對「澳門問題」的聲明，臨時召我去魏部長官邸，當場就動筆草擬這篇聲明。幸我事先已有準備，所以不辱使命。稿成後由魏部長立即批可發表，不經他人之手，乾脆利落，這是從未有過的事，因此印象深刻。

由於情報司長同時身兼外交部發言人，每隔一週便要去出席一次行政院新聞局舉行的記者招待會，我隨司長把帶去的中英文記者答詢稿當場分發。四年下來，每年都印有一本中英對照的「外交部發言人談話彙編」。這些出自我手筆的官方文件，也成了我服務外交部所留下的最佳紀念。外放美國擔任領事職務後，我與新聞工作便告完全脫節。如今回憶起來，這段經歷在我生命史上彌足珍貴。

「採訪憶往」全書共分七章，計有外交篇、軍事篇、中外時人訪問、外島紀行、大陸實況、國際問題論述以及故事小品等。編輯時皆以其內容來分類，而不以發表時間先後爲序。以下是各章簡要，並略作背景補充。

一、外交篇：六〇年代政府外交，著重於拓展非洲外交、爭取與國，和中美攜手共同維護我在聯合國代表權的兩大任務，都各有顯著成就。對非外交方面，當時非洲各殖民地紛紛獨立，先後與我建交。有「非洲先生」之譽的外交部次長楊西崑功不可沒，他對新興非洲與世界前途，作有一篇精闢的演說，列入本章內的專欄報導。此外，中美兩國高層首長的互訪，泰王訪華，以及一系列訪問我駐外使節如葉公超、蔣廷黻、陳雄飛、陳之邁、杭立武、邵毓麟、蔣恩鎧、梁序昭等多篇訪問記，亦均包括在本章之內。

外交上，當時我駐美大使葉公超是國內最受注目的一人。他爲了「外蒙問題」奉召返國述職。抵臺之日，我們約好第二天晚上在他下榻的臺北博愛賓館接受訪談。當時他還不知爲了反對否決外蒙進入聯合國一事，已遭人在背後參奏了一本，誣指他忠貞有問題，不能在外代表國家。因此，後來他便不能再回美國任所，長留國內賦閑，以書畫自娛，最後抑鬱以終。葉氏才華橫溢、見解獨到，他對中華民國外交的貢獻，乃是有目共睹的事。例如中美共同防禦條約的簽訂，便是他在外長任內的大手筆。但他對政府推行所謂「漢賊不兩立」的外交政策，頗有微詞。基於外交現實的考量，他認爲不能敵進我退。在接受訪問時，他曾譬喻說：「我們很像在房間內油漆地板，一退再退，最後被逼到牆角便走不出來了」。葉氏恃才而驕，且有中國文人桀傲不馴的個性，因此在官場上常易樹敵，註定了他是一個悲劇型人物，但他在外交圈內，卻是一個廣受尊敬的長官。

外蒙終於在蘇聯設計的「集體入會」方式下進入了聯合國，此事應非葉氏之過。他的去職，恐與外交高層傾軋有關，「沈、葉不和」所致。

二、軍事篇：中共於一九五八年八月廿三日炮打金門後，曾持續了一段長時期的「單打雙停」戰術，到一九六〇年代，臺海已告平靜，但金馬外島國軍仍在高度戒備中。我當記者時，曾多次應邀參觀軍事演習，其中規模最大一次爲「襄陽演習」，它是作者新聞採訪的第一炮。還有到各基地去訪問陸海空三軍的設施和訓練，特別是中美軍事合作，使我能有機會訪問在臺灣海峽擔任協防的美國第七艦隊，並隨我總統登上了「星座號」核子動力巨型航空母艦參觀，受到艦上官兵列隊歡迎。我也坐過另一艘「普林斯頓號」母艦出海演習。參觀過「石魚號」潛艇，訪問過第七艦隊司令和太平洋美軍總司令。

在報導軍事新聞中，我曾有次出險記錄，那是因爲寫了一篇我空軍駕U-2機偵察大陸的新聞特寫，無意中被總統看到。那時美將U-2機交我空軍使用尚未公開，如今受到總統下令查詢，事態顯然嚴重。不過我已胸有成竹，在呈給中央的報告中，我指出這篇報導是根據「中國的空軍」月刊中一篇故事改寫而來。「中國的空軍」既已發表在先，我應不負「洩漏軍機」的責任。其次，我強調報導動機是在鼓舞士氣民心，表示總統不忘大陸，隨時準備反攻復國云云。此後未見追究，一場報導風波，也就不了了之。

在此之前，U-2事件曾一度觸發美蘇間一場外交風波。美國一架U-2機祕密飛至蘇聯領空進行偵察任務，遭蘇聯飛彈擊落，駕駛員鮑爾斯中校被俘。美初不肯承認，蘇遂將被俘的駕駛員供詞作證，因而使艾森豪總統難以下台，赫魯雪夫爲此還在聯合國大會中擊桌大罵美帝侵略，最後迫使美國公開道歉，蘇聯才把鮑爾斯釋放，一場外交風波始告平息。因此之故，美國才把U-2偵照大陸的任務、祕密交由我空軍執行。但自我那篇特寫報導發表之後，U-2已不再是個祕密。所以當後來陳懷生中校所駕駛的U-2機被中共擊落殉職時，才得以公開舉行表揚。

三、中外時人訪問：本章多以來華訪問的貴賓爲主。其中羅伯·甘迺迪是甘迺迪總統的弟弟，時任司法部長。他英氣煥發，頗有乃兄之風。一九六八年他和尼克森競選總統，不幸遇刺身亡。甘氏兄弟先後同遭不測，令人惋惜。其他接受訪問者有匈牙利前總理納奇，關島總督丹尼爾，歐洲名政論家奧托大公以及教廷駐華公使高理耀等人。國人受訪者有太空博士李旭初及牧師陳維屏。

四、外島紀行：民國卅八年大陸變色，我隨政府自寧波渡海撤至舟山群島，在佛教聖地普陀山的一個寺廟中棲身，每天聽晨鐘暮鼓、遠眺海天一色，眞恍若有如置身世外桃源，暫時把大陸上的兵荒馬亂全都忘了。半年後轉往定海，參加國軍後勤補給機構工作，生活漸趨穩定。不料好景不常，卅九年五月，我親身經歷了「舟山撤退」緊張的一幕。這是一次在敵前作大規模的撤退行動。因爲自桃花、六橫兩島連遭共軍進佔後，定海本島已直接暴露在他們炮火射程之下，如果我們的撤退行動，事前被敵方偵悉，那後果便不堪設想，所以大家奉命要在絕對保密情況下進行，結果非常成功。許多人上船後才知要去臺灣。記得那天深夜，我隨定海城防司令部趙世瑞司令最後一批登上了一艘停靠在定海城南碼頭的招商局輪船，趁著暗淡的月色掩護下於午夜開航，徐徐駛向沈家門出海。沿途我們尚可不時見到附近島上村落疏稀的燈光，似乎表示他們已被我們撤退的行動所驚醒。我們也曾偶爾聽到岸上傳來婦孺尖銳的哭叫聲，令人感到一陣心酸。原來國軍部隊臨走時，也帶走當地不少壯丁去當兵，使得多少家庭破碎。「這眞是一個時代的悲劇。」我依在船舷沉思。但是如果他們留在家裡，後來中共還不是強迫他們去參軍，或是面臨被清算鬥爭的悲慘命運。當時我擠在甲板上的人群中，好不容易熬過了一天一夜，船才駛進了基隆港。來臺後我曾寫了一篇「神話普陀」，以紀念當年避難的地方。

四十二年夏，我參加幹校畢業旅行，去過一次大陳島。大陳在一江山守軍壯烈犧牲後由美艦護航撤退。四十七年「八、二三」炮戰前後，我訪問過馬祖、金門及其前哨大、二膽，亦到過澎湖見到胡宗南司令官，足跡遍及浙閩沿海各外島，每次訪問歸來，都曾撰文報導，列入本章紀行篇者計共八篇。外島之行中，使我印象最深刻的是金門地下防禦工事，四通八達，令人嘆爲觀止。

五、大陸實況：在毛澤東的統治下，當時我們所能得到的大陸資訊，極爲有限。爲了滿足讀者知的需求，我只好從英文報刊中去發掘有關中國大陸的報導，加以翻譯後刊出。這些從人民公社、整風運動以及糧荒飢餓等譯文中，不難看出當年中國大陸的實況。

六、國際問題論述：本章內所蒐集者，大部份是我在精忠報擔任國際版編輯時所寫。精忠報隸屬陸軍總部政治部，爲一份三日刊的軍報。國際問題是教育官兵對世界現勢有所認識，頗獲時任政治部主任蔣堅忍中將的重視，我成了他演講的撰稿人，後來調任他的秘書，蔣堅忍將軍調升國防部總政治部主任時，我也追隨左右。

七、故事小品：其中「突擊龍山前」和「民族英雄高鄉長」，是我早期寫的兩篇短篇創作，分別刊載於「幼獅文藝」月刊和新中國出版社「匪諜落網紀實」一書。其餘是各報的投稿，並無新聞價值，將它編爲一章，留作紀念罷了。

最後，我要把這本「採訪憶往」獻給吾妻尹世和女士，沒有她的支持，很難想像我能專心投入那四年漫長的記者生涯，當然更不會有今天這本書的問世了。在此，我要感謝當年師長們的培育和厚愛，特別是徐詠平教授，由於他的提拔，我才有機會進入中華日報工作，實現了「無冕王」的夢想。此外，我還要衷心感謝系主任謝然之老師，他學貫中西，早年主持臺灣「新生報」，並從事新聞教育，如今桃李滿天下。正當他在海外安渡退隱之年，還來親自動筆，熱心爲本書作序，使我倍加感動。在序文裡，他猶不忘勗勉年輕一代新聞從業人員，要負擔起「爲民喉舌」充當監督政府施政的責任。他這樣殷切的期盼，眞不愧爲一代報人，良師益友，令人景仰不已。謹此一併表示無上的敬意，並祝他福壽無疆。

章　南　脫稿於美國舊金山時値千禧年元月

作者全家福
長子培忠（左二）
長媳婉茵（中）
次子培杰（右一）

作者含飴弄孫之樂

作者夫婦近影

圖上爲作者（中坐者）於外交部平劇晚會中粉墨登場之劇照。

圖左爲作者與時在聯合國我代表團服務之現任駐教廷大使戴瑞明合影。

圖右爲作者於七〇年代初因公到華府與時在駐美大使館服務之現任駐美代表程建人合影。

外交官考試，競爭激烈，須經三試過關，錄取率約爲百分之五左右。圖爲民國五十三年外交領事特考同年合影。（右一爲作者）

右圖爲作者在美國陸軍新聞學校發表有關「聯合國與世界和平」之專題演講，時爲一九五六年九月於紐約史魯坎堡

左圖爲前國防部總政治部主任蔣堅忍將軍（中）訪美時由作者陪同赴柏克萊加州大學參觀

☆ Westchester Sec.—SUNDAY NEWS, DECEMBER 2, 1956 ● WYO

Foreign army officer students at Fort Slocum examine design on Korean vase. The officers are (left to right) Capt. Nan Chang of the Chinese Nationalist Army, Maj. Hyun Ree Kim of Korea and Capt. Nazir Ahmed of Pakistan.

Uncle Sam Hands Savvy To Allies at Fort Slocum

Uncle Sam has several ideas that friendly nations throughout the world can well adopt. And 13 foreign officers from armies linked through the Military Affairs Assistance Pact, now students at the Army Information School at Fort Slocum, U. S. military base off New Rochelle, are taking those ideas back home with them.

They are part of a class of 40, the rest being officers from U. S. detachments, brought together at Fort Slocum to learn "The Information Story." Slocum is host to foreign officers throughout the year, as well as to Uncle Sam's men, for instruction in how to transmit information, especially to the taxpayers, without endangering public security or running afoul of military secrets.

Praise The U. S.

The men include eight from South Korea, three from Nationalist China and two from Pakistan. The course takes eight weeks, which along with leaves from duty, means about three months before the foreign officers get back to their posts, ready to spread the idea of "the way America does it."

"America is a wonderful country," they agreed at a roundtable conference, "and is giving us many ideas to take back with us." Maj. Hywn Kee Kim, on assignment to Slocum from the South Korea Army, said.

"Mass communication is one of the secrets of your America's greatness. How well informed the people of your country are! Through your newspapers, radio, television, through clubs and organizations, you Americans are familiar daily with everythng that's going on in the world.

"In my country there are no such things. When I get back home, that is going to be one of my missions. My country must learn the American way of being informed."

They like the American way of living, learned from contact with Westchester folks, from American officers with whom they are quartered and from sight-seeing trips.

Lt.-Col. Sang Hoon Park, South Korea, finds churches so fascinating that he spends practically all his spare time visiting them.

Schools and museums are the off-duty targets of Maj. Hamid Ibrahim of Pakistan. He was a school teacher before he entered the army, and said he is finding new ideas here. He finds a willing companion in Capt. Nazir Ahmed, also of Pakistan.

Families Delighted

What do their families think about this study at Slocum?

"Well," Maj. Ibrahim said, "they think it's a wonderful opportunity for us as individuals and for service to our country. My wife encouraged me to go after I had taken the examinations all Slocum students must take."

Only bachelor in the group is Capt. Nan Chang from Formosa, Nationalist Chinese Army, who with Col. Chia Chao recently completed a course in warfare psychology at Fort Bragg. tain, "but sometimes I think Col.

"Everything's fine," said the cap-Chao gets a bit homesick!"

Language presents no problem. Every one of the foreign officers attended a school where English is a compulsory subject. They find the food "much like what we'd get at home, although sometimes it is cooked a bit different from the way we'd do it at home."

作者於美國陸軍新聞學校受訓，接受當地報紙記者訪問，並刊出新聞及圖片。（左起爲作者及韓國與巴基坦同學）

作者於一九五五年與軍中同學合影　右起名劇作家姜龍昭、大衆傳播祝振華博士、作者及前新生報社長葉建麗。

臺北中華日報採訪組全體同仁於餐敘後合影（後排右起第三人爲作者）

政工幹部學校新聞組第一期畢業同學合影紀念
四二.四.二二於復興崗

作者大學畢業照

民國四十二年政工幹校新聞組第一期同學畢業合影。

圖中爲系主任謝然之老師（二排中坐者）偕徐詠平教授（右）及潘邵昂教授，第三排左起第八人爲作者。

作者早年追隨父執曹天戈將軍，黃埔四期畢業，抗戰末期曾率廿六師駐防浙西。曹氏允文允武，擅長書法，圖為其生前墨寶。

壹、外交篇

詹森訪華之行

美國副總統詹森，將於明日在其亞洲之行中來到中華民國，他的訪問亞洲，正當是寮國局面不可收拾和美國積極支援越南抗共的時候，其意義之重大，正如甘迺迪總統在本月五日記者招待會上稱它爲「一項極端重要的派遣。」

詹森副總統所訪問的亞洲國家，包括有越南、菲律賓、中華民國、泰國、印度、巴基斯坦。在上述國家中，各有其特殊情勢的存在，如越南，其國內共黨威脅的嚴重性，遠非外界所能想像，在過去二年中，共黨武裝力量滲入南越，已從三千人增加到一萬二千人之多，共黨的政治曁宣傳份子尚不包括在內。僅去年一年之中，越南政府的軍政官員遭受共黨游擊隊暗殺和綁架的便達三千餘人，其他如軍事據點的被攻擊，道路、橋樑、通信以及公用事業的遭到破壞，由於此等恐怖之結果，使得越南全國有二百所學校被迫停課。

越南國內共黨威脅既如此嚴重，而且自寮共取得軍事優勢後，其來自國外共黨的壓力，亦復一天天地增加，在內外交迫的情勢下，這個中南半島上的「米倉」國家，幾有遭共黨囊括的可能，於是，作為自由世界領袖的美國，在未能挽救寮國之後，轉而積極地支援越南，以協助其對抗共黨之侵略，詹森副總統啣命東來，且把越南列為其亞洲之行中第一個被訪問的國家，其重要性可想而知。

詹森在甘迺迪政府中所扮演的角色，並不只是如他人所想像的一位徒具空銜的副總統，他將參與更多的實際政事。這一點他於本月八日對美國雜誌發行人協會的演說中已有極明白的表示。在此以前，他曾代表甘迺迪總統前往非洲，日內瓦和巴黎等地訪問。詹森在對外事務上的活躍性，將是繼杜勒斯後的一位傑出人物。

詹森從師範學校畢業後，曾在德州霍士頓城教了二年書，但他對政治具有強烈興趣，所以後來他便到華盛頓去，做了他們家鄉一位衆議員名叫克里伯的秘書。一九三五年他被羅斯福總統任命為全國青年署德州分署署長之職，在不景氣時期為青年解決工作問題，並從事指導與訓練青年等工作，著有成效，二年後參加衆議員競選，擊敗了其他九位候選人而告當選，在以後的廿三年中，他由衆議員，參議員而躍至今日美國副總統，始終是美國選民眼中的一顆彗星，以他不墜的聲譽，和長期累積的從政經驗，他極可能成為未來的美國總統。

本月九日，詹森副總統從華府起程前來亞洲訪問，他在上機前所發表的談話中說：美國對亞洲各自由國家的和平，安全和獨立，極表關切。他說：在那裡，共黨武裝侵略的威脅，使吾人感到不安，吾人渴望見到該地區人民能免除貧窮，無知和疾病的痛苦。他說他此行的任務將有關於他所訪問的國家對吾人合作之直接需要與最終目標。他於飛抵加里福尼亞州特拉維斯空軍基地時，告訴歡迎的人群說：美國在與亞洲的關係中，將遵循一條責任，謹慎和勇敢的途徑。以後在他每到一地的談話中，都強烈表示美國支持亞洲盟國的決心。

詹森副總統將於明日中午抵達台北，作爲時廿四小時的訪問，他此行攜有甘迺迪總統致蔣總統的親筆函件，並將與我總統舉行重要會談，討論世界局勢的一切發展，以及有關中美間共同利益等問題，俾求得一種更深的瞭解與合作。

從詹森此行，我們至少可以看出有下面幾點趨向：

第一、美國提高了對亞洲事務的關切性，過去，民主黨一向是採取「重歐輕亞」政策的，但是現在不同了。亞洲問題將受到甘迺迪政府的重視，特別是對共黨的顚覆侵略，美國將不會再退讓，從它最近對越南的態度可以看出。

第二、美國重申其對中華民國的承諾與支持，最近國際間有所謂「兩個中國」與「臺灣國際化」的荒謬論調，現在可以不攻自破，美國民主黨政府不但不會出賣中國，而且它將堅決保證其對中華民國所作之各項承諾。在道義與物質上，予我以更多的援助。

第三、中美關係的進一步加強：由於詹森副總統的訪華，中美兩國在對若干反共問題上，將可獲得一致的看法。今後美國將可吸取我更多的反共經驗，作爲其處理今日世界共黨問題的參考，兩國由於此種互相依存關係，將可進一步加強合作，使中美關係邁向新的紀元。

（五十年五月十四日中華日報）

詹森副總統訪問記

圖一：詹森副總統接受作者訪問

昨天下午七時十分，美國副總統詹森剛從士林總統官邸開完會議回來，記者在圓山大飯店他的行館中，會見了這位百忙中的國賓，記者首先說明來意後，他便很愉快地答覆記者所提的問題，並且還拉記者和他合照，給記者簽名，最後他還把他在參院時所使用的一支心愛的筆贈送給記者作爲紀念。

這位曾任美國衆議員參議員以至爲今日美國副總統的詹森，他的民主風度已給自由中國人民留下一個極深刻的印象。昨天當他從機場乘車至圓山大飯店，沿途曾下車六七次之多，與歡迎的民衆連續握手致謝，群衆蜂擁而上把他圍得水洩不通，使得在場的治安人員大爲著急，但他毫不介意仍舊和歡迎的民衆熱烈握手，直到他被他的隨員勉強請上了車爲止。

他對自由中國人民所給予他如此熱誠的歡迎表示十分感謝，雖然這是他第一次來到中華民國訪問，但是他說：他將永遠難忘自由中國人民所給予他這種珍貴的友情。

他對記者說：自由中國社會的進步，是他抵達此間訪問數小時後，所留下的一個印象。昨天下午他曾到桃園去參觀農村土地改革的成果，雖因受到時間上的限制，但是他從人民的衣着笑容和生活水準來看，自由中國社會的進步乃是一個事實。

在與記者會面時，詹森副總統剛從總統官邸會談歸來。記者問他會見總統的印象如何？他說：「他在與我總統將近三小時的會談中，彼此曾經有過很坦白和親切的討論，及交換兩國政府對於自由亞洲的意見。」詹森說：「今天下午蔣總統曾把他的進一步事實希望和計劃給他，這種進一步的事實希望和計劃，是蔣總統認爲將對自由亞洲和一個強大的亞洲有所貢獻」。詹森副總統在答覆這話時，每個字都咬得非常肯定而清楚，顯然是經過一番思考的，然後再從他的口中說了出來。他一點也不草率，簡單而扼要，而且說得也很得體，但他爲了怕記者還不夠滿意，特別由他的秘書告訴記者說：明天上午會有正式公報發表，記者見他說到這裡也不便再追問到底了。

記者問完話之後，接着便請詹森副總統爲本報題字簽名，他一聽之下立刻從西裝內的口袋中取出了一枝黑色粗形鉛筆，在記者預先準備好的白紙上寫上了「祝福中華日報」幾個英文字，下面並簽了他本人的名字，迅速而俐落。當他把紙交還記者的時候，還向記者握手致謝。這時正好有位攝影同業在旁，手持照相機準備拍照，他突然想了起來拉着記者和他站在一起拍了個合照，他還向那位同業打趣地說：「你的底片夠不夠」。

詹森副總統昨天坐敞車經過市區時，因爲正好碰上大熱的太陽，把他的臉晒得通紅，一直就像喝了酒似的。這位高大身材的美國德克薩斯人，待人親切，而和他一經交談更顯出他的眞誠坦白和平易近人，十足代表一個從民主國家中孕育出來的偉大領袖，凡曾經與他接觸過的無不心悅誠服欽佩之至。

在與詹森合照之後，他拉着記者的手久久不放，似乎覺得這是第一個中國記者訪問他，他很珍惜這種機會，最後他從袋中摸了一枝原子筆塞在記者的手中，他說：這是贈送給你的一點小紀念品，這時記者才明白他爲什麼握着記者的手而久久不放的緣故。

這枝精緻的原子筆，詹森副總統說是他在參院任參議員時所使用的，上面還刻有參院的徽記。他說：這枝筆很有用處，他一直都是使用它，今天把它贈送給你，對你也是很有用的。記者於接受之餘一再道謝。這時圍觀的人也都紛紛向記者道賀。詹森副總統走了過去一一和他們握手，甚至連兩位按摩人男的叫張四川，女的叫阿玉，他倆是臨時從新北投請來爲詹森副總統按摩的，坐在那裡詹森也跑了過去把手按在他們的手上，這種不以職業爲高低一視同仁的精神，使得那兩位按摩人有點受寵若驚。

因爲詹森副總統馬上要沐浴按摩和更衣，以便參加總統及夫人的晚宴。他說：在晚宴中尙要繼續會談若干重要問題，記者爲了不多躭擱他的時間，以免影響他的訪問活動，於是辭別了他，結束了這個珍貴而短促的訪問。

（五十年五月十五日中華日報）

陳副總統訪美啓行側記

圖二：陳副總統與送行者握別。右爲參謀總長彭孟緝，作者（中）蒞場採訪。

△昨天松山軍用機場貴賓室內，眞可謂冠蓋雲集，極一時之盛，偌大一個貴賓室，被擠得寸步難行，在通道中間，文武百官，排列兩旁，佇迎副總統駕到。

△陳副總統偕夫人於昨日上午十一時三十六分抵達機場貴賓室，他一見如此衆多歡送人群，無法一一握手，只得連連舉手示意，副總統滿面笑容，向左右頻頻點頭，並稱「謝謝」！

△貴賓室昨日佈置得特別華貴，由出口通往機身，鋪有一條紅地毯，兩旁站有十六名武裝儀隊，英姿煥發，政府各機關首長和中央民意代表排隊分立，副總統於上機前，均一一和他們握手。

△賴副總長昨日身穿空軍制服登機，爲訪問團中唯一着戎裝者，他手攜一旅行袋，據說裡面盡是中共資料，行政院新聞局長沈劍虹對記者說他只帶了三件行李，其中之一是一部英文打字機。他很遺憾地說這次沒有記者隨行，希望下次能夠辦到。

△新婚的蔣夢麟博士，昨日也出現於機場，但他未攜他的新夫人，而攜了他的千金。于斌總主教則穿了一身教服，站在人群中，頗惹人注目。于右任院長、謝石曾先生，均至機場爲副總統送行。

△行政院新聞局昨天發了一份有關副總統的家世經歷等英文資料，上並有副總統全家福照片一張，副總統一家四男二女，加上他與他的夫人，坐在正中，顯示得天倫之樂，其樂融融。

△昨天機場記者接待室內的電源，臨時中斷達廿分鐘之久，室內黑暗一片，但儘管如此，記者們仍排排坐待電源修復，但到十一時廿五分，眼看時間快到，而電源猶未接通，大家趕忙搬凳子出來，臨時把外面做了記者招待會會場，但坐不到三分鐘，記者接待室的電燈恢復光明，大家又一窩蜂搬了回去。

△副總統偕夫人進入貴賓室後，一直被圍在人群中移動不得，幸好當時有國防部新聞局局長裴毓棻爲之開道，始得進入記者接待室，舉行記者招待會。

△昨天副總統出國，吸引了中外記者百餘人，擠擠一室，這是從未有過的現象。這時坐在副總統一旁的新聞局沈局長，爲了怕耽擱專機起飛的時間，便宣佈讓攝影記者先拍照，然

後再發問，於是閃光燈一時集中副總統身上，搶盡了鏡頭。

△回國渡假的我國老外交家現任海牙國際法院法官的顧維鈞博士夫婦，昨日也夾在歡送人群中，顧氏身穿灰色西裝，佩着一個非常別緻的勛標，據說這種勛標是民國初年政府所頒給文官中最高者，現僅有顧氏尚保有此種殊榮。

△記者招待會中，有記者問副總統此次是否爲其首次出國訪問，副總統聽了之後略爲回憶一下，答稱他於民國十九年曾去日本訪問過一次，距今算起來，已整整有卅一年之久了。

△記者招待會正舉行時，蔣夫人突然在大家不注意時翩然而來，原來蔣夫人是特地趕來爲陳副總統送行的。她和陳副總統握手，說了句祝福的話即行離去，這時可把攝影記者忙壞了，有的搶不到鏡頭，只在跺腳。

△昨天軍事首長在機場排成三列，以彭總長爲首，依次爲陸海空勤警備等總司令及總統府參軍長與總政治部主任等，當副總統走近時，有位攝影同業擋在彭總長面前，彭總長很客氣地對他說：「請讓一讓好嗎」？

△外交部禮賓司顧司長亦是隨行人員之一，他的夫人昨天帶了一朵花到機場去送行，彭總長見到她匆匆往機旁走去，向她打招呼，問她：妳也去嗎？這時沈部長亦正好在那裡，向她開玩笑說：妳是不是跟你丈夫一起去！

△外交部沈部長夫人昨日在機場始終跟着副總統夫人，並且手攙着副總統夫人上機，亦步亦趨，從年齡上看，她們好像是母女一對。

△民航公司昨日爲副總統所準備的專機，是一架DC6B四引擎豪華客機，機號爲B一〇〇六，於上午十時四十分即已停在軍用機場的停機坪上，準備載着陳副總統等一行由此飛往日本，這是民航公司過去數日來一直爭取的一筆榮譽生意，現在終於如願以償了。

△民航公司的專機，昨天特地爲副總統安排了一次最舒適的飛行，除機師由民航公司特派兩位最有經驗的擔任外，並例外地請了兩位空中小姐在機上服務，同時民航公司的副總經理葛來第，也跟隨着這架專機飛往東京，以盡沿途照料之責。

△陳副總統偕夫人等一行上機時，於扶梯上拍了個合照，副總統面露笑容，揮手告別，歡送人群中響起了一片如雷的掌聲，有人更高呼「副總統訪美成功萬歲！」副總統進入機艙後，旋又復出，再度揮手告別。

△據民航公司說：專機於中午十二時起飛，將於下午四時又卅分抵達東京，在此短短四小時又卅分鐘中，機上將供應一頓午餐，菜單是煎菜、沙拉、蒸雞、冰淇淋、乳酪和茶。

（五十年七月二十九日中華日報）

機場迎尼克森

圖三：尼克森簽名留念，右爲陳誠副總統，左爲張羣秘書長及作者。

五十一歲的美國前副總統尼克森，在他遠東各國的旅行中，於七日自香港飛抵台北，作爲期兩天的舊地重遊。尼克森在副總統任內，曾兩度來華訪問，這位堅決反共的中國友人，這次是以私人身份來訪，所以官方並未爲他安排任何歡迎儀式，而尼克森本人也輕車簡從，一個平民，與八年前的官方訪問，完全不同。

然而，對於一位曾經爲中國付出珍貴友誼的人，國人是絕不會因他身份不同而忘記的，所以昨天松山軍用機場的貴賓室裡，熙熙攘攘。政府首長中有陳副總統、總統府秘書長張群、政務委員葉公超，其他多爲民間團體代表，計有中美文經協會、亞盟、聯合國中國同志會、國民外交協會、自

由太平洋協會、婦聯總會、國際獅子會、僑生代表以及美國大使館的官員等，這些歡迎人士中，被認爲是官方代表的如行政院長、外交部長以及美國大使，昨天都沒有露面，就是因爲尼克森不是以官方身份來訪的緣故。

有人說：尼克森這次遠東之行，是在爲提名競選預作準備，目的在實地蒐集資料，以備一旦被共和黨提名，他可以就民主黨的外交政策發動攻擊，因爲在未來的競選中，外交問題將爲辯論的主題。以此來爭取美國選民的支持，故尼克森此來，並非純粹爲他紐約律師事務所的業務而來。

尼克森在政治舞台上，年來雖然頗不稱心順手，自一九六〇年總統競選敗於甘迺迪後，一九六二年接着參加加州州長競選，又敗於布朗之手，有人說尼克森從此將退出政壇了，但是傳說儘管是傳說，尼克森並未因此息手，他準備東山再起，而美國國內人民仍然對他非常熱愛，最近蓋洛普民意測驗，共和黨幾位可能的總統候選人，尼克森的聲望高居戈華德參議員之上，而幾與洛奇並駕齊驅了，尼克森本人對提名也滿懷希望，他曾說：「如果黨內提名他，他願接受成爲總統候選人。」

尼克森昨天所乘的是一架泰航的班機，他的夫人沒有來，隨行的有一位前美商務部助理部長葛恩斯和百事可樂公司的老闆及宣傳主任三人。他先在松山國際機場下機，乘上禮車，駛到軍用機場，在那裡接受非正式的歡迎，我們的外長雖礙於身份不能到場歡迎，但喬治葉在當年尼克森當副總統時，正是擔任中國的外交部長，他的在場，使得許多人都爲之注目不已。

尼克森穿着一套深色西服，走下禮車時，便被一群攝影記者包圍，鎂光燈閃耀不停，這時陳副總統趨前握手歡迎，兩位老朋友見面，喜笑顏開，尼克森緊緊握着陳副總統的手說：「能見到你眞好。」隨着張秘書長，喬治葉也走上前，大家都像久未見面的老友一樣，眞情流露。尼克森爲了滿足攝影記者的要求，久久站在那裡，讓他們照個痛快，站在後面的谷正綱便說：「他最懂得人心，看他現在就像競選時一樣。」

接着，他被引導進入貴賓室，和歡迎代表們一一握手，他的臉上堆滿了眞摯的笑容，他的模樣猶如當年他當副總統一樣，一點都沒有改變，縱使從未見過他的人，也都認得出他就是尼克森。

一群在台攻讀的華僑學生，他們向尼克森面遞一封信件，感謝他在任內對華僑學生的援助，在美援項下的華僑教育計劃撥款，使得數千僑生能回國升學，這項計劃便是當年尼克森副總統所贊同的，這批僑生代表最後並籲請爲了使這項華僑教育計劃成功，美援不應停止，尼克森當即表示儘量設法幫助他們。

尼克森與歡迎代表握完了手，便到記者接待室舉行記者招待會，松山軍用機場已經很久沒有這種盛會了，近百位中外記者，濟濟一室，尼克森上台後，並不就座，他一直站着和記者晤談，他的開場白不到一分鐘便過去了，在答覆問題前，他首先聲明請記者暫不要提到有關臺灣的問題，讓那些留到他離台時再問，因爲他需要先作一番瞭解，然後再答覆記者的問題。

在記者招待會上，尼克森以滔滔雄辯家姿態出現，他的語調堅決而有力，敢說敢言，使在場記者大爲折服，特別是他的反共立場，對我們有一種精神鼓舞的作用，很少的外國貴賓，能夠說出我們的心聲，但尼克森的談話，除了精神鼓舞之外，還啓發人類努力奮鬥的方向。

機場內不知什麼時候湧來一批美國慕名的少年，他們等候在機場貴賓室的門口，待尼克森半小時的記者招待會舉行完畢步出時，他們一湧而上，拿出了小本子，紛紛要請尼克森簽名作紀念。尼克森一概不拒絕，他一邊走一邊簽，簽名者愈來愈多，於是他索性停了下來，站在汽車旁，一直把名簽完，才愉快地進入座車，離開了機場。

（五十三年四月八日中華日報）

魯斯克訪華側記

昨天是台北入夏以來最熱的一天，魯斯克國務卿的來訪，正好代表自由中國人民對他熱烈歡迎的程度。

由於美國國務卿的來訪，台北的政治圈，一掃過去數月來的低沉氣壓，而變得生動活躍。魯斯克國務卿所帶來的是友誼、信賴與支持。

一向用來歡迎外國貴賓來訪的松山軍用機場，已經很久沒有這種動人場面了，但是昨天一早，機場貴賓室冷氣開放，中外嘉賓，冠蓋雲集，美國大使賴特和台北美新處處長裴恩二人到得最早，代表中國方面去歡迎的有行政院長嚴家淦、外交部長沈昌煥、駐美大使蔣廷黻、國防部副部長蔣經國以及立監兩院外交召集委員等，還有各國駐華使節，也都全部到齊，其盛況僅次於歡迎一位外國元首。

魯斯克國務卿的來訪，這是中美外交上的一件大事，身膺外交重任的外交部長沈昌煥，自然是最受人注目了。昨天早上，當他在歡迎人群中出現時，他已沒有過去那一副沉重的表情，而顯得輕鬆愉快，他自動走向記者，手裡拿着一枝煙，向記者借火，點燃了煙，他吸了一口笑說：「我是一個二等煙客——有煙無火。」

新聞同業一個個圍了上來，沈部長喜笑顏開，有問必答，等於舉行了一個小型記者招待會，同業們抱怨道：「魯斯克國務卿的記者招待會太短了，只有十分鐘！」沈部長答稱：「我現在和你們談話已經超過十分鐘了。」

沈部長和魯斯克國務卿在美國曾經會晤過二次，第一次是一九六〇年會於聯大，第二次是一九六二年隨陳副總統訪美會於國務院，他對魯斯克國務卿的印象是「和藹可親」，他說：「魯斯克國務卿是一位學者，他對中國文化有特別的愛好。當中國故宮文物在華盛頓展覽時，魯卿夫婦曾去參觀過好幾次。」

九點四十分，一架漆有天藍色線條的美國空軍專機，徐徐降落在松山機場的跑道上，它慢慢滑行到受禮區前停妥，攝影記者湧上前，爭着搶拍好鏡頭，下機時魯卿在前，夫人在後，再後面是彭岱、曼寧等一大批美國務院高級官員，其中只有美國新聞總署署長羅文沒有露面，原來他要等到十二點過後乘另一架專機來。

魯斯克高大的個子、禿頭、臉上永遠掛着一絲和藹的微笑，他站在那裡，只有賴特大使的身材可以和他相比，他的夫人穿着一套橘紅色的洋裝，由沈部長夫人陪着，站在一邊看着她的丈夫在那裡接受我國隆重的軍禮歡迎。

軍用機場記者接待室早已座無虛席，雖然魯斯克國務卿的記者招待會只有短短的十分鐘，跑外交政治的中外記者統統出陣，再加上攝影、錄音和一些維持秩序的新聞官員們，可以說是濟濟一堂，當魯斯克國務卿由外交部沈部長和賴特大使陪同進入時，又是一陣小小的騷動，電視、攝影從各個不同角度對準了魯斯克。記者會限定十分鐘，除了沈部長的一篇歡迎詞以及魯斯克宣讀的書面聲明外，記者們只問了五、六個問題，便結束了。

在魯斯克訪問台北二十四小時中，除了官式拜會和必要的休息外，大部份時間都花在與我總統會談上，可見魯卿訪華是眞正來與我討論問題的，而且這些問題的重要性，使得魯卿夫人必須單獨從事其他的訪問活動。

雖然，中美雙方都不願透露會談的內容，但是一位外交部的高級官員說，這種高階層的會談，大都涉及政策性範圍，所以稍具國際問題常識的人，對於他們會談些什麼，大致都可以描繪出一個輪廓來。

魯斯克在他蒞華聲明中，已經重申美國反對承認中共及讓中共進入聯合國的立場，這項保證，說明了美國並不因法國承認中共而改變其立場，美國仍將繼續堅強支持在臺灣的中華民國，不理戴高樂是如何地背棄他的盟國。

在這一點上，中美雙方的利益是共同一致的，中華民國固然需要美國支援，美國同樣也需要中華民國在聯合國中予以聲援。所以在今秋聯大中，美國將努力設法使中華民國保持她在聯合國中的席次，以擊敗牽中共入會的陰謀。

隨同魯卿來訪的兩位助理國務卿之一的曼寧，他是國務院中主管公共事務亦即公共關係的首長，記者請他談點有關魯卿的日常生活。曼寧說：魯斯克國務卿在華府是最忙的人，他的大部份時間都花在制訂政策思考問題上，魯斯克不喜社交，因此所有社交活動都由他的夫人代表前往。魯斯克的公餘活動就是喜歡打打高爾夫球。

離開華府以後，他在旅途上的忙碌並未稍減，一個空中國務卿辦公室就設在那架龐大的噴射專機上，專機由一位美國空軍艾爾朗上校駕駛，機內擁有最現代化的通訊設備，能和世界任何地面上連絡。在魯卿飛來台北的一個多小時裡，即不斷與華府保持連絡，閱讀各地電訊，幾乎沒有一分鐘的休閒。

隨着魯卿來訪而倍形忙碌的是台北美國新聞處，這兩天來日夜加班，一方面忙着魯卿記者招待會事宜，一方面還要翻譯當地報紙有關魯卿訪華的言論和新聞，昨天晚上，他們還要等待決定魯斯克離華時，究竟將發佈離華聲明或聯合公報。

魯斯克國務卿昨天完成了一天的緊湊的訪問日程後，自總統官邸返回他下榻的圓山麒麟廳七號套房已經是深夜了，這是他就任國務卿以來第一次訪華，對他個人來說自然是印象難忘，希望他的訪問，對整個遠東前途能發生一種決定性的作用。

（五十三年四月十六日中華日報）

中美關係更進一步

——魯斯克圓滿結束訪華之行

美國國務卿魯斯克，結束了在台北廿四小時的訪問，帶着極爲愉快的心情，離台飛往西貢，繼續他遠東行程中最後一站的訪問。

魯斯克國務卿此次前來遠東，訪問三個國家，即菲律賓，中華民國和越南。從他訪問目的來看，魯卿到菲律賓主要爲了參加東南亞公約組織會議，至於他到越南，目的是去看看那裡實際的情況，因爲目前越南的局勢，軍事意義重於政治性，唯有魯卿訪華，政治性重於一切，只要看他在台北停留廿四小時中，和總統一共會談三次，前後歷時四個多小時，而會談主題的廣泛，幾乎觸及每個重大問題，從整個世界局勢的檢討，談到遠東地區的和平與安全，特別是越南戰局，其他涉及我們本身的以及有關中美兩國共同利益事項，如中日關係，日本與中共貿易，中共與蘇俄衝突，法國承認中共以及中共企圖進入聯合國等，雙方都作了充分的意見交換，而且也獲得了一致的看法。

今年是美國的大選年，不管未來美國政局如何改變，魯卿此時此地來華訪問，都是極其必需的，而且爲時也未晚。美國政府於中國大陸淪陷後，曾經與共黨在韓國直接交過手，現在又在越南與共黨進行游擊戰，亞洲的局面，似乎始終未獲改善，美國今天已經瞭解，中國大陸的陷落，是亞洲禍亂的根源，中國問題是亞洲問題的中心，所以魯斯克在他國務卿的第四年中，爲了解決亞洲問題，終於促成了首次的訪華，以便實地瞭解此一複雜問題的眞相，對於未來美國的外交政策，相信具有重大的影響作用。

在魯斯克國務卿的抵台聲明中，他帶來了美國的保證，承諾與支持，他直截了當地指出美國反對任何讓中共進入聯合國的建議，和支持承認中華民國政府是中國唯一的合法政府。這二句話所表現的堅定立場，不但是對戴高樂政府一個有力的答覆，而且也間接駁斥了傅爾布萊特的姑息論調。

這次魯斯克與蔣總統的會談，是他久所期待的，魯斯克於三十四年二次大戰末期在重慶晉見過總統，距今已有廿年之久，所以一旦相晤，暢所欲言，會談乃有一次，二次，三次之多，而且參加會談的人也愈來愈少，到最後一次，除了一位譯員和一位紀錄外，只有總統和魯卿二人面對面促膝而談了，從曼寧和沈劍虹兩人口裡，得悉這次會談，一直進行得非常愉快，難怪魯卿在離華時，高興之情，溢於言表，他說：「我確信我們在這裡的晤談，已經更爲加強了中美一向密切而友好的關係，並且有助於我們二國相互之間更爲充份的瞭解。」

魯卿西貢之行，只有五位高級隨員隨行，其他大部份隨員仍留在台北，這顯示中美之間，尚要繼續會談所留下的枝節問題，以及整理三次會談的紀錄，以便魯卿十九日飛返華府時帶回處理。從他們的留台，亦可見此次魯卿遠東之行，實以訪華爲其中心任務，現在這一任務已經圓滿地達成了。

魯卿留華廿四小時中，所予人的印象是「和藹可親、思考冷靜，處事精細」。我國政府首長中，如嚴院長、沈部長、蔣經國將軍等，過去與魯卿在華府都有數面之緣。如今又在自由中國相逢，自然倍形親熱，昨天機場送別，魯卿夫婦均不勝依依，流露着一種自然的情感，中美間百餘年的友誼，在此次魯卿訪華後又獲得向前更進了一步。

魯斯克結束訪華後，沈外長似乎卸下了一副重擔，他心情輕鬆而愉快，這位曾經參加總統與魯斯克二次會談的外交部長，他描述魯斯克此行收獲時說：「這是一次非常成功的訪問。」沈外長在過去數月中，曾因中日、中法外交問題而備受輿論指責，他默默地承擔下來了，如今，外交上的陰霾已經消散，進一步他是如何掌握此種契機，來開創一個新的局面，這是魯卿訪華後留下的一個課題。

（五十三年四月十七日中華日報）

泰王訪華記

㈠迎國賓看預演

昨天早上，從松山機場起，敦化北路，南京東路，中山北路到圓山大飯店麒麟廳門口，凡國賓下機後所經路線，戴白鋼盔穿黃制服的憲兵和警察，每隔十碼便有一個崗哨，而且還是雙層佈置，一個面朝馬路，一個背向馬路，密密層層，一路望去，大家一看便知道是歡迎國賓而設的盛大場面。

泰王蒲美蓬暨王后詩麗吉一行預定本月五日抵達台北，我政府爲了隆重接待這位來訪的國賓，外交、國防兩部的禮賓單位以及負責警衛安全的憲警單位，昨天都全部出動，在松山軍用機場舉行了一次預演，情況完全與國賓抵達那天一樣。

有關單位預演的目的，固然是想事先熟習一番，因爲像這樣盛大的歡迎場面，尤其是國賓來訪，不能有絲毫疏忽；而另一方面，也擬藉此機會，請泰國駐華大使薩懷先看一看，還有什麼需要改進的地方，所以昨天在預演中，薩懷大使便臨時權充泰王，我總統府第三局局長吳順明空軍中將代表總統，外交部的政務次長朱撫松、禮賓司長顧毓瑞、國防部副參謀總長賴名湯上將、憲兵司令尹俊中將、警務處長張國疆以及擔任泰王暨后訪華的榮譽侍衛長、侍衛官、榮譽女秘書等都全部到場，機場的禮區內也佈置得和泰王到達那天一樣，四周中泰國旗飛揚，正中是受禮台，兩邊是政府文武官員和外交使節團的歡迎區，從受禮台到泰王座機的停機處，地上鋪着紅地毯，兩旁分立標兵，面對受禮台便是國防部的示範樂隊和一個營的三軍儀隊，由儀隊長嚴功勳上校指揮。

在預演中根據那天的情況是，當泰王的座機由我空軍廿四架F八六軍刀機迎入國境後，便在松山軍用機場降落，座機停妥後，照例是先由我外交部禮賓司長上機迎駕，泰王出現機門時，將接受廿四響禮砲歡迎，我迎接泰王的空軍飛機並將低飛通過禮區向泰王致敬，泰王下機後，總統暨夫人率領副總統暨夫人與泰王暨王后握手後，總統將先介紹副總統、秘書長、參軍長及外交部長與泰王陛下，然後泰王亦把他重要隨行人員介紹給總統，在介紹進行中，記者可獲許攝影，介紹完畢，總統暨夫人便陪同泰王暨王后步上受禮台，隨行人員則另往指定之受禮區，軍禮開始時，樂隊先奏泰國國歌，然後再奏我國國歌，接着便是檢閱儀隊，檢閱儀隊時，總統將陪同泰王乘坐一部六二年的「卡特洛克」淺綠色的敞蓬禮車，這部禮車是由國防部汽車大隊副大隊長宗奇宣中校駕駛，在這部禮車上還有總統的侍衛長和泰王的侍衛長兩人。由儀隊長所乘的一部吉普車前導，禮車後面還跟着一輛吉普，上面坐着榮譽侍衛長和侍衛官，禮車行駛的檢閱路線是先從示範樂隊開始，按陸、海、空軍儀隊的順序，檢閱一遍，再繞到儀隊後面，返回受禮台，儀隊檢閱完畢，總統再陪同泰王前往受禮台兩側，介紹佇立在那裡歡迎的政府五院院長暨各部會首長，中央民意代表以及各國駐華使節等，介紹完畢，泰王暨王后便乘禮車在廿四部摩托護衛開導下，循敦化北路、南京東路、中山北路到圓山大飯店麒麟廳行宮休息，以上是歡迎國賓蒞臨的全部情況。

外交部禮賓司司長顧毓瑞，他是昨天預演中的主要導演，在他指導下，預演得很成功，事後記者請擔任國王一角的泰國駐華大使薩懷發表對這次預演的觀感，他點點頭說：「很好！很好！泰王一定是會感到非常滿意的。」

(二)松山機場迎國賓

中華民國五十二年六月五日，泰國國王蒲美蓬陛下暨王后詩麗吉陛下蒞臨台北訪問，使這兩個亞洲兄弟之邦的傳統友誼，邁進了新的一頁。

台北於連日陣雨後，昨日天氣轉趨晴朗，清風習習，涼爽宜人。泰國國王訪華的消息，早已家傳戶曉，盡人皆知了。上午十點鐘左右，記者便從有關方面得知了泰王因氣候影響遲延起飛的消息，原定中午十二時從東京飛抵台北，臨時決定延到下午三點鐘抵達。泰王爲此，特地從東京拍了個電報給蔣總統，對此事表示歉意。總統收到電報後，他最關心的是那些站在太陽下面列隊歡迎的學生，立刻指示有關單位通知他們就地解散休息，到下午再集合排隊歡迎。

午後，人潮漸漸擁向中山北路、南京東路和敦化北路到機場一線，交通也實施管制了，沒有特別通行證的車輛，一律不准進入，記者於下午二點鐘抵達松山機場，這時距國王抵達的時間尚有一小時。

昨天，松山軍用機場像個盛裝赴會的公主，佈置得華麗而莊嚴，貴賓室前的機場下，劃了一個大禮區，四週圍以紅絲絨粗繩，用銅柱作連繫，每個銅柱上都插有我國國旗和泰國國旗，迎風招展，壯麗美觀，禮區前方正中搭了一座有帆布蓬頂的受禮台，受禮台上放着兩張紅絲絨的靠背椅，那是預備給王后和蔣夫人坐的，受禮台上鋪着紅地毯，一直延伸到停機坪，兩邊是觀禮區，站着各國駐華使節和夫人、泰僑以及在台就讀的華僑學生，右邊的禮區站的是副總統夫婦、中央五院院長、總統府秘書長、各部會首長、中央民意代表，以及穿着袈裟的一批高僧等。

從那些到機場去歡迎的人士身上所着服裝看來，眞是中西合璧，形色各殊，有的穿中國式的大禮服長袍馬褂，如立法院黃院長，司法院謝院長，考試院莫院長，監察院于院長，行政院王副院長，國民大會谷秘書長，監察委員王冠吾、郭德權以及台北市周代市長等。有的是穿燕尾服，戴高帽子，如各國駐華使節，外交部官員，經濟部楊部長等。武官中有穿黃色軍常服的，有穿白色海軍服的，工作人員中也有穿黃色中山服的，和尚則穿着橘紅色的袈裟法衣，女士們除了一批華僑女生穿白衣藍裙外，其餘中國夫人們，都穿着各色旗袍，外國使節夫人則穿着她們本國的服飾，禮區內形形色色，美不勝收，集各國服飾之大成。

泰王和泰后所乘的巨型噴射客機，於下午三時正迎着金色燦爛的陽光，徐徐降落於松山機場，它進入跑道後，發出了一聲巨大的吼聲，這時，蔣總統暨夫人已步下受禮台，站在正中的紅地毯上，迎着泰王的座機。在停機坪的下機口處，則排列着陳副總統夫婦、張群祕書長、周至柔參軍長、外長沈昌煥夫婦、駐泰大使杭立武夫婦、彭總長、榮譽侍衛長以及兩位榮譽女秘書。

總統昨日御五星上將軍常服，攜白手套，穿黑皮鞋，胸前佩青天白日勛章一座，和其他勛章四座，神采煥發，面露笑容，頻向歡迎人士點頭。蔣夫人則穿着一身藍花白底旗袍，戴手套，攜皮包，穿着乳黃色的高跟鞋，和總統並肩佇立，等候泰王暨泰后下機。

泰王的座機停妥後，地勤人員立即把扶梯移向機門，紅地氈也隨即鋪到扶梯脚下，機門開處，機上二名服務員並立在機口侍候，我外交部禮賓司顧司長，先上機恭迎泰王與泰后，泰王與泰后次第出現走下扶梯時，總統暨夫人即迎上前去，相與熱烈握手，泰王隨即把他的正式隨行人員介紹給總統，介紹完了後，總統繼將佇立一旁迎候的陳副總統、張群秘書長等向泰王介紹，泰王和泰后一一與他們握手，介紹畢，總統暨夫人遂陪同泰王泰后步上受禮台，接受軍禮歡迎。

泰王暨泰后是昨天機場上最引人注目的了，千百隻眼睛都集中在他倆身上，菲律賓駐華大使羅慕斯夫人悄悄和她丈夫說：「你看，王后多美啊！」

昨天，王后身穿一套紫色羅絹鑲花長旗袍，梳着一頭高髮髻，手捧着一束蝴蝶蘭，亭亭玉立。國王則穿着一套白色元帥服，佩指揮劍，英姿煥發，和總統並立在受禮台上，兩位夫人則分別站在後面。

軍禮開始時，先是放廿一響禮炮，樂隊分奏泰國及中國國歌，在儀隊長嚴功勳上校報告恭請泰王閱兵時，天空中出現了廿四架我空軍飛機，以十二架一批編隊，分二批低飛通過受禮台前，向泰王致敬，泰王旋由總統陪同，登上一輛淺綠色敞篷的「卡特洛克」閱兵車，在兩輛吉普的前導和後衛下，檢閱我精壯的三軍儀隊，泰王站在閱兵車上，自始至終舉手答禮，並且對我儀隊行列非常注意，泰后和蔣夫人則坐在受禮台上觀禮，兩人並時作愉快的交談。

檢閱儀隊過後，泰王和總統回到受禮台上，這時台北市代市長周百鍊上前向泰王呈獻金鑰，泰王很高興地接受下來，把金鑰交給榮譽侍衛長保管。

最後是一次大規模的介紹儀式，泰王由總統陪同，逐一介紹在觀禮區內的我政府各首長暨各國駐華使節，泰王和泰后分別和他們握手，當泰王走到一批佛教高僧面前時，他很有禮貌地取下軍帽，和泰后一齊鞠躬爲禮，我佛教高僧們則合十答禮，後來他走到泰僑和在台就讀的泰國華僑學生面前，又頻頻垂詢他們在台的生活情形，充分流露他是一位勤政愛民的英明國王，王后則以極關懷的眼光注視着他們，並以溫馨的笑容來代表她的垂詢。

在介紹完畢後，全部歡迎儀式即告結束，泰王旋由總統陪同，王后則由蔣夫人陪同，分別登上二輛禮車駛離機場前往圓山麒麟廳行館，開始爲期四天的正式訪問活動，然而在機場短短卅分鐘的迎賓典禮，卻代表着中泰千百年的深長友誼。

（五十二年六月六日中華日報）

杭大使談泰王訪華

依照外交慣例，當一國元首來訪之前，被訪問國派駐在對方的大使，例須奉召返國，協助政府接待國賓訪問事宜，這是外交禮節。由於泰王伉儷定於六月五日來訪，我國派駐在泰國的大使杭立武昨天回國來了，他立時也成了熱門新聞人物。

杭大使一回國，便開始忙碌起來了，當他和記者談起有關泰王訪華一事時，他開頭便大談服飾禮節之類，杭大使認爲這是非常重要的，因爲泰國是君主國家，臣民見了君王是不能隨隨便便的，君王出國訪問，被訪問國家的官員和人民也是一樣，服裝穿着要整齊，他說：「就拿你們記者來說吧！採訪泰王訪華的記者就必須穿深色的西裝，打領帶，在泰王附近，背立時不可正對着泰王，應該站偏一點，坐着的時候，姿勢必須端立，兩腿不可交疊，更不可在人面前翹起腳把鞋底朝向他人，這是泰國人最忌的。」杭大使認爲我們中國是禮義之邦，在泰王訪華期間大家必須更注意禮節，不要讓人留下一個不好的印象。

在杭大使口裡所描述的泰王，是一個很嚴肅的君主，他的臉上從不見笑容，有次有位外國記者很有禮貌地問他：「陛下爲什麼總不見笑容呢？」泰王答得很好：「我的笑容都由王后代表了。」眞的，王后詩麗吉是個非常美麗而又賢淑的女子，臉上經常掛着溫馨的微笑，她常隨侍在泰王身旁，她的笑容沖淡了他的嚴肅，起了調和的作用。

「泰王爲什麼這樣嚴肅呢？」記者問，杭大使說泰王的責任感很重，他深知身爲一國君主，要肩負整個國家的責任，而且處處要被人民作爲模倣的對象，所以他的一舉一動，都不能有絲毫疏忽，泰王坐着的時候，必定挺直了腰，雙手端正地放在膝上，使你見了，自然會肅然起敬。

泰王蒲美蓬是在美國出生，而在瑞士洛桑長大和受教育的，他今年三十六歲，今年十二月五日他將慶祝他的「三循」生日，泰國人過生日，不是每年過的，他們是每十二年稱爲一循，才過一次生日，泰王今年三十六歲，正好是三循，所以泰國全國都準備熱烈慶祝這一個偉大的日子。

泰國是個遵奉佛教的國家，所有男子都要做一段時期的出家和尚，薙髮受戒，沿門托缽，有出家達數年之久的，蒲美蓬國王亦不例外，當國王早年出家受戒期間，他的美麗王后會代行攝政，所以泰國是全國皆僧，每天早上七點鐘左右，你便可以看見大批穿袈裟的和尚，托缽化緣，民衆便準備了些飯菜或金錢作爲奉獻，由於佛教的關係，它對人民的生活和文化都有很大的影響，例如泰國人辦喪事，沒有像我們那樣傷心號泣的，因爲佛教的教義認爲人死是輪迴，生命是微不足道的，人死是到西方極樂世界去，所以沒有哭喪這回事。

年輕的泰王很愛好藝術和音樂，他的藝術造詣很深，他所學的是西洋人體畫，最近在曼谷還開過畫展，頗得好評，杭大使說：泰王也很喜歡中國的國畫，他稱讚中國畫是古代畫裡最好的。

泰王又是一位傑出的音樂家，遠在瑞士讀書時代，他便開始與音樂結了不解緣，雖然他後來貴爲國王，但他依然醉心音樂，非但能作曲，而且又能吹奏，他親自所作的曲子有十幾首，最著名的一支叫「雨絲」，他的名曲唱片，不但國內非常流行，就是在倫敦和紐約的樂器店裡也都能買到。杭大使說：他已把這些泰王作的名曲帶來，交給中華國樂隊練習，在泰王訪華場合演奏。他說：泰王到日本訪問，日本各廣播電台便把泰王作曲廣播出來，反應很好。但是可惜日本是用西樂奏的，如果我們用國樂奏出來，效果一定更好。

杭大使說：泰王能奏一種叫色士風的樂器，他於前年訪美時，在紐約曾親自加入「班尼固特曼」名爵士樂隊客串演奏，獲得了如雷的掌聲；在國內每逢除夕狂歡，他也偶爾客串一曲，跳舞到天亮，泰王就是這樣一位多才多藝的君主，深得泰國人民的愛戴，這次他來華訪問，泰人都非常高興，特別是泰國的華僑，更是歡欣鼓舞，中泰兩國，血統本已很深，由於此次泰王來訪，更加強了兩國的友好關係。

和杭大使一同回國的杭大使夫人，她是負責協助接待泰后的，她也和記者談了些有關泰后的情形，她說：泰后今年廿九歲，是位非常美麗的王后，她對慈善福利事業非常熱心，只要泰后一到，什麼慈善集會的票都會搶購一空，她現在是泰國紅十字會的會長。

泰后詩麗吉與蒲美蓬國王是於一九四九年在倫敦泰國大使館一個舞會上相識而訂婚的，

翌年回國結婚，泰王伉儷情深，現有一位王太子和三位公主，杭大使夫人說：泰后對子女的教養非常重視，她要她的子女在一個良好的環境中成長，避免一切不良的影響。

杭大使夫人前曾陪同乃沙立元帥夫人來訪，她在泰王伉儷啓程訪日前趕回曼谷送行，泰后臨行時親向杭大使夫人表示能去中華民國訪問，感到非常高興，她讚揚我國的進步太大了，很久便想來看看，這次終於有這麼一個機會，不過因爲六月九日是國王哥哥的忌辰，所以泰王伉儷必須於八日結束訪華，趕返曼谷。

（五十二年六月一日中華日報）

泰國施潘公主印象記

從外表上來看，施潘公主的服飾，舉止和談吐，與其說她是一位高貴的公主，不如說她是一位極親近的平民更爲恰當。多年來的教書生涯，把她的皇族觀念改變了，尤其是在東方民主浪潮衝擊之下，泰國雖是一個君主國家，但她恰是推行着民主政治，所以在泰國，皇族觀念不像歐洲那麼濃烈，連施潘公主本人也說：「我和常人並沒有什麼兩樣呀！」甚至連記者稱她「殿下」，她聽了似乎也覺得有點彆扭，不過她還是喜歡人家稱她一聲「公主」！

施潘公主這次是陪同她的嫡親哥哥譚理親王來華訪問，從泰國皇族系譜來講，拉瑪四世王是他們的祖父，兄妹倆人從小在一起長大，感情非常之好，施潘公主對她哥哥的學問事業，尤表敬佩。這次因她嫂嫂體弱，不克隨來，施潘公主爲了照料她年事已高的哥哥，乃自動伴隨他作這次遠行。

這位能操流利英語的施潘公主，昨天跟隨她的哥哥譚理親王到臺灣大學參觀，她對學校設施極感興趣。記者問她關於泰國的大學教育情形如何？她說：「在曼谷，我們有四所大學，其中以幼拉薩岡大學規模最大，歷史最久，具有現代科學教育，與台大似相彷彿。」

提到女子教育，施潘公主回憶她最初讀書時的情形：「在那時，他們學校裡只有四位女生，到後來才逐漸增多，現在泰國的女子教育也很發達。」

施潘公主從泰國皇后女子中學畢業後，便留在母校任教。到二次大戰時才從杏壇退休。廿餘年的教書生涯，把她刻劃成一位典型的教師。她戴着一副不太深度的眼鏡，樸素的衣着，富有思考的談吐，一眼看去便知她是一位爲人師表的老師。她說：「我現在正從事寫作二部歷史教科書，供中學畢業班之用。」她說：「這兩部歷史教科書，都是用暹邏文寫的。」施潘公主對歷史研究非常有造詣，她現在除了寫歷史教科書外，還擔任泰國歷史編撰國家委員會委員的職務，平時她的嗜好便是鑽研歷史書籍，她的家裡還有很豐富的藏書哩！

除了對歷史感到興趣外，施潘公主還喜歡旅行，她很贊同中國人「行萬里路勝讀萬卷書」的說法。她說：「一九二六年，她出國旅行過一次，她從泰國出發，到香港、菲律賓、中國、日本和印度等地。到北平時，在一個友人家中，會見了康有爲夫婦」。她描述康有爲是個很風趣的人物，記者告訴她康有爲夫人現在台北，但身體很弱，曾經住院很久。施潘公主立刻表示很關切的模樣，她說她希望能有機會在這裡見到她。

施潘公主現年已屆六十七歲，但從外表看去最多不過五十歲左右，她是一個虔誠的佛教徒，她說：「佛教是泰國的國教，差不多百分之九十的泰國人民都信仰佛教，皇族更不例外。」記者問她泰國是否也有基督教？她說：「泰國人民信仰基督教的不多，所以基督教在泰國不很成功」。但是她對教會替泰國傳入了西方文明的事蹟，頗表讚揚。

最後記者和她結束這次訪談時，她所留下的印象是樸實眞切，平易近人。

（五十年九月十六日中華日報）

沈外長訪非成功歸來

外交部長沈昌煥，以前後五十天的時間，冒溽暑與旅途的勞頓，僕僕風塵於非洲道上，一口氣訪問了十六個非洲友邦國家，爲中非間的友好與合作，奠定了強固的基礎。沈外長此行，實具有歷史上重大意義。

我國對非外交，開始於一九六〇年，在這短短三年中，我們從原始的三個與國增加到目前十八個與國，這種外交上堅苦奮鬥所得來的輝煌成就，是近年來我們對自由世界一項最大的貢獻，從而遏止了俄共對非洲滲透的野心。

在聯合國中，由於非洲友邦對我國的支持，使得我國代表權益臻鞏固，粉碎了中共插足聯合國的陰謀，爲了答謝非洲國家與人民這份珍貴的友誼，在今年聯大開幕之前，沈外長趁慶賀新教宗保祿六世加冕典禮後，便從歐洲轉往非洲，開始其一次漫長的友好訪問。

沈外長是從七月十二日抵達茅利塔尼亞開始其非洲訪問第一站起，到八月廿九日離開非洲行程裡最後一站馬達加斯加止，在這前後四十七天中，他一共訪問了十六個國家，全部行程一萬四千多哩，他所訪問的十六個國家是茅利塔尼亞、塞內加爾、上伏塔、象牙海岸、賴比瑞亞、尼日、多哥、達荷美、查德、中非共和國、喀麥隆、加彭、布拉薩剛果、雷堡剛果、盧安達、馬拉加西共和國。其中大部份均爲原來法國在非洲的屬地；十六國中有十四國是屬於非馬聯盟的會員國。

沈外長在訪問非洲行程中，他所到之處，皆受到地主國上自元首下至人民一致熱烈的歡迎，充分表示非洲人民對中華民國的友誼，而沈部長也傳達了中華民國政府與人民的友誼與謝意。在與非洲各國領袖們廣泛的接觸中，他們都深深認識今日中華民國在亞洲所處的重要地位，而保證予我以繼續支持。

在此次沈外長訪非之行中最具體的收穫，便是象牙海岸和尼日的宣佈建交，使我非洲與國從十六個增加到十八個，在爭取與國的外交奮鬥中，這種成就是十分難能可貴的。

其次，沈外長於七月廿九日抵達達荷美訪問時，適逢非馬聯盟諸國元首在達京柯托港集會，沈外長在一項由象牙海岸、尼日、上伏塔和達荷美四國元首的聯合歡宴上，會見了茅利塔尼亞、尼日、上伏塔、馬達加斯加、查德、喀麥隆、多哥、達荷美及象牙海岸九國總統和十四國的外交部長，沈外長的光臨，這正是躬逢盛會，千載難逢的良機，使非馬聯盟的各國首長們，對中華民國具有更深的印象。

由於訪問日程安排得非常妥善，使得沈外長在訪非之行中，順便還代表中華民國參加了兩個非洲國家的獨立慶典，一個是賴比瑞亞一八三週年獨立紀念日，另一個是達荷美第三屆國慶紀念日，本來他還可以參加八月十五日布拉薩剛果的獨立慶典，但因沈外長於八月十四前一日趕到時，正逢布拉薩剛果發生混亂，陸軍接管政權，但是，于魯總統在他宣佈辭職的前夕，還接見了沈外長，沈外長依照原定計劃，代表我政府贈勛于魯總統，第二天，于魯總統便被剛果陸軍請去受「保護」了，儘管布拉薩市發生動亂，但沈外長訪問任務仍告圓滿完成，這也是沈外長訪非之行中一段有驚無險的插曲。

最後，沈外長到了他訪非行程中最後的一站——馬拉加西共和國；由於馬拉加西共和國總統齊拉納去年曾訪問過中華民國，這次見到沈外長遠道來訪，款待得非常殷勤，齊拉納總統在歡宴沈外長的席上，還破例的乾了兩杯酒，爲蔣總統的健康和盼望早日光復大陸，表示由衷的祝賀，齊拉納總統一向是滴酒不嚐的，他的這番敬意，使得在場的沈外長和馬國政府首長十分感動。

年來，我國派往非洲去服務的農耕示範隊，他們辛勤的耕耘，已爲非洲人民帶來了稻米和其他農作物的收穫，非洲人民對中華民國所予農業技術上的援助，表示由衷的感謝，而我國亦樂於提供此種技術與服務，現我國農耕隊已在非洲八個國家內工作，成就非常顯著，這次沈外長訪非，還親自去看過一個農耕隊的耕作區域，表示十分滿意。在達荷美，馬加總統曾當面對沈外長稱讚中國農耕隊的成就，在賴比瑞亞和象牙海岸，沈外長所到之處，均聽到兩國領袖和外國外交官員對中國農耕隊的成就大加讚揚，沈外長爲了嘉勉示範隊所獲致的良好成績，對在上述各國工作的中國農耕隊，每隊各贈送美金五百元，作爲慰勞。

昨天沈外長結束訪非成功地歸來了，中非之間的關係，隨着沈外長訪非後將更形密切，其他於農漁、醫療及貿易方面的合作亦將愈為加強，今年年底以前，達荷美總統馬加和上伏塔總統雅茂谷，將相繼來華訪問，這都表示中非合作前途的光明燦爛以及我國對非外交的成功，對於維護自由世界所作的此種努力，將會產生良好而深遠的影響。

（五十二年九月六日中華日報）

楊西崑講新興非洲與世界前途

外交部主管非洲事務的亞西司司長楊西崑，昨日應自由太平洋協會中華民國分會的邀請，在該會所主持的時事座談會上，以「新興非洲與世界前途」爲題，發表一篇近兩小時的演講，對非洲情勢及我國對非外交，分析精闢，有助讀者對非洲情勢的瞭解。

在講非洲情勢與世界關係前，楊氏首先指出今日的外交與傳統的外交在內容和作法上都不盡相同，今日的外交是全民的外交，不是過去認爲外交只是少數外交官的事，同時從事外交者倘無戰鬥精神，或缺乏對國際問題的深刻研究，那是不能從事外交的；從事外交者對國際政治要有認識，要有警覺性，要有戰鬥性，更要具有信心始可，即使一般人在國內外和外國朋友交談，亦應有政治警覺和對自己的國家要有信心。楊氏舉例說，許多歐美人士對我政府和國民黨多有誤解，這是由於國際宣傳不夠所致。外交人員於面臨這些問題時，應如何解答才能使人信服。首先我們自己必須要有信心，當然我們有缺點，但是我們的成就也是值得一提的，譬如從一九二七年到一九三七這十年間，我們在軍事、政治，和經濟各方面的進步，可說是空前的，我們一方面要與武裝共黨作戰，一面又要從事建設，這樣才奠定了對日抗戰的基礎，那幾年的進步，香港對英國政府的報告中說是「有史以來所未有者」。又如我們初來臺灣時，連張木床都買不到，街上所見盡是穿木屐的人，可是現在情形完全不同，所以我們自己必須先有信心，然後才能辦外交，我們便是拿這種態度來和非洲人接觸談問題。

談到對非外交，楊氏稱：非洲距離我們很遠，爲什麼對我國會有關係呢？今日外交要有遠見，不能謀求近利，我們對非洲的外交不能只講拉拉幾張票，如此對非洲國家簡直是種侮辱，只要我們和它們以誠相處，困難時他們自會幫助我們。

一八四八年英外相湯普遜說：「英國沒有永久的敵人，也沒有永久的友人，但有一個永久的國家利益。」外交官便是要保障國家的永久利益，昨日是敵人，今日可能成爲朋友，辦外交要有遠見，例如一九六〇年我國與塞內加爾建交，但那年塞內加爾在聯大中卻投我們反對票，於是國內輿論對此迭有批評，然而她在前年和去年，都是投票支持我國的，希望今年繼續如此，其次便是誠，中國人是從不遺棄朋友的，而且常是以德報怨，我們便要以誠意來爭取非洲人的信任。例如數日前遭暗殺的多哥總統奧林波，他曾爲多哥獨立問題到聯合國呼籲，那時無人理他，楊氏在聯合國遇他，請他吃飯，給予他精神鼓勵，後來經濟部楊部長率團赴非訪問時，奧林波總統提起這件事還非常感激，所以我們對非外交，應持眞誠態度，要有遠見，沒有理由懷疑非洲友人不會支持我們的。

非洲勢力的劃分，始於十九世紀末期，例如比利時王利奧波第二於一九〇八年才接收剛果，把該地視爲私人財產，目的在獲得象牙和橡膠，其他中非地區之瓜分亦均在十九世紀末期，所以歷史很短，我們過去對非洲的瞭解，都從白人間接而來，白人說非洲是「黑暗大陸」，或「黑非洲」，使人產生一種不正確的印象，亞洲人對非洲的認識最早是印度，印度人跟隨英人進入東非也是近年之事，直到現在，還有人對西非的賴比瑞亞和北非的利比亞搞不清楚，所以我們對非洲的瞭解是刻不容緩的事。

世界上沒有一個地區像非洲那樣紛紛獨立的，單一九六〇年一年中，非洲便有十七個國家獨立，現在聯合國一百一十個會員國中，有三十個是非洲的新興獨立國家，這是聯合國成立時所未想到的，但是如果沒有聯合國，非洲的獨立也不會有如此迅速。

非洲的紛紛獨立，這是第二次世界大戰後東西兩集團冷戰結果的產物，因此亦加強了雙方的冷戰，成爲兩大集團爭取的對象。他說：自由世界如無爭取冷戰勝利的決心，則熱戰之準備當無何效果可言，因此對非外交是冷戰中外交第一線的戰場，對非外交欲求勝利，我政府應有遠見，至誠，爭取同情瞭解與支持，過去我政府即本此原則推行對非外交，現在我在非洲建立了十六個據點。

楊氏稱：中共對非洲的滲透也是非常積極的，他們曾以一百萬美金來收買剛果的魯默貝總理，中共對非洲的廣播每週達一一〇小時，使用四種語言之多，耗資之大，號稱無產階級的中共，竟做了資產階級所不能做的事。

他分析印度爲邊界糾紛而擬爭取非洲國家支持以對抗中共結果遭到失敗之原因時說：梅農夫人到東非進行外交活動，但爲時已晚，而印度在東非募錢募兵，亦遭到非洲人的反對，故印度爭取非洲國家支持的工作已完全失敗。

反觀我國進入東非時，中共已建有五個據點，但我們赤手空拳，現已建立了十六個據點，其中前年建交者十一，去年增加五，雖建交者僅十六國，但去年支持我之非洲國家計有十七個，這給我們信心大增，希望全國各方面都來做爭取非洲國家的工作。

楊氏對非洲前途，表示甚爲樂觀，他說：非洲現有三個集團：第一是非馬聯盟十二國，該集團對我有利，不久之後盧安達和多哥等國可能加入，聯盟基礎將行擴大。第二是卡薩布蘭卡集團五國，包括阿聯、馬利、幾內亞、迦納和摩洛哥，這是親共的。第三是蒙羅維亞集團，已開會數次，目的在調和以上兩個非洲集團，以促成非洲的統一，但可能性不大。

最後楊氏說明我國現階段對非外交工作三點：第一是推行互相訪問計劃，非洲來訪之首長包括有馬拉加西總統等百餘人，我國亦經常派團訪非，第二繼續派遣農耕示範隊赴非工作，過去二年來工作成就卓著，已引起國際極大之重視。第三是歡迎非洲農業技術人員來華講習，施以六個月之訓練，下月將繼續開辦第二期講習班，訓練五十人，以上爲我爭取非洲友邦之三項基本政策。他說：對非外交前途困難仍有，但只要我們有信心，提高警覺，瞭解敵人在非動向，則沒有不可克服的困難，使我與非洲建立更進一步的密切關係。

葉公超夜談天下事

時間是在葉公超大使回國述職後的第二天午夜，地點在幽靜的台北博愛賓館。葉大使剛從外面回來，記者把名片遞了進去，不多一會，這位兩鬢斑白的中國駐美大使便出來了。他帶着疲憊的身子就往客廳的沙發上一靠，記者遞上枝煙，他深深地吸了一口，舒暢了一下。

「大使有沒有胃口，我們去吃一頓宵夜好嗎？」還是記者先開口，以後的四十分鐘交談，便從這句話開始。

「謝謝。這兩天我正鬧肚子瀉，人不很舒服。」他說：「我正在吃中藥哩！」提起這位大使，不知他從何處學得這一套本領，他還是一名道道地地中國土郎中呢？他說他自己能開方配藥，即使在華盛頓，他也是吃中藥，由他自己開方，拿到中藥店去配。

素有「夜貓子」之稱的葉公超大使，常常是非到凌晨一兩點是不上床的，這次匆匆回國述職，當天晚上一直到凌晨三點半鐘才睡覺。但到六點鐘便起床了，六點半又匆匆趕了出去。不過他每天中午要休息個把鐘頭，以補晚上睡眠之不足，他告訴記者說今天午睡沒睡好，他打了個呵欠說：「過去十六天來，每晚都只睡兩三個鐘頭。」他說他原來打算今晚便走，到東京去休息兩天，好好地睡覺。

話題慢慢拉近到記者所想要知道的範圍，記者先請他就當今的局勢，表示一點他個人的看法。這位觀察銳敏的卓越外交家，他指出世界局勢的嚴重性。美俄裁軍是不可能的事，相反地雙方都在從事軍備競賽，作戰爭的準備。他說：「俄國固然經不起戰爭的消耗，但美國也不敢輕啓戰端。」他說美國現在有一種專門從事計算工作的人，每天都在實力對比的數字上下功夫，今天美國有多少顆原子彈，明天蘇俄有多少顆原子彈，任何一方如果沒有絕對的優勢，這個仗是打不起來的。

「那麼你看柏林的局勢怎麼樣？」

柏林問題是西方政策的一個試金石，美國爲決心保衛西柏林，業已增派部隊前往。葉大使說：他很多美國朋友的子弟，都已被徵召入伍，開往歐洲。他認爲東西柏林雙方距離太近，無法打仗，除非蘇俄有意要西柏林人民都死光，用砲火來毀滅這個城市，但那是件不堪想像的事。他舉我國的金門爲例，金門由於距廈門太近，所以敵人不敢直接來攻取，只能以大砲來轟擊，因爲近距離關係，如果敵人來攻，只要我們機槍火網一交叉，敵人便全都完了。

「但是，如果今年底蘇俄逕與東德簽訂和約呢？」記者追問了一句。

「這就很難說了！」他停頓了一下。「不過，」他分析說：「蘇俄如逕自與東德簽訂和約，目的只是想永久佔有德國，分割德國，爲它自己增多一個衛星國家而已。」他舉出蘇俄現在要求東德在接近西德邊境上的居民後撤，就是想與韓國的卅八度線一樣，建立一個無人的中立地帶，以便使東西德永久分割，最後他的結論是「柏林不會引起戰爭。」他說：「儘管赫魯雪夫是個老奸巨滑的傢伙，但是鐵幕國家內部的不穩，削弱了赫魔對外的強硬作風。」葉大使指出最近波蘭國內曾發生反抗事件，但是這個消息外界一直還不知道。

對於東南亞的局勢，這位侃侃而談的大使也有他的看法，他認爲所以造成東南亞今日如此混亂的局面，便是自由世界在那裡缺少一個戰略機動基地，他說遠在大陸撤守後，他便主張海南島應該守住，萬萬不可丟，否則中南半島便完了，這完全由於海南島的戰略地位重要，現在要解救越南危機，唯有美國派兵在北越登陸，把河內、海防拿下，問題便解決了。

記者問他現在甘迺迪總統已派泰勒將軍前往越南，是否即表示美國有決心要在越南打仗？葉大使笑笑說：「凡是美國要派一位將軍去調查或考察，那便表示美國決不會派兵到那裡去打仗。」

「談談美洲的情勢吧！」記者請他就美國與拉丁美洲間的關係，作一簡單的分析，葉大使說：「拉丁美洲國家和美國之間的關係已獲得改進，還是美國副國務卿狄倫自上述國家訪問歸來後的好現象。美國已開始對拉丁美洲國家予以大量的經濟援助，以提高此一地區人民的生活水準，抗拒共產主義的威脅。」

關於古巴，葉大使說：「美國並不是打不過它，像古巴這樣一個小國家，美國是可以足足應付有餘的。」

葉大使和記者交談的時間，正是他晉謁總統和副總統之後，他顯然知道記者對聯合國問題很感興趣，但他儘量避免交談這個問題，他說：「聯合國的事，已有沈部長和蔣代表在紐約全權負責，我對這問題不太清楚。」

記者於是告訴他國內人民是如何關切聯合國之事，諸如阻止外蒙入會和中國代表權問題，葉大使沉靜了一會說：「關於阻止外蒙入會的立場，據他所知，政府並無改變。」

葉大使分析聯合國內的情勢說：「由於非洲國家的加入，美國在聯合國內已失去了控制單一多數的優勢，將來除非修改憲章，聯合國內亂糟糟的情勢，一時尚難改變。」

他接着抽了第二枝煙，在沙發上似乎作半假寐的狀態，聲音滯重而斷續，這位宵旰勤勞的大使，又把話題轉向國內，他還詢問了一些關於台北報紙的現況，他說他過去曾在大學教過新聞學，在北平也辦過一份英文報，不過他謙虛地說：「那是一份最壞的報紙。」

談到這裡，時鐘已近凌晨一時，他的一位隨員走了過來說：「大使，該上床休息了。」他便從沙發上起來，向記者打了個招呼，我們便結束了這次歷時整整四十分鐘的「談天下事」。

（五十一年十月二十一日中華日報）

葉公超談外交小掌故

我駐美大使葉公超前天在外交部本月份動員月會上，發表長達一小時的演說，參加聽講者包括沈部長以下的外交部全體人員。

葉大使的演說並沒有談到當今外交上的重大問題，而只是談些中國外交界的小掌故。他從清末的總理衙門談起，到民國十四年他考進北京政府的外交部當翻譯以迄目前為止的一段時期中所發生的一些小故事。

他首先談到我們外交工作人員，在國外人的眼中評價很高。記得在二次大戰前的英國駐華大使蘭穆生，和戰時的英國駐華大使賈德幹都表示，中國外交人員素質很優秀，以人才來說，他們認為世界上除荷蘭外，無其他國家可與我國相比。就是現在，葉大使說他在華盛頓所聽到的，包括美國務院在內，我國外交人員的才能都是排在前五名之內。

接着他便談到他個人從事外交的經過。葉大使說，他是民國十四年考進當時北京政府的外交部條約司第三科當翻譯。他還記得考英文是翻一篇North China Daily News的社論。當年和他同時考進外交部的還有現在外交部人事室主任黃克綸先生。這位現任駐美大使說：他當年考進外交部當翻譯，並無固定待遇，要靠翻譯多少字才拿到多少錢。但翻譯又有一定字數的限制，以不超出一萬字爲限。

在前清總理衙門時代，外交人員的選拔非常嚴格，都是找最優秀的人才去擔任。英使蘭穆生說，當時中國外交人員都是從科舉中選出的精華。葉大使說那時候的外交人員，着重在儀表和舉止，譬如面貌清秀，行路要端莊等。

民初外務部始有留學生參加，起初那些留學生中，往往是英文好的，中文便不好，因爲中文根基太差，所以在工作方面表現多不如理想，但是後來的都很優秀。他說當時在外務部的留學生分爲三種類型：第一類是善於詞令且長於應對者，這一類的留學生往往獲得長官的歡心。第二類的是書呆子型，辦事能力不行，但書讀得很多，國際公法背得滾瓜爛熟。第三類是中英文根基都好的，這一類的留學生很多，如顏惠慶和顧維鈞即是。葉大使說了一點關於顧維鈞博士的小掌故。他說顧維鈞喜推敲字義，用字極爲嚴謹。他在駐美大使任內，常常爲了改一個字而費了很多功夫，在室內室外踱着方步，以思考他所改的這個字是否恰當。

到民國五年袁世凱當政時，他起用青年外交官，條件是第一要年青。第二要北方人，因爲袁自己是北方人。第三才是學歷。葉大使說，那時有人向袁世凱推荐顧維鈞，顧維鈞當時的名字是顧少川，並自稱是唐紹儀的女婿。袁世凱遂令其來見，初派墨西哥代辦。待顧維鈞前去到任途經洛杉磯時，袁又改變初衷，改派他爲駐美代辦，這是他後來出任駐美大使的淵源。

葉大使說現在外交部的編制有一處是沿襲着前清總理衙門的，他舉出前清總理衙門有秘書四人，現外交部在編制上亦僅有秘書四人，一直沒有增減。最後談到用人方面，葉大使說過去他在外交部長任內，主張起用國內大學畢業者。現在外交官雖需經高考錄取，但由於一般大學水準降低，外交人員的素質亦連帶受到影響。他說今天海內外的人才雖多，但因待遇不佳，如何吸收他們爲外交服務，是用人的一大問題，需要從速解決。

（五十一年十月二十九日中華日報）

夜訪蔣廷黻大使

經過了卅餘小時的長途飛行，我國駐美大使蔣廷黻博士業於三日中午返抵台北。他在機場所受到的那種熱烈歡迎，使得初次返國的蔣大使夫人，感到異常振奮。但疲乏的蔣大使，一到圓山飯店的套房，倒頭便呼呼大睡，一直到晚上七時半左右才舒暢地醒來。

記者得悉蔣大使當晚沒有應酬，便想找個機會和大使談談，經過一番連絡，蔣大使欣然答應了。晚上八時一刻他和夫人在房內吃過晚餐，蔣大使穿着一套睡衣，嘴裡啣着一根雪茄，單獨走到隔壁一間套房，會見了記者，和記者談了三刻鐘。

蔣大使這次奉命返國述職，並將參加下週在台北舉行的中美文化教育基金會，蔣大使是該會董事之一。他說：「中美文化教育基金會，是第一次在台舉行，過去除抗戰前在南京舉行過外，戰後均在美舉行。」

他說：「中美文化教育基金會本身有二百萬美元基金，每年收入七萬元，清華大學有九百萬美元基金，每年收入卅萬元；另有幾筆主要的開支，是由該會審查發給，例如補助清華大學預算每年美金數萬元，國家長期科學發展委員會美金二萬四千元，中央研究院一萬五千元，以及幫助台大發展研究院每年一萬美元等，其餘尚有一些零星開支。本屆年會將討論的問題爲如何利用此項基金，開始在台購買股票和債券。因過去的基金多拿來購買美國的債券和股票，作爲價值的保存和收益的來源，雖然抗戰前曾買過國內的股票和債券，但因後來法幣貶值，那些都變成廢紙了。」

這位華府雙橡園的主人說：中國大使館是在華盛頓的中心區，佔地比白宮還大，原來是美國電話發明人貝爾的產業，廿年前中國政府以廿萬美元購得，現在的價值要在百萬美金以上。談到他的大使生涯時，他把他一天從早到晚詳細講給記者聽。他說：「每天早上他總是在辦公室見客，及與僚屬會商重要問題，至於大使館內的例行公文、人事和財務，他都不顧問，統交由江易生公使來看，這樣他可以抽出較多的時間來談業務。因爲我國派駐華盛頓的機構很多，例如世銀國際貨幣基金及我陸海空軍武官等，都要和大使商談。中午吃過午飯後，蔣大使要作半小時的午睡，起來後再打半小時高爾夫球，接着便回書房看書，晚上則通常有各種應酬要參加，雞尾酒會的時間多在下午五時至七時，正式晚宴則自晚八時一直到十一時。蔣大使自己請客的機會不很多，外國貴賓們大多存有一種希望，便是希望能到中國大使館吃一頓飯，所以各國大使和美國朝野名流都做過蔣大使的上賓。」

在這些貴賓中，蔣大使說，以美國的陸海空軍將領對我國感情最好，在每年舉行的國慶酒會時，近千的來賓中亦以美國將領最多。在上週，蔣大使宴請美聯合參謀首長會議主席泰勒將軍，在座作陪的還有伊朗大使，一位專欄作家和一位教授。泰勒將軍非常高興，他們曾談到越南問題，並且也提起參院外交委會主席傅爾布萊特最近所發表的謬論，泰勒將軍說：「你管他幹嗎？他發表這篇演說時，祇有兩人在座呀！」大家聽了哈哈一笑。

不過傅爾布萊特這篇言論，蔣大使還是非常重視，他曾去見過魯斯克國務卿，魯斯克告訴蔣大使說：「這不代表美國政府的言論。傅爾布萊特發表演說前，亦未與國務院商量過。關於美國政府的政策，在三月廿七日的一次記者會上已說得很清楚了。」

說到這裡，記者提出了一個問題：「做大使和做聯合國代表有什麼兩樣？」蔣大使笑着回答說：「在聯大做久了，很傷腦筋，你不但自己要說，而且還要聽人說；尤其辯論問題時，都是些舊調重彈。但在華盛頓做大使，便不必要去聽人說，或自己來演說；除了別處邀請演說之外。」

蔣大使此次回國除向政府述職和出席中美文化教育基金會外；最主要的是準備魯斯克國務卿訪華事宜，蔣大使對魯斯克的人格、學識非常欽佩，他說：「魯斯克國務卿在抗戰時到過重慶，並且見過總統。」這次隨同魯斯克來訪的尚有新任遠東助理國務卿彭岱等一行多人，他們預定本月十六日抵華訪問二天。

蔣大使說：未來世局的發展如何，連美國人自己也不清楚，亦無固定政策可尋，不過在基本上，美國避免與俄發生衝突，但對國防與新發明，則不餘遺力。美國認為要講和可以，但決不可忽略國防。而國會對國防撥款亦毫不吝惜，在國防經費方面，從不與政府為難。

關於德國問題，蔣大使說：蘇俄反對德國統一，是由於它數百年傳統上對德的恐懼，更甚於對美的恐懼，因爲唯有東西德分裂，才符合俄國的利益。起初俄國沒想到西德經濟恢復之迅速，其地位可與英國相比，使赫魯雪夫感到不安，只得大罵德國軍國主義，阻撓德國統一，但西方卻不能承認此種長期分割的局面，到目前這種國際政治，尚無人看出一個妥協的方向。

至於美國人對俄國與中共爭執的看法，蔣大使說：美國人覺得俄國所採取的路線較爲緩和，而且也近人情，而北平卻大喊要推進世界革命，不惜打原子仗，莫斯科則認爲不必打原子仗。儘管它們方法不同，但目標是相同的。

這位不脫書生本色的外交官，話題又轉到治學上面，他是近代中國史的權威，但是他說，他已沒有很多時間來繼續從事學術研究了，但他的興趣依然很大，他在公餘之暇所閱讀的書籍有二種：一種是有關當代問題的，多爲英文書，如前我國財政顧問楊格所著自傳中，不失爲一部我國戰時財政史，其次是墨菲著的二次大戰外交內幕一書，及德柏南的「北平與莫斯科」。其他如我國嚴耕望著「中國地方行政制度史」均是值得一讀的好書。

蔣大使說：「現在我國的學術地位和抗戰時完全不同，頗受美國各方重視。在美國各大學和大公司從事研究的中國人很多，而且也很得力。」

提起學術，蔣大使便想起他逝世的老友胡適之，這位當代哲人，如今安謐地躺在南港中央研究院的墓中，蔣大使對記者說，他準備這個禮拜天到胡適墓前憑弔一番。

說到這裡，他的秘書走進來說，另外一位客人已等在他房內，於是記者起身告辭，結束這次愉快的訪問。

（五十三年四月四日中華日報）

陳雄飛談中法關係

正當舉國爲法國承認中共問題而困擾之際，駐在歐洲達卅餘年之久的我國老外交家，現駐比利時大使陳雄飛奉召返國了。由於他與巴黎的深厚關係，當局召他回國，特別是在這中法關係緊要關頭，以聽取他的寶貴意見，並請他參與外交部對法問題專案小組的研討，可見當局對他畀依之深了。

陳大使是本月廿日自比京任所奉召匆匆返國的，他回國之後，不但總統立即召見了他，並且連日來參與開會，其忙碌緊張的情狀，只有「席不暇暖」四個字來形容。他所住的中國大飯店，僕歐說他每天一早八、九點鐘起床便走，晚上到深夜一兩點鐘才回來上床就寢，記者在這種情形下，昨天便趕了個早，跑到他寄寓的中國大飯店三〇四號房間，在他正起身之時，記者叩開了門。

他對記者的突然來訪，略爲怔了一會，記者不待他先開口，便說明了來意，他一面穿衣服，一面苦笑着說：「我沒有什麼可說的呀！」但是，他還是接待了這位早晨的不速之客。

他招呼記者坐下，從穿衣間裡探頭出來，笑着對記者說：「我們最怕見記者，倒不是爲了什麼，就是怕說的話明天登在報上。」

「大使很久沒有回國了，這次來訪，只是想跟您作一般性的談談。」記者深知他忌諱所在，於是不得不先安安他的心，以後的談話便這樣開始了。

陳大使說：這次法國要承認中共僞政權，是他始料所不及的。這位出生在上海的外交家，於一九三〇年便被派到歐洲，而且大部份時間都在巴黎渡過，他原是我駐法國大使館的公使，半年前才調到比利時去當大使，一九五五年曾回國二次，這次是他第三次回國。

他回憶一九五八年戴高樂總統上台時，當時戴高樂雖曾一度考慮到承認北平問題，但是他不久便放棄了這個念頭。陳大使說：中法關係，在他半年前離任以前，始終看不出有什麼兩樣。

在巴黎外交團近百位使節中，陳大使可說是相當資深的一位外國公使，他主持中國大使館的館務，和法國政府上上下下，搞得很熟，他深知戴高樂的性格，他說：「法國的外交政策是由戴高樂一手決定，連外交部長也無權過問，所以這次戴高樂決定要承認中共，任何人都不能影響，除非我們的總統能和戴高樂當面談談。」

他說：「戴高樂對我們總統個人非常欽仰，而且兩人友誼很好。這次戴高樂決定要承認中共，他未始不知此舉將損害他與蔣總統多年的友誼，內心不免感到痛苦。但是他摒棄了私人的情誼，是因爲他誤認這樣做將符合他的國家的利益。」

法國人民擁護他們的戰時英雄戴高樂出來主政，而戴高樂本人也雄心勃勃，要領導歐洲，使成爲美俄兩大集團間的中間勢力，在世界政治上有相等的發言權，這是戴高樂所追求的目標，陳大使說：法國組織了共同市場，拒絕了美國的核子禁試和原子聯營計劃，代之以自己來發展核子武器，因爲戴高樂既不喜歡蘇俄，也不喜歡英美，他一直稱蘇聯爲「俄國」，而認英美是「盎格羅撒克遜」一個民族，英國總是跟着美國走的，所以戴高樂拒絕英國加入共同市場，也和甘迺迪總統發生了種種的衝突，處處要走獨立的路線。

記者深恐這樣談下去會把話題扯得太遠，於是又重新回過頭來問陳大使：「既然戴高樂決定要承認中共，那麼我們政府究竟怎樣做才是呢？」陳大使警覺地頓了一下說：「這是有關我們的國策問題了！」說到這裡，他不願再說下去了，這時他抽完了一枝煙，起身整整衣服，拿起一頂黑禮帽，對記者說：「我要到外交部去了。」

走下電梯，記者正要告辭，大使輕輕對記者說：「我們喝杯咖啡如何？」這時記者才想起大使還是空着肚子呢？他笑笑說：「我們還可以再坐十幾分鐘。」於是記者喜出望外，二人便到餐室選了個座位，陳大使順手掏出一個電動刮鬍刀，他說：「我今天還沒有刮臉呢？」他便放在嘴邊嗶嗶地刮了起來。

從外表看去，陳大使約爲四十開外的年紀，戴着一付黑邊眼鏡，前額很高，身材也很適中，頗有詢詢學者之風，他以一口上海官話告訴記者說：他已五十開外了，他有三個孩子，大的十七，老二十五，最小也有十二歲了，現在全家都住在布魯塞爾，他的夫人因爲操勞而患了失眠症。他說：他的孩子都是受的法國教育，他很耽心他們的國語問題，每個禮拜雖給他們補習一次，但效果不大，雖然僑委會也有國語函授課程，可是在他們接受的程度上，還是不如理想，在家裡，孩子們只會說點上海話。

陳大使對教育問題很關心，一九五五年他首次回國時，便到全省各地去參觀教育設施。他說：臺灣的國民教育非常進步，無論在校舍，教學設備，學童人數方面，連法國也不及我們，尤其是國校學生都能說一口標準的國語。

他說：「我每次回國，都發現國內進步很大，這是一個事實，歐洲人都很清楚自由中國在各方面的進步，儘管我們的國際宣傳做得很少。」陳大使並指出台灣的安定性，是世界上任何其他地區所沒有的。他說：環顧世界，動亂頻仍，就連美國也竟發生甘迺迪總統被刺的事件。

記者告以最近因接連遭遇日本周鴻慶事件和法國承認中共問題，所以國內人心略呈浮動，陳大使說：「我一向對時局的看法無所謂樂觀，但最重要的是要有自信，如果連自己都不相信自己，那人家怎樣會看得起我們呢？」

他說：「西方國家有一個基本上的弱點，就是太看重商業上的利益，爲了一點商業上的利益，不惜與敵人打交道，所以在這個環境中，我們應付這種多變的情勢，自己必須有一套原則。」陳大使就用「要有原則」這四個字來答覆記者所提美國希望我們不要與法國絕交，以免影響我國今年在聯合國的席次這一問題。

關於法國承認中共後，是否會影響到那些非洲法語國家和歐洲其他國家的外交政策呢？陳大使說：「影響固然有，但不會那麼快。」對於那些前法屬非洲國家的領袖們，陳大使對他們都有相當的瞭解。他說：當一九六〇年它們紛紛獨立時，他預料它們在以後的三五年中，對華關係將不會有什麼改變。而且從最近看來，非洲國家未必會追隨法國的外交政策，因爲它們都已獨立了，不希望再被別人牽着走，例如馬拉加西總統齊拉納便是一個極好的例子。

話題轉到陳大使的駐在國比利時，從巴黎到布魯塞爾，乘火車只要三個半小時便到了。陳大使說：比利時的情況很好，他是半年前調去比利時的，巴黎大使館的館務則由高士銘代辦接替。他說：他到比利時去之後，因爲常常不在館，所以有次比利時國王的侍從武官打電話時便和他開起玩笑來，說他是「無任所大使」，因爲他調比利時半年中，曾陪沈部長到非洲去走了幾個國家，又奉命出席聯合國大會兩個月，隨後又到西德去了三個禮拜，並且還到義大利走了一趟，所以這樣便很少時間在館了。他說：在比京的外交使節比巴黎還要多，除了英美等國外，共同市場的會員國，都派了雙重的使節駐紮在布魯塞爾。

陳大使這次奉召返國，恰與比王啓程訪問遠東相差不遠，比王刻在東京訪問，完了還需到泰國答訪泰王前年赴比的訪問，因爲比國王后不久之前流產，身體欠佳，所以她留在香港休息幾天，然後再隨國王到曼谷訪問。他說：「比王現尙無太子，因王后數次流產，將來如果比王沒有太子的話，王位將要由王弟繼承，而相反地，王弟卻有三個孩子之多。」

陳大使說：他將在台北再停留數天，即要趕返比京任所。他是一位充滿活力的老外交鬥士，在連日緊張忙碌之下，他非但沒有絲毫疲乏之態，而且對國事前途充滿了信心。

（五十三年一月二十六日中華日報）

陳之邁談澳洲近貌

在太平洋和印度洋之間的廣大洋面上，有着一片美麗的大陸島嶼，這便是被稱爲「廿世紀的世外桃源」澳大利亞聯邦。

陳之邁大使，這位身材魁梧，皮膚略呈黝黑，和聲音帶有沙啞而又十分健談的外交鬥士，他便是我國派駐澳大利亞的大使。算來他出使澳洲，已經有一年零五個月了。日前他藉赴新德里出席聯合國世界衞生組織第十四屆大會之便，返國一行。記者於昨天上午在中國之友社二一七號房間內，會見了這位行裝甫卸，旅途疲勞尚未完全消退的陳大使，和他暢談了一個多鐘頭。

澳大利亞原爲大英帝國的殖民地，現爲大英國協會員國之一，面積共有七百七十四萬平方公里，人口尚不及一千萬。國內政治制度，仿效英國，爲一內閣制的國家。

澳洲政府是由它國內的自由黨（Liberal Party）和農村黨（Country Party）兩黨聯合組成，總理孟薩斯是自由黨人。在內閣制的國家裡，執政黨也便是國會內的多數黨，所以澳洲的下議院中，自由黨佔了五十七席，農村黨佔了十八席，合起來共有七十五席，約佔下院一二四席總數的百分之六十五，其餘則爲勞工黨佔了四十六席，尚餘三席爲空缺。

在這三個主要政黨中，前兩個是組成聯合政府的執政黨，在政策上互爲依援，無分彼此，所發生問題的便是勞工黨。陳大使說：澳洲的勞工黨，是和英國的工黨相類似，在過去十一年來，勞工黨內部派別太多，一直在鬧分裂，現在該黨在反共立場上分成左右兩派，左派持親共態度，右派在內政上與左派相近，唯在外交上則是反共的。由於勞工黨內所持立場與政策的分裂，所以右派的勞工黨人便自行組織了一個「自由勞工黨」，自由勞工黨在下院中並無席次，唯在上院中則保有少數席位，最不受澳人支持的是共產黨，共產黨在澳洲國內雖是合法的政黨，但是在數次大選中，均告慘敗，在上下兩院均無席次。但是陳大使警告說：澳洲共黨在工會中的力量很大，常常把持工會，興風作浪，不過，幸而大部份澳洲人民均不同情共產黨。

在今年十一月裡，澳洲將舉行全國大選。陳大使說：澳洲的選舉，與美國大爲不同，第一競選期間前後只需一個多月便可完成，不像美國大選前一年即已開始競選，其次澳人投票，較爲複雜，每人除了可投一個候選人外（First Preference），並可再投第二候選人（Second Preference），在通常情形下，例如民主勞工黨人除了投其本黨候選人外，其第二候選人經常均投給自由黨人，故自由黨有幾次都是靠第二候選人所分配得來的票而獲得了多數。

未來澳洲大選誰勝誰敗，尚屬一個未知數，不過在民主國家，一個政黨，尤其是執政黨，能否在大選中繼續勝利，則端視其過去政策推行是否成功，是否獲得人民的擁戴而定。在過去十年來，澳洲自由和農村兩黨政府給澳人帶來了安定，建設和繁榮，因此人民生活水準亦大爲改善。不過選民的心理因素，在選舉中亦佔很大的關係。以美國來說，共和黨執政八年中，美國曾達到了經濟最繁榮的顚峯，可是人心思變，民主黨在大選中終於獲得了勝利。未來澳洲的大選，自由黨是否會受到這種心理因素的影響，尙未可知。不過，即使農村黨佔多數，它還是要聯合自由黨來組成政府，這與目前政府並無多大分別。至於勞工黨執政的可能性，陳大使預測它不會獲得比現在更多的票。

中澳兩國年來在外交與政治上的合作情形至爲良好，澳洲政府對於中華民國在聯合國內的代表權始終支持，從未發生任何意外。在政治上澳洲政府是反共的，她與美國訂有美澳紐條約，兩國關係很深，對中共組織貿易團、平劇團及工會代表等前往澳洲，政府從不接待，它們只是以私人性質去的，至於澳人對於共黨活動，從不關心，這是由於他們生活安定，從未感受共黨威脅所致，不過，陳大使說，澳洲政府近年來已對東方事務開始關切。提到澳國迄未來台設館一事，他說：還是由於政府經費關係，許多國家在澳洲都設有使館，但是澳國都未能回設。他舉以拉丁美洲國家爲例，澳政府在那裡只設了一個大使館。

陳大使認爲促進中澳經濟文化的合作，是一件十分重要的事。在發展兩國貿易的展望上，他深表樂觀，雖然台灣出產的米糖和鳳梨等農產品，澳洲也有，但是台灣的紡織等工業品，可以輸出，換回澳洲的羊毛。他提到最近我國貿易團去澳，收獲很大。至於文化方面，澳洲近年來很注意研究東方文化，學習中國的語言和歷史，陳大使說到這裡，他舉了一個例子，說他有一次在墨爾鉢演說，從下午八時到九時，因爲聽衆愈來愈多，容納不下，連續換了三處地方，這可證明澳人對中國文化之嚮往。

澳洲地大物博，以七百餘萬平方公里之土地，居民尚不及一千萬人，是爲移民者所嚮往的樂園，但是澳洲政府一向只歡迎從歐洲去的移民，而不歡迎自亞洲去的移民。因爲它有個顧慮，就是怕亞洲人去了繁殖太快，以致會壓低了他們的生活水準，不過，陳大使說，澳洲政府歡迎外人投資，如果國人有資本的話，澳洲仍是歡迎前往投資和居留的。

目前，居留澳洲的華僑，總數約一萬餘人，都是八十年前去澳洲開金礦的華工後裔，戰後去澳的只有一百餘名中國難民，他們在澳洲的經濟情況，並不如東南亞地區華僑那樣多金，大都要靠工作來維持，所以過去幾年來，澳洲華僑組團回國者並不多見，因爲他們都要工作的緣故，不過，陳大使說，澳洲的華僑雖無機會回國，但是他們對祖國仍是熱烈懷念不已。

（五十三年二月廿六日中華日報）

邵大使談中土關係

七年前，邵毓麟啣命飛往安卡拉，出任我國駐土耳其國大使，那時他剛從烽火遍地的韓國歸來不久，卻被派到那個寧靜的黑海國家去，在安卡拉一住便是七年，現在他是駐土外交團裡的一名資深大使。

上月廿二日，邵大使被召返國述職，但事有湊巧，他的回國卻與吉田茂訪華連在一起，因此，外界盛傳他將是未來駐日大使的主要候選人，東京各報甚至把他的履歷和照片都登了出來，這種過早的宣傳，使他個人感到非常困擾，昨天他與記者晤談時，還再三拜託加以否認。

「讓我先報告一些土耳其的情況吧！」邵大使一邊啜着咖啡，一邊很有系統地把中土友好關係作了一番介紹：

土耳其是近東的一個泱泱大國，她守住了黑海的大門，不讓蘇俄勢力南下，因此她在自由世界中所處的地位是十分重要的。土耳其不但參加了北大西洋公約組織，而且也是中部公約組織的一員。談到中土關係時，邵大使說：「我們和土耳其在戰略上屬於東西呼應之勢，在政略上保持着密切的合作。」他引述總統的談話稱：「土耳其雖然不是我們的同盟國，但卻是我們的兄弟之邦，這種兄弟之邦的關係，比同盟國更爲重要。」

邵大使說：中土兩國的友好關係，無論在政治、軍事、經濟、文化方面的合作，都表現得非常密切。在政治和外交上，國人最關心的莫過於法國承認中共後，土耳其未來的動向如何？對於這一點，邵大使引述土耳其外長艾爾金對國會所發表的政策性談話，艾爾金外長說：「我們與中華民國在過去已有很深厚的友好關係，今後我們與中華民國還要繼續加強這種友好關係。」這兩句話已簡單表明了土耳其的對華態度。邵大使說：他在離開安卡拉前，土耳其總統古塞爾便囑他帶回他的祝福，土耳其的總統和總理對蔣總統都非常欽敬，去年，伊諾魯總理的女公子偕夫婿來華訪問，總統親自接見，並以茶點款待，伊諾魯總理談起這件事，便連連稱謝不已。

在軍事上，中土兩國的合作，以前年參謀總長彭孟緝上將訪土，表現得最爲明顯，彭總長蒞臨安卡拉時，曾受到了極爲隆重的禮遇，作爲土耳其總統的上賓，後來陸軍裝甲兵司令蔣緯國中將訪土時，土耳其亦以政府貴賓之禮接待。邵大使說：「這些禮節，都是超乎尋常的。」現在，土耳其的陸軍指揮參謀大學和軍校，還有中國的軍官在那裡受訓。

至於經濟方面，中華民國曾於前年參加過一次土耳其的國際商展，這種商展，每年八月都要在伊士美舉行一次，關於我國參加今年土耳其國際商展一事，邵大使回國後，已與外貿會主任委員徐柏園商談過，徐氏也同意參加，邵大使說：凡是參加的國家，都可得到五十萬美元的售貨配額，到明年商展時，更可增加到一百萬美元，這是一筆數目可觀的外匯收入。中土貿易如能朝着這個目標邁進，前途是非常樂觀的，藉此亦可減輕我國對日貿易的依賴，而且對土貿易，只要我們產品受到歡迎，可以免受他國競爭的影響。

邵大使指出：根據美國國際開發總署的報告，土耳其去年的經濟成長率是百分之六，今年當可繼續增加。爲了配合經濟的成長，土耳其也在進行土地改革，而且頗想借重自由中國的土地改革成就，邵大使曾對土耳其政府表示歡迎組團來華考察。

對中土文化的交流，兩國也在努力促進，土耳其國父凱末爾所創辦的安卡拉大學裡，便設有漢文系，可見土耳其對漢文的重視，在語文上，土耳其語和我國的新疆語同出一系，現政大還聘有一位土耳其的交換教授，劉季洪校長對他很是賞識。

土耳其自軍事革命後，便一直由伊諾魯組閣，伊諾魯第一次內閣只半年便改組，第二次他所領導的人民共和黨再與兩小黨——新土耳其黨和農民共和黨聯合組閣，但亦不久便解體，現在已是第三次組閣了，內閣不穩的原因，主要是他的人民共和黨在國會裡只是第一大黨，而不是多數黨，故必須與他黨聯合才能組閣。

邵大使說：伊諾魯總理在上月曾遇刺，兇手對他連發三槍僥倖都未命中，可能是伊諾魯總理身材較小，所以子彈都從頭上飛過。總統對此事很表關心，在召見邵大使時，曾垂詢這件事。邵大使說伊諾魯的身材很像許世英先生。

根據報告，此次行刺伊諾魯總理是與共黨有關，因爲在現場有一輛引擎尚在發動的羅馬尼亞使館的汽車，兇手亦已捕到，可能是涉及國際案件，所以案情尚未公佈，邵大使已收到我使館的報告，此間我首長並已去電慰問。

話題從土耳其政情轉到地中海的塞浦路斯島動亂與中東情勢，這位觀察銳敏的大使直截了當地將這事歸因於蘇俄共黨，他說：因爲蘇俄不敢公然對土耳其侵略，所以它要在土耳其背後插把刀，將塞島變成地中海的古巴，再進一步伸展勢力到阿拉伯半島與非洲，世人對這種陰謀必須警覺不要把視線集中在塞島本身的衝突上。

邵大使說：現在英美土三國擬組織一支國際軍，以維持塞島安全，然後再作和平解決，但是蘇俄要求把這支國際軍交給安理會來指揮，如此它可行使否決權來阻撓，因此三國都表示不同意，現在這案正在安理會討論，希望能有一個合理的解決，以免塞島成爲「古巴第二」。

就整個中東情勢來說，蘇俄的策略是「和平」與「滲透」並用，所以它一面進行和平攻勢，一面卻在暗中進行滲透，而最終目標，是要囊括中東，達到征服世界的目的。

（五十三年三月三日中華日報）

蔣恩鎧談齊拉納總統

一個外交代表，當他派駐國外時，能以個人聲望與影響，來建立他與駐在國元首間的私人交誼，對於促進兩國間的友好關係，其重要性必然駕乎一般官式往來之上。我國派駐馬拉加西共和國特命全權大使蔣恩鎧，便是遵循着這一個方針，在他使馬五年來，和齊拉納總統成了莫逆之交，因此促成了齊拉納總統這次的訪華之行，展開了中馬外交的新頁。

記者昨夜在自由之家，訪問了蔣恩鎧大使，他說：「馬拉加西共和國現是非馬集團領導國家之一，在非馬集團十二個國家中，他有相當鉅大的影響力，所以齊拉納總統的來訪，不僅加強了中馬兩國的邦交，而且使非洲的其他新興國家，對中華民國的地位另有一番新的認識，轉而在國際間支持我國，與我合作，這亦無異鞏固了自由世界的陣線。」

記者請他談談他個人對齊拉納總統的印象，蔣大使說：「他實在是一個很聰明的人，我們知道他並未受過高等的教育，只是師範畢業而已。所以他是一位屬於自己創造的典型人物，在馬拉加西民族獨立運動中終於嶄露頭角，開始受人注意，一九五七年法國同意馬拉加西准許建立他們的自治政府時，他便當選爲省議員，由省議員而議長，而國民大會的重要份子，接着他便在自治政府中擔任職務，先由部長升爲副總理，乃至一九五九年當選爲馬拉加西共和國的第一任總統。」

齊拉納總統在政壇上可以說是一帆風順。蔣大使說：「他的成功有兩個因素，一是法國方面對他的賞識與支持，另一便是他自己有才幹，所以才造成今日他在國內登峰造極的地位。」

蔣大使說：「過去，我常常到他家裡去拜訪、談天、吃飯都很隨便，只要一個電話便去了，但是從他當了總統，我們爲了外交上的禮節，不像過去那樣隨便了，但是我們見面的機會還是很多。」

齊拉納總統現在的辦公地點是在前王朝的首相府，原來的王宮則成爲現在的博物館，他在首都和郊區均有官邸。馬國在他領導之下，各種建設均有飛躍進步，尤其在首都，新的建築相繼出現，從去年開始，馬國並有一所完整的大學了。

由於馬國憲法的規定，總統的職權很大，他一身兼總統和總理兩職，總統任期七年，連選得連任，蔣大使相信齊拉納總統將來必可連任無疑。

在對外關係中，齊拉納總統的口號是「中立」，凡是願意幫助馬國的都是他們的朋友。蔣大使說：「儘管口號如此，但實際政策並不如此。」他指出目前馬國和所有的鐵幕國家均無外交關係，但卻與自由國家關係密切，他這次能應邀來華訪問，便可說明他是愛好民主自由的。

現在他在馬國人民的眼中，是一位民族獨立運動的英雄，同時也是他們的國父。

提起齊拉納總統夫人，蔣大使說：「他們結婚已將近三十年了，現有子女八人，大女兒已經出嫁，他的那位乘龍快婿並且還是一位具有中國血統的華僑後裔，所以齊拉納總統和我們可以說還有一種血親關係。」

齊拉納總統夫人是一位很賢淑的婦女，她過去很少在社交場合出面，自從齊拉納當選總統後，她成爲馬國第一夫人，許多公共場合亦以元首夫人身份參加，對各種慈善事業和婦女運動，她都熱心參加，這次我政府原本只邀請齊拉納總統一人，經過蔣大使的建議，同時也邀請他的夫人來訪，齊拉納總統也欣然同意，現在他們明天就要來到我國訪問了。

他在國內政治上的勢力，可以從他組黨的歷史來證明。現在馬國的的一大黨——社會民主黨，便是由他一手所締創的，目前該黨領導權雖已交由現任的內政部長，但是在他間接的領導和影響之下，該黨勢力一天天地強大，除了左傾份子外，其他的中立派和各小黨，在最近二三月來都已參加併入社會民主黨去了。齊拉納總統的號召是「和國內一切黨派合作」，他的這一號召，顯然是已起了很大的作用，足見他在國內聲望之隆，已無人可與他匹敵了。

（五十一年四月三日中華日報）

訪上將大使梁序昭

前任國防部副部長梁序昭上將，業被政府正式任命爲我國駐韓大使，這雖是一項外交人事上的調整，但卻象徵着中韓兩國進一步的合作關係，因爲韓國需要一位軍人大使，而梁序昭正是一位理想的人選。

記者在梁大使任命發表後的當天，便到他的寓所去訪問，一走進客廳，四壁所接觸的都是名人書畫，這時他已卸去那套卅餘年的白色海軍制服，而換上一套淺色的西服，風度儒雅，他招呼記者坐下，記者便向他道賀了一番，他很謙虛地說：「沒什麼，在外交方面我是一個外行呀！」

我國從海軍出身的大使，梁序昭是第一人，尤其官階到了海軍上將，而又當過海軍總司令和國防部副部長，在軍事素養和作戰經驗兩方面，都是極難得的人材，將來中韓兩國合作反攻大陸，梁大使的軍事指揮背景是很需要的。

梁大使過去半生獻身於海軍，他出身於馬尾，同時也受過美國海軍的教育，前後曾畢業於美國邁亞米海訓團和科羅那多兩棲學校，談起海軍與外交，梁大使說：「海軍與外交的關係最密切的了，他們到國外的機會最多，辦理外交的機會也最多。」梁大使指出連英國的國王喬治五世也當過海軍，還有一個最現實的例子，美國現任駐華大使賴特，不也是海軍出身嗎？

他進一步說：「海軍與外交，有很多地方都很接近，例如以禮節與體制來說：海軍的禮節和體制是世界一律的，正如同外交體制具有國際性是一樣的。」

記者問他：「當大使和當副部長有什麼不同？」這個問題使梁大使回憶過去五年一個月的副部長生涯，他若有所思地說：「兩方面的工作當然是不同的，過去當副部長所做的都是些行政工作，今後當大使是要從事外交，從事外交最主要的是要『交』。梁大使說他本人最喜歡朋友，他希望到韓國去以後能多交結些朋友。」

梁大使雖然是福州人，但卻有北方人的豪爽之氣，這一點和韓國人的性格很合得來，他爲人也非常幽默風趣，例如這次韓國特使金鍾泌訪華時，金鍾泌遇見梁大使時便開玩笑地說：「你一到韓國，我們便先請你上藝妓館。」旁邊金信大使便笑着對他解釋說：「上藝妓館並不是壞事呀！」梁大使也很風趣地回答道：「我還沒有呀！」

梁大使自交卸國防部副部長後，到他大使任命發表，曾做過幾天的「無職軍官」，他現在已辦好了外職停役，這位過去叱吒海上的英雄，在抗戰初期，他是長江一個艇隊的隊長，奉命執行江陰封鎖的任務，以阻遏日寇的西進，在這一方面，他是確實地做到了。

後來，政府西遷以後，梁大使也到了桂林，在後方辦了一份海軍通訊週刊，今日海軍總部所出刊的「海訊日報」，便是當年梁大使所創辦的，所以一談起來，梁大使也是親身從事過新聞工作的。

對於新聞工作個中的滋味，他是過來人，梁大使回憶當年的情形說：「那時我辦這份海軍通訊，都是由我一個人來編排、印刷和發行的，在物質條件缺乏的情況下，眞是萬分艱苦。」但是就是靠了這份刊物，海軍上下官員之間才有了聯繫，而外間也知道中國海軍依然存在，保持了海軍的精神。

勝利後，梁大使做過赴美接艦軍官隊隊長，他親手接過中國海軍最大一艘運輸艦「峨嵋號」，並自任艦長，他說：「中國海軍能有今日，完全是海軍官兵努力得來的結果。」他說：「原來美國不肯把驅逐艦交給我們，因爲他們考慮到修護的問題，如果艦上某個機械上有毛病，便要駛回美國修理，這將是一個莫大的麻煩，但是後來事實證明我們的修護能力，是超過他們的想像，我們能夠修理艦上任何一部份，所以美國人相信了，新艦才源源而來。」

四十六年，他在海軍總司令任內，曾應邀赴美訪問，使中美海軍合作奠定了堅強的基礎。

在國防部副部長任內，他襄贊俞部長，爲三軍官兵做了很多改進福利和建立制度方面的事，其中尤以改善官兵待遇，例如官兵副食費的調整，眷屬房租津貼的爭取等，以及兵工建設制「以量計工，以工給獎」制度的樹立，都是他的得意傑作，但是他從不願提起，他瞭解到做一個副手的人，如有任何一點功蹟，都應歸諸於主官賢明的領導和政策的正確所致。

現在，他開始另一個外交艱苦戰場的生涯，梁大使說：「我希望能爲國家多做點事，而且我喜歡到外交的最前線去，那裡正是我們做軍人所要去的地方。」記者在臨告別前，預祝他勝利成功，便結束了這次愉快的訪問。

（五十三年三月二十四日中華日報）

周鴻慶是怎樣「變」的

周鴻慶案業已演變成中日兩國外交上的危機，這個案子的演變經過，內情非常曲折，聽來好像一篇故事，從這個故事，它告訴你日本今後究將爲自由世界東方的干城，抑爲助紂爲虐的鷹犬？

周鴻慶案本來是一個投奔自由的單純事件，一如千千萬萬其他投奔自由的人一樣，應該依照他本人自由選擇的原則，協助他來台，完成他最初的自由志願，方合乎人道。不料日本政府非但不這樣做，反而多方阻撓，縱容親共的左傾份子對他實行恐嚇和洗腦，致使周鴻慶失去了自由意志，被迫改變他投奔自由的初衷，日本政府更進一步把他交到共特手中，名義上是「遞解出境」，實際上是遣返大陸。

周鴻慶爲什麼一下子改變？他投奔自由時爲什麼找不到我國大使館？日本政府後來爲什麼又不合作？一位最近自東京奉召返國的我大使館官員，對記者道出了下述的曲折內容。

或許國內的讀者不明白爲什麼周鴻慶投奔自由時反而跑到蘇俄大使館去要求政治庇護？實際上他是要找中國大使館，偏偏事有湊巧，過去中國大使館和蘇俄大使館都在東京麻布的飯倉町一條街上，而且蘇俄大使館在中國大使館的斜對面，但後來我們不願和蘇俄大使館對鄰而居，搬到麻布的另外一條街櫻田町新址，可是東京實在太大，大多數人包括計程司機在內最多知道一個大概的位置，多數人印象中還以爲中國大使館就在原來那條長街，所以當周鴻慶於十月七日跳上一部計程車投奔自由時，司機便把他送到飯倉町中國大使館原來的位置，周鴻慶下車後遍尋不著，心裡既緊張又害怕，一時由於驚慌失措，而周鴻慶本人是東北哈爾濱人，他也懂俄文，所以便跑進了蘇俄大使館要求政治庇護，在他當時想來，俄國與中共關係惡劣，跑進蘇俄大使館，或許還有一線希望，總比被中共抓回去要好。果然，蘇俄大使館經過考慮與請示後，表示不必爲周鴻慶而牽入漩渦，於是通知日本警局處理，日本警局便把他當作逾期旅客來處理，於是周鴻慶便被拘禁在東京麻布警察局裡，到九日下午才把他移送移民局東京出入境管理所拘留看管。

中國大使館一得到周鴻慶投奔自由的消息後，便於八日要求日方准許我使館人員與周見面，那時張厲生大使奉召返國已有半月，館務是由張伯謹公使代理，張公使便命令有關人員對周行動密切注意，俾隨時協助他完成投奔自由的意願，一面繼續向日方交涉，要求與周見面。

十月十六日，在東京出入境管理所的安排下，我駐日大使館管理僑民的一等秘書吳玉良終於見到了周鴻慶，會見時間是從上午十時開始到十一時三十分結束，談話時日本官方人員均在場，周鴻慶和吳秘書見面時，即表示不願返回大陸，願意前來台灣，如果台灣來不成，他願意留在日本，或者去第三國均可，總之他是不願返回大陸。

吳秘書當時便表示來台灣不成問題，他可協助他完成這個志願，周鴻慶聽了非常高興，便問吳秘書怎樣辦理入台的手續？來台後如何生活？是否可以和家裡通信？以及從台灣寄錢接濟家用等問題，均爲吳秘書一一答應照辦，周鴻慶便要求辦理入台手續，親筆寫了一張條子「請吳秘書代辦入台手續」，交給吳秘書，首次見面談話便告結束，周鴻慶來台意願已經表示得十分明確，毋庸置疑。

談話後，時間是上午十一時半，日本官方要求吳秘書暫時將談話內容保密到下午一時，屆時東京出入境管理所準備招待記者，但是到了下午一時，記者招待會並未舉行，日方又推說到下午四時再問周鴻慶一次，以確定他選擇的意願，可是到下午四時亦未再問周鴻慶，這裡面便大有文章，到了下午五點鐘左右，東京出入境管理所竟讓日本左派親中共團體所僱的律師小田成光來和周鴻慶見面，對他實行說服，以動搖周本人來台的意願。

東京出入境管理所洩露了周鴻慶和吳秘書談話的內容，因此，小田成光事先都知道周鴻慶和吳秘書談了些什麼，在和周鴻慶見面時，小田的談話十分技巧，他對周鴻慶說：「你說去台灣好，台灣我未去過，你也未去過，那裡究竟好壞，你我都不知道。」小田又說：「吳秘書答應你的幾件事，例如你的生活問題，和家裡頭通信問題，以及接濟家用等，在台灣辦總不如在日本辦來得方便。」周鴻慶聽了這些話，心裡半信半疑，小田善於察言觀色，知道他的話已起了初步反應，於是更進一步勸他。小田說：「我們是初次見面，我說的話你不妨試試看，你留在日本，如果上面幾點做不到，你再去台灣也不遲，反正中國大使館的門是永遠開着的。」

經不住小田的煽惑，周鴻慶改變了主意，他要留在日本了，這是左派份子爭取周鴻慶的初步成功，所以周鴻慶的第一次改變，與小田的說詞很有關係。

周鴻慶第二次改變，是在十月廿二日左右，東京親共的華僑總會副主席吳普文，對周亦進行了一番利誘說服的工作，他是利用周鴻慶想念家人的弱點，他對周說：「留在日本，還不如回去的好。」他並保證「人民政府」不會處罰，吳遂即從懷中掏出一封周妻的信，交到周鴻慶的手裡，據說這封信裡除了訴說家常話外，還提到寄去的衣料和孩子的玩具都已收到很高興等語，周妻並要他趕快返家團聚。周鴻慶想想自從訪問團中逃出來，一直都受到監禁不自由的痛苦，神經極不正常，於是終於受吳的擺佈，十一月七日，周鴻慶轉入了紅十字會的醫院，天天受親共左派份子的洗腦，對他威嚇利誘，無所不用其極，左派份子恐嚇他說：「在醫院裡，除我們之外，你不能和外面任何人接觸，因爲『國特』到處跟隨你，離此一步，便有被殺害的危險。」周鴻慶因此嚇得連大小便都不敢出去，要護士小姐把便器拿進房來大小便，所以護士小姐都說他是神經病，個個對他都很討厭。在這種失去理智的情況下，要他來表示自由意志，當然是不可能的。

周鴻慶在紅十字會醫院裡住了一個多月，在這段時期裡，左派份子天天對他進行洗腦，所以等到十二月二十七日周鴻慶出院，他已完全是另一種人了，周鴻慶被釋放後，即落入中共之手，而日本政府於周鴻慶十月十六日與吳秘書會見後，即拒絕我方人員與他見面，反令左派份子任意對其洗腦，到最後竟在「遞解出境」的名義下，把周鴻慶遣返大陸，現在他的出境，只是時間上的問題，很難有轉寰的餘地了。

周鴻慶是怎樣「變」的？讀者應該瞭解了吧！

（五十三年一月五日中華日報）

永恆的友誼

——美國醫藥援華會成立廿五週年

昨天是美國醫藥援華會（American Bureau For Medical Aid To China. Inc.）成立廿五週年銀慶紀念，在台的中美人士，特假新近落成的國防醫學院介壽堂舉行紀念大會，蔣夫人以該會名譽會長身分蒞臨發表演說，陳副總統、美駐華大使柯爾克，以及專程自美趕來參加的該會副主席柯爾貝夫人，均先後應邀致詞，前往觀禮的中美高級首長及醫界人士達百餘人之多，濟濟一堂，可謂極一時之盛。

美國醫藥援華會，成立於民國廿六年秋，它的誕生，可說是隨抗戰而來的，當時中國遭受日本軍閥的侵略，孤立無援，戰爭更帶來了大批傷患，輾轉呻吟，而國內醫藥的缺乏，成爲抗戰初期一個極嚴重的問題。幸好當時在美國的紐約市，有幾位熱心的美國人士，受了「人道至上」的感召，他們極同情中國不幸的遭遇，便發起組織了這個醫藥援華會，以解救中國軍民傷患的痛苦。

美國醫藥援華會就在成立那年的聖誕節，在紐約市發動了街頭勸募運動，由一百多位華僑學生擔任，同時在美國其他各大城市，亦掀起這項勸募運動，連美國銷售數最大的「讀者文摘」雜誌亦刊登了一整頁的勸募書，因此美國人士紛紛解囊樂捐，所募得的金錢，立刻購買了大批緊急藥材，運到中國來，這次勸募運動的成就，奠定了該會工作成功的基礎。不到三年，美國各地所成立的醫藥援華分會便達兩百多個，由於捐款的紛至沓來，使得該會能夠經常不斷採購醫藥器材及藥品運到中國來，自成立到民國三十年夏這一階段，他們用在這方面的金錢將近六十萬美元。

太平洋戰爭爆發後，美國醫藥援華會業務蒸蒸日上，捐款亦大量增多，由於中國戰區需要大批醫生護士人員，該會遂於卅一年撥款美金廿餘萬元在貴陽設立了衛生人員訓練中心，並撥助陸軍護士訓練班及在昆明建立一座血庫。此外，該會還選送一批優秀的中國醫學界人士，赴美研究。到對日抗戰勝利，該會收支數達九百餘萬美元。

戰後，由於共黨及其同路人之惡意宣傳，使得該會工作受到極大的阻撓，但是在大戰剛結束後的一、二年內，該會對於收復區醫藥衛生的復原計劃，貢獻很大，包括援助七個衛生人員訓練班，五個護士訓練班，五個衛生中心，五所大學醫學院以及提供了四十名研究獎學金。但是到民國卅六年以後，由於部份美國人士受共黨宣傳的影響，該會的收入便告急劇下降，卅八年中國政府自大陸撤退時，該會的工作幾乎是在停頓狀態。

不過這種情形並沒有持續了很久，韓戰發生，美國人民很快便看穿了共黨的眞正面目，美國醫藥援華會自三十九年秋便恢復了它的常態，現在該會的工作又達到二次大戰期間的相同水準，總結在過去十二年來，成就輝煌。例如在訓練醫生和護士方面，它們曾援助國防醫學院、台大醫學院、省立護專及護理助產學校等，幫助它們增建校舍，供應儀器、設備與教材，及贈送研究獎學金等，十二年中，共訓練了三千名學生，從事醫藥衛生方面服務。其他為推行公共衛生計劃，援助大陳撤退來台難民之醫藥需要以及金馬戰地衛生藥品之供應等。

去年，國防醫學院十四棟學人宿舍亦是該會所捐建的。次一步，該會業已同意撥款在榮民總醫院建立一座柯爾貝醫學研究紀念實驗館，定下月一日奠基，預計十個月內完工，這座紀念實驗館是由柯爾貝的遺孀柯爾貝夫人獨資捐助的，建館經費七萬五千美元，加上中國政府的相對基金七萬五千美元，這個實驗館具有最新的醫學設備，專供國防醫學院學生研究實習之用。

現在，該會對華援助每年估計約值美金五十萬元，同時，他們在每年提供六十名的研究獎學金，每名一年六千美金，因此，該會對於自由中國醫藥衛生方面的貢獻，無疑是中美友誼合作的一個象徵。誠如與該會有深切關係的我國已故前中央研究院院長胡適博士所稱：在戰事最艱苦階段，保持中國對美國友人信心的有兩件事，一件是陳納德將軍的飛虎隊，另一件就是成立迄今已廿五週年的美國醫藥援華會。前者對抗戰的貢獻，有史可考，已成過去。而後者的使命，將一直要繼續下去，成為中美之間永恆友誼的一個代表。

（五十一年九月廿九日中華日報）

貳、軍事篇

襄陽演習參觀記

一、D日攻擊

這是一個實戰的場面，參觀的人們只能以興奮、緊張、熱烈和讚賞四句話來形容這次「襄陽」演習的兩棲突擊登陸行動。

海空聯合對岸轟擊是兩棲突擊登陸開始的前奏，它的作用是要以海空的猛烈炮火，來摧毀目標登陸地點敵軍的防禦設施，爲登陸部隊打開一條坦途，以便利他們的順利搶灘。

記者們的專車在早上六點半鐘便趕到了平浦灘頭參觀台，這時距離對岸轟擊還差半小時，但是海面上早已艦隊密佈，它們已在作瞄準射擊位置了。一位海軍報告人員先對記者將現場作了一個簡單的說明，指示海空射擊目標靶區是在靠左邊的三個山脊部份，每個山脊各寫着一個白色的大字，讀起來正是「殺朱毛」。

七時正，第一批三艘護航驅逐艦首先對靶區射擊廿發傳單砲彈，緊接着便一陣震耳欲聾的排砲，從艦上發射出來，一閃閃的亮光，迎着朝陽，眩人眼目，說時遲，那時快，靶的山脊被接連的彈着揚起了柱狀的塵土。第一批艦砲過後，第二批三艘驅逐艦又駛了過來，打得靶區一片模糊，連三個山峯都被硝煙塵土所掩蓋了。

最厲害的還是要算海軍最後二批LSMR和LSSR美字號和聯字號火箭船的火箭轟擊了，它是緊接着空軍炸射之後開始的，只見船頭一片火光，隨着便是一陣爆裂聲，火箭彈形成了一排火海，從海面一直延伸到山腳，把海水激起了一道水牆，和揚起的塵土硝煙把視線都給擋住了，這是威力最強大的一次轟擊，每批火箭船共有三艘，每艘火箭船在短短的九秒鐘中，便轟擊了三百六十發之多，各艦於七時卅五分射擊完畢後，便向枋寮海面集中，準備突擊登陸了。

在戰史上，規模最大的一次渡海登陸作戰要算是二次大戰的諾曼第登陸了。根據諾曼第登陸的往例，我們知道，渡海登陸作戰並非輕而易舉之事，特別是大規模的，它必須：

第一、要有事先週密的計劃，諸如船隻的調集，人員的裝載，後勤的支援，時間的因素等均在考慮之列。

第二、要有強大海空軍的支援，無論空中或海上，都需佔有絕對優勢，以掩護登陸船團之挺進，與部隊之登陸。

第三、需有靈活的情報與戰術上之欺敵行爲，以佯攻來分散敵人注意力，然後實施主力登陸。

這次襄陽演習的突擊登陸對以上各種因素，都有極周詳的計劃與考慮，所以總括說一句是一次成功的登陸，它並不亞於諾曼第登陸的效果。

數近百艘的船艦，於上午八時便已集結於枋寮海面了，這時空軍各型機群，繼續施行炸射並擔任掩護任務，登陸之陸戰隊部隊分趁數十艘水陸兩用戰車向岸邊駛來，第一舟波計LVT四艘，於九時正登陸，接着第二舟波廿四艘，第三舟波十二艘先後連續登陸，佔領灘頭。這時參觀人群被一片隆隆之聲所籠罩，天空中刺耳的噴射機掠過的響聲，和海灘上水陸兩用戰車隆隆的馬達聲，以及不時有五色繽紛的傳單從飛機上散發下來，這蒼空、碧海和艷陽襯托着這幅登陸戰的畫面，難怪有人並不認爲戰爭是醜惡的。

前面說過，登陸作戰的唯一要件便是優勢的海空軍，特別是制空權的掌握，更是重要，所以在登陸戰完畢後，緊接着便是空軍的反制及阻絕作戰演習。它表示空軍在掩護登陸成功後，還須執行其他更多的任務，以澈底摧毀敵人兵力、運輸、交通、設施，便利登陸之作戰，所以在反制及阻絕作戰演習中包括有十個項目：(1)目標區偵照；(2)攻擊敵方機場；(3)攻擊敵方鐵道列車；(4)攻擊敵軍集結要地；(5)掃射敵方機場飛機；(6)攻擊敵方倉庫；(7)攻擊敵方運輸車隊；(8)攻擊敵方交通橋樑；(9)戰果照相；(10)空中掩護。

在佳冬空軍靶場參觀台的正前方約五千碼一帶佈置了若干個目標，以顯示敵方之機場、火車、橋樑、倉庫和敵軍集結場地，空軍的炸射，便是針對着這些目標物進行，出動的各型飛機包括F八六D超級軍刀機、F一〇〇和RF一〇一高空偵照機以及後來參加表演的F一〇四和無線電操縱的空靶機，使用炸射的武器彈藥包括機關炮、火箭、汽油彈和炸彈，但聞一時轟隆隆之聲，不絕於耳，眼前只見濃煙裂啖，一批批的飛機，從左右後方像電掣一般地飛來，俯衝、上升、炸彈和砲彈的爆裂聲，火光和濃煙的升起，形成一連串的節奏行動，也許是太逼眞了，距離又近，參觀的人們不禁都爲自己捏一把冷汗。

最精彩而新穎的要算是無線電操縱的空靶機表演了，這架紅色的小飛機，完全由無線電遙控，不須人駕駛，但它能做出多種人爲的表演節目，繞彎翻滾自如，贏得了觀衆一致的讚賞，但到最後麥克風裡說它要表演低空通過參觀台前時，怎的小飛機上突然張開了降落傘，它不能飛了，它正往下降呢？大家都正在好奇，麥克風裡才傳出了聲音：「這是它出了故障了，不過沒有關係，這種飛機，當它發生故障時，它會自動打開降落傘，像剛才一樣，安全降落。」

別看這架小飛機，它每小時可飛二百廿哩，可升高到二萬呎，它是在一個架上起飛，藉噴汽作用衝刺而上，不需跑道，它是高炮部隊用作飛靶射擊用的，許多人還是第一次見到呢？最後爲雷虎小組特技表演，九機編隊、變換隊形，出神入化，炸彈開花，尤爲壯觀，當全部節目終了後，回顧剛才炸射過的目標區內，原有的目標物早已隨着硝煙而化爲烏有了。

今天襄陽演習D日的參觀項目，到中午十二時告一段落，觀衆像潮水一樣分乘各種大小車輛離去，但演習的部隊仍然繼續往內陸推進中。

（四十九年十一月廿一日中華日報）

二、懸崖登陸

海軍陸戰隊的官兵，在這次「襄陽」演習兩棲登陸作戰的行動中，充分表現了他們的戰鬥技能和高度旺盛的士氣，在未來反攻大陸的登陸作戰中，定能達成所負的使命。

前天（廿日）的登陸突擊，是在一片平沙無垠的海灘上進行，而昨天（廿一日）所演習的，則是困難灘頭奇襲登陸，所謂困難灘頭，那是指在地形上受到天然的限制，爲敵人所認爲不可能登陸或難於登陸之處，是以防守較爲鬆懈，此等地區，通常皆爲懸崖絕壁，即通常所稱防守的天然屏障，要在這種困難灘頭登陸，必須經過一種特別的攀登技能訓練，這種攀登技能，又與訓練一個爬山專家不同，它是一種戰術上的攀登訓練，常常身邊沒有齊備的爬山工具，只用雙手，引援而上。所以這是陸戰隊官兵所特有的看家本領。

一個陸戰隊的戰士，由於他是具有兩棲性質的兵種，故其條件除一般步兵所要求者外，更需具備游泳、爬山和射擊三種技術，才能圓滿完成兩棲登陸作戰的任務。

使用兩棲部隊實施懸崖登陸，在戰術上常常容易產生奇襲作用，即出敵不意，攻敵無備，一舉佔領重要據點，而制敵於死命。今天的演習，便是以這種情況來作爲假想，它的目的是使官兵熟練懸崖地區兩棲奇襲登陸之要領及戰技，和鍛鍊官兵冒險犯難勇敢戰鬥之精神，以奠定反攻作戰之良好基礎。

演習地點是在高雄壽山以西海岸的困難灘頭，由海軍陸戰隊一個加強營來擔任。卅條登陸運輸車（俗稱水鴨子），從三艘登陸艇上下來，浩浩蕩蕩，分五個舟波向海灘接近，這片幅度極爲有限的海灘，緊靠着的便是一座海拔一、一二八呎的壽山。記者坐在這半山的參觀台上，俯身下望，千丈飛崖，海水衝擊着腐蝕了的岩石，濺起一陣陣的浪花，任何人不會相信此處灘頭會被選擇作爲登陸的地點。在情況中顯示敵於壽山高地設有雷達站，約有衛兵一營防守，以維護南北交通並監視海峽活動，藍軍之目的是在此一海灘實施奇襲登陸，攻佔壽山要地以摧毀其雷達站切斷敵南北交通並阻止敵軍增援。海軍陸戰隊的一個加強營，便在這一個任務提示下順利地登上了被稱爲困難的灘頭，他們迅速的動作，在短短的十數分鐘內，佔領了兩個次高峯。

從參觀台遠遠望去，往左邊較近的一個次高峯的絕壁上，便有五個全副武裝的戰士正在攀登，他們完全靠着雙手，並無爬山工具或裝備，只是以熟練矯健的身手，在斜度大於九十度的懸崖上攀登，他們不斷地往上爬，沒有回頭，不敢休息，要是一個不小心滑了下來，定是粉身碎骨，性命不保，然而他們就在這生死邊緣，予人以止息的情況，爬上了那個次高峯的頂點，他們隨身所帶的高索線，也同時架了起來，和海灘直接相連，以便輸送彈藥和重武器以及傷患和戰俘的後送。

在這種懸崖絕壁上，如果沒有架起高索線，則重武器、彈藥、傷患、戰俘很難輸送，這完全是因受地形限制的關係。架了高索線重武器如機槍迫擊砲等都可以靠這根繩索從下面拉了上來，人員可以坐在一種特製的籃子裡從上面靠它滑下去，眞是方便極了。在這次演習中，都一一顯示了出來。在攀登壽山過程中，他們一共架了六根高索線。最短的一根高索線是四百廿呎，最長的有一千一百六十呎，從半山一直拉到山頂，這種吊索，它的拉力有三千磅之多。在運送武器之中，最重的有達六百五十磅之多，至於每次架設高索所需的時間只要十五分鐘。

最新穎的還是要算L十九型輕航空機的空中架線了，這也是縣崖登陸演習中的項目之一，當陸戰隊的健兒們攻下整個壽山高地後，這架飛機來擔任了一次通信兵架設電話線的工作，它是當飛經山頂時，用鉤子把一電話線頭鉤起，便向海面俯衝下來，把線路一直鋪到附近停泊的一艘戰艦上，這樣好讓指揮官直接可與山頂上的部隊以電話連絡，使指揮更加靈活。

從次高峯到壽山主峯，高度至少尚有七百英尺左右，大批陸戰隊的戰士，分成數列縱隊，繼續攻向山頂，他們僅遇到局部的抵抗，最先攻克的是靠右邊的一個主峯，在那裡，他們立刻便升起了第一面青天白日滿地紅的國旗，不久，靠左面的三個主峯也被連續佔領，分別升起國旗，表示他們已勝利地達成任務了。從登陸、攀登懸崖，到佔領山頂，全部時間不過一小時，充分地說明了奇襲的效果。

當記者離去時，海面上尙有無數艘水鴨子，正在運補物資，它們拖曳着一條條長長的白色尾巴，向着岸邊鼓浪前進。

（四十九年十一月廿二日中華日報）

三、內陸會師

這是「襄陽」演習實兵作戰的最後一個項目，也是最精彩的一個項目。看神兵天降，鐵騎駢馳，和內陸雄師四方會合高奏凱歌的盛大場面，眞令人有光復中原的興奮之感。

今天（廿七日）的內陸會師，是在台南附近的關廟舉行，那裡有廣闊的田野，數個突起的小山丘，綠葱的局部叢林，正是一個具備各種地形之良好地點，我們的參觀台便分別設在三個小山丘上，俯瞰下視，展望良好，在左前方較遠的一個小山丘上，還站了近萬的民衆，從頂上到田野間，排成一橫列隊，他們也在靜待觀戰呢。

說時遲，那時快，廿八架運輸機，以九架爲一批分成三批，前面還有一架長機，自後面隆隆地飛來，當它們抵達我們參觀台的右面上空時，一朵朵像白蓮似的傘兵，立時佈滿了天空，不到三分鐘，這一個空降步兵團的兵力全部降落於此一地區內，立時我們的四周，便爆發了聲震天地的巨響，這是軍方預先佈置的詭雷，以表示砲火猛烈的效果。

降落地面的英勇傘兵，已在我們目視所能接觸的地區逐漸出現，他們在詭雷爆發塵土飛揚中向着他們要佔領的數個目標高地躍進，一個個以疏開的隊形，時而匐伏，時而躍起，他們以熟練的作戰技能，迅速通過敵人的火網，向着目標攻擊前進。

連續不斷的爆裂聲，在我們參觀台的四周響起，火光、塵土、硝煙，弄得煙霧瀰漫，這種戰況之激烈，幾疑自身已在被圍情況中。

在爭奪五二高地時，爲全部戰況中最慘烈者，我空降部隊一個連，曾使用火燄噴射器作戰，一條條長長的火舌，像是神話中的怪物，從它口中吐出，火舌所接觸之處，立時冒出融融烈火，濃煙一片。把殘存敵人自防禦工事中趕出，雙方短兵相接，於是展開了慘烈的肉博戰，英勇善戰的空降部隊，終於制伏了那些頑強負隅抵抗的敵人，而攻佔了五二高地，接着其他數個高地亦被攻佔，空降部隊於達成上項任務後，我兩路大軍隨即趕到，完成了內陸大會師。

空降部隊於短短一小時內，即完成攻佔整個高地的任務，此時，我一個裝甲步兵師，亦隨後趕到。數十輛裝甲鐵車，在我們的前方，擺成一個弧形的陣勢，掩護着步兵，向前攻擊前進，期以殲滅被圍之敵人。

不久，右翼的裝甲部隊，壓迫被圍的敵軍，終於使他們走頭無路，個個舉起雙手，向我投降。此時，曳光彈在空中佈成了一幅五彩繽紛的畫面，它告訴後續部隊前方業已獲得了輝煌的戰果。

當裝甲部隊前進時，我神鷹一批又來到上空投擲補給品，給予正在作戰中之部隊以後勤上之充分支援。

至此，大會師已告形成，敵人全部就殲，曠野間響起了一片勝利歡呼聲，他們高喊着總統萬歲，中華民國萬歲和三民主義萬歲等口號。此時，六架L—19輕航機亦環繞山頭旋轉，從擴音器中傳出了一片熱烈的歡呼聲，慶祝會師勝利，彩色的氣球，飄滿了天空，燦爛奪目，爲反攻大陸解救同胞預報出勝利的佳音！

（四十九年十一月廿七日中華日報）

四、總統親校演習側記

△總統以演習來作爲親校科目，今年尚屬首次，往年，總統的親校不是採取這種純演習的方式，同樣地，往年的歷次國軍演習，也沒有像今年這樣大規模地舉行過，總統也沒有像這次「襄陽」演習一樣從頭到尾統統看完，可見今年的「襄陽」演習，總統親校科目，意義非常重大。

△總統親校的全部日程是這樣的：從十九日他登上「峨嵋」號座艦出海觀戰起，到廿八日親校後勤設施爲止，前後整整十天，在這十天當中，他的日程如下：廿日晨離座艦登陸枋寮，校閱兩棲部隊突擊登陸作戰。繼赴佳冬參觀空軍反制及阻絕作戰，廿一日蒞臨陸戰隊某基地參觀困難灘頭奇襲登陸。廿二、廿三和廿四日三天，曾連續視察「襄陽」聯演部，聽取作戰狀況及統裁報告，並指示機宜，廿五日上午視察參加演習之某師指揮部，晚間並參觀紅藍軍之夜間攻擊及退卻，廿六日參觀戰地政務作業，廿七日上午參觀曾文溪渡河攻擊，下午參觀關廟內陸大會師，廿八日參觀後勤設施後，此一親校日程遂告全部結束。

△總統蒞臨每一演習場地親校時，始終穿着綠茶色冬季呢軍禮服，肩上嵌着五星上將的階級，胸前佩青天白日勳章，白手套，黑皮鞋，走路時御披風，持手杖，步履健快，神采煥

發，對演習部隊，不時頻頻稱「好！好！」，狀至愉快。

△蔣夫人亦隨總統同來，着黑旗袍，黑高跟鞋，舉止高貴，每次下車後，她總走在總統的左邊，總統有時用手扶着她，她有時亦用手扶着總統，兩人交互攙扶，相得益彰。

△在總統親校未開始前，先是由三名雄赳赳的憲兵，護送着統帥旗至閱兵台正中，這時，號兵要吹立正號，大家起立，表示向統帥旗致敬，然後坐下，等到總統抵達演習場地時，號兵再吹一次立正號，大家復行起立，表示向總統致敬。接着便由演習部隊指揮官向總統報告受校之部隊與人數，旋即作簡報，然後演習正式開始，各處步調一致，絲毫不亂。

△廿七日上午曾文溪渡河攻擊演習，陳副總統首次出現，他穿着黑色西服，手持禮帽，溫文如儒者，陪同總統巡視武裝游泳渡河登陸的「大膽」部隊，並頻頻向羅總司令垂詢有關問題。

△在組織體制上，總統爲陸海空三軍大元帥，參謀總長則爲大元帥之幕僚長，故此次親校，參謀總長彭孟緝上將始終緊隨總統之後。此外，「襄陽」演習聯合部隊指揮官羅列上將亦是演習中的一張熟面孔，無論總統到那裡，他便跟到那裡。

△有人想統計一下參觀台上究竟有多少顆將星？但結果是無法統計，宣告放棄，總括一句話，將官最多，其次則爲校官，尉官根本找不到，將官之中，除總統爲五星上將外，一級上將有何應欽、顧祝同、白崇禧、王叔銘、彭孟緝等，二級上將有羅列、何世禮、石覺、黃鎮球、陳嘉尙、梁序昭、黎玉璽、劉安祺等，其餘中將少將級的官員，更是比比皆是。

△擔任武裝游泳的一個團便是在「八二三」金門砲戰中頻建奇功的「大膽」部隊，他們曾得到總統頒發的一面榮譽旗。這次渡河，該團團長海宇春便跟着榮譽旗最先游過來，混身上下濕透的跑向校閱台向總統行禮致敬，立時獲得一片轟動的掌聲。

△「大膽」部隊全團渡河完畢，官兵均蹲立河邊水中，當總統一行親臨巡視時，他們一批批的起立，高呼「總統萬歲」！蔣夫人還特別關切地問一位戰士說：「你們冷嗎？」那位戰士立刻抖擻精神，回答說：「不冷！」

△總統看完「大膽」部隊步回閱兵台途中，他對那些身上濕透了的官兵時表關切，深怕他們着了涼，連連要他們好好休息，並囑咐給他們紅糖生薑泡開水喝，羅總司令當場便交代發他們兩個團每團二萬元，作爲總統的犒賞金。

△陪校官中以何應欽、白崇禧、顧祝同三位軍界耆宿最引人注目，他們全副武裝，肩上所佩金星，三個人加起來便有廿四顆之多。何敬公廿八日參觀後勤設施時，對通信部門所陳列的載波電話最感興趣，經人指導，立刻拿起聽筒來和他遠在台北的女兒通了個電話，告訴她回家的時間，其方便的程度，猶如在市區內通話一樣。

△負責總統親校事宜的另有一「金陵」演習指揮部，和「襄陽」演習指揮部同時並存，很容易使人搞不清楚，究竟是「襄陽」還是「金陵」？原來「金陵」是總統親校的代號。「襄陽」則爲部隊演習的代號，前者由國防部副參謀總長賴名湯負責，後者乃由羅列上將任指揮官，各司其事，責任分明。

（四十九年十一月廿八日中華日報）

國慶閱兵專訪

一、訪閱兵指揮部——談今年國慶閱兵特色

中華民國五十年國慶轉眼即將來到，為海內外同胞所矚目的國慶閱兵，在國防部的週密策劃下，今年將有獨特新穎的陣容與大家見面，相信屆時一定能博得全國軍民和友邦人士的喝采。

記者於昨天週末下午，特地走訪負責今年國慶閱兵的閱兵指揮部參謀長馬紀友上校。馬上校是陸戰隊的副師長，也是國防部副參謀總長馬紀壯上將的令弟，他臨時被調到閱兵指揮部來，擔任閱兵指揮官鄭為元中將的參謀長，策劃三軍參加今年國慶閱兵的事宜。

閱兵指揮部是暫時設在海軍總部的大禮堂內辦公，從那裡督導小組的官員每日分批到三軍各參加閱兵部隊去督導和檢查。指揮部的人員，從參謀長以下，都是日夜孜孜不倦地在工作着，他們唯一的目標，就是要把今年國慶閱兵辦得有聲有色，精異動人，使海內外同胞和國際人士見了，確信國軍是在日益精壯，反攻大陸，指日可待。

籌備今年國慶閱兵的主管當局，確是頗費一番心機，他們的希望是要把今年的國慶閱兵，製造出一些特點來，使觀衆不覺得它是陳舊老套，而感到有所厭膩。

記者就和馬參謀長在他的一間幾乎不能再簡單的辦公室內，娓娓談着一些有關今年國慶閱兵的情形。

話匣子打開了，首先談到的是參加閱兵的部隊，馬參謀長說：「今年國慶閱兵的第一個特點是步兵減少，車隊增多。」他指出今年參加國慶閱兵的步兵只有「前瞻」原子部隊一個團，這個團擁有一〇五和一五五口徑的重砲營，皆由汽車拖曳，其他的部隊有克難英雄隊、軍鴿隊、蛙人大隊、憲兵隊、陸戰隊的LVT大隊和岸勤中隊，以及空軍高砲部隊的靶機隊和原則上決定參加的陸軍勝利女神飛彈營，這些部隊都是爲去年國慶閱兵所無，但是今年統統都拿出來了。至於原先計劃的大專學生隊和民防部隊已決定取消，救國團大專學生隊取消的原因，是因爲訓練需時，怕影響他們的學業，民防部隊亦因顧慮他們的工作和任務，故決定不參加。一向爲人們所注意的陸軍飛彈部隊，在原則上是要他們參加的，但是由於勝利女神飛彈機件複雜，拆卸裝運俱感不便，萬一損壞一個零件，則整個飛彈之效能將大成問題，所以指揮部尚在考慮最後是否能參加，還要看當時的情況如何而定，不過飛彈部隊仍舊在作積極的準備，希望能屆時參加。

第二個特點是服裝新穎，今年三軍官校和政工幹校男女學生隊，他們的服裝都是金絲鑲繡的，光耀奪目，同時各軍種學校的學生，都佩有特製的臂章，上面標有各種動物畫像，以資識別，例如政工幹校男女學生的臂章標記是馬，陸軍官校的臂章是一頭雄獅，海軍官校的臂章是一條龍，空軍官校的則是一頭虎。

這裡特別值得一提的是政工幹校的男女學生隊，幹校去年參加閱兵的只有男生隊，今年則女生隊同時推出，她們就等於是去年國慶閱兵中出足風頭的木蘭行列，今年幹校一共出動男生四個隊，計四百餘人，女生兩個隊計二百餘人，他和她們今年一律穿的是凡立丁天藍色的制服，女生除攜有黑皮包外，還戴上白手套，足穿黑高跟鞋，她們將以每分鐘一百廿四步的快速步伐，通過閱兵台，向元首致敬。

提起女生們的高跟鞋，馬參謀長還特別講了一點趣事，他說當初原想替她們定製一種特製有帶的高跟鞋，以免在閱兵行進中，步伐走急了將後跟扭斷或者脫掉，這些顧慮在閱兵指揮部是應有的，因爲在整個閱兵的行列中，不容有任何紊亂情事發生，以免影響觀瞻，和行進的次序。但是這事一經傳到女生耳中，她們一致反對，仍主張穿着普通黑色高跟鞋，因爲一來她們認爲比較美觀，二來閱兵之後仍可穿着，她們並保證在閱兵時不會發生上述情事。閱兵指揮部無奈，於是在他們操練時暗中察看，是否有高跟鞋後跟走掉情事，結果終算她們有幸，閱兵指揮部最後便接納了她們的意見。

第三個特點是樂隊加強，參加今年國慶閱兵的樂隊計有國防部、陸、海、空、勤及裝甲兵等樂隊，每個樂隊都有一百多人，這個龐大的國軍樂隊，爲以往國慶閱兵所無。「樂聲振軍威」，屆時盛況當可想見。

在樂曲方面，以往閱兵行進時所奏的大都是步兵進行曲、裝甲兵進行曲和砲兵進行曲一類樂曲，今年將有一番革命性的改變，在行進中，各樂隊將依其所屬軍種各奏其軍歌或校歌，例如陸軍部隊行進時，樂隊則奏陸軍軍歌或陸軍軍官學校校歌來配合他們的步伐，等到所有閱兵部隊通過閱兵台後，各樂隊將與三軍儀隊會合，排成偉大的「五十」和「雙十」字樣，吹奏着雄壯的進行曲，通過閱兵台，這將是整個閱兵中最後的高潮。

今年閱兵指揮部鑑於以往國慶閱兵觀衆擁擠情形，爲了使全市大多數市民均能一睹國軍壯大陣容，已決定於閱兵終了，即舉行部隊遊行，將全部車隊和樂隊，循羅斯福路、新生南路、中正東路、中正西路以及中華路等路線遊行一次，使那些無法到總統府廣場和重慶南路一帶參觀的市民，都可以有機會看到我們精壯的校閱部隊。

馬參謀長說：他們計劃中要將今年國慶閱兵中平面改爲立體式，所謂立體式，就是地面與空中同時進行，參加此次閱兵的空軍機群百餘架，將以菱形大編隊通過，此外，美遠東空軍亦將派各型新機前來參加我國慶閱兵，而最精彩的要算是軍鴿隊的參加閱兵行列了，他們把軍鴿二千餘隻，用一種特製的大型鴿籠，裝在數輛大卡車上，於通過閱兵台前，把鴿籠一齊自動打開，瞬息間數千隻象徵和平的白鴿，振翅飛向天空，屆時將十分壯觀，這是軍方今年所推出特別新穎節目。

此外在閱兵部隊聽訓時，從高處俯瞰，你將可看到長方形的隊形中，會出現一個雙十字，這個雙十字，將由白帽的海軍部隊來顯示，這個隊形在鏡頭中將會構成一幅極美麗的圖案。

根據閱兵指揮部的計劃，整個閱兵包括聽訓在內將在一百分鐘內完成。馬參謀長說：「控制如此一個龐大部隊的行進速度，將是一件十分困難的事。」萬一其中有車輛拋錨，那豈不影響整個部隊的行進？他笑笑說：「我們已有萬全的準備，這包括事先的嚴密檢查的操演，如果眞的發生此事，我們在重慶南路口設有車輛和人員的遞補站，這可彌救當時可能發生的事件。」

在國慶那天，你可看到參加閱兵部隊的官兵，個個都是人高體壯，身高至少在一七三公分以上，體格魁梧，這些官兵，都是從各軍種選出的精華，具有全軍種的代表性，集中台北，來慶祝中華民國五十年國慶，並向最高領袖致無上的敬意。

（五十年十月五日中華日報）

二、參加國慶閱兵的——陸軍前瞻步兵團

雖然距國慶閱兵還有十天，但是記者昨日便在國防部新聞局的安排下，乘車前往中壢的龍岡營區，訪問了一支參加今年國慶閱兵的中堅部隊——陸軍前瞻步兵團。

以火力、機動力、和後勤支援力著稱的陸軍前瞻部隊，今年抽調了一個精銳的步兵團來參加國慶閱兵，他們的部隊長、一位體格魁梧的陸軍上校葉曜蘅對記者說：「他們官兵有此光榮，代表陸軍參加國慶閱兵，相信必能達成任務，以不負中外人士及長官的期望。」

這位現年四十一歲河南籍的團長，軍校十一期畢業，先後在步校、陸軍參大及三軍聯大深造，歷任排連營團長等職，參加抗日剿匪等著名戰役，歷著功勛，此次奉調該部隊不久，即負起訓練部隊參加國慶閱兵的任務，他所指揮的這支隊伍，個個人高體壯，精神飽滿，每

日作六小時有規律的操練，以便在國慶日那天與中外人士見面。

今年參加國慶閱兵的前瞻部隊，與去年所參加的有什麼不同呢？在外形上當然看不出什麼，但是它的裝備已有很大的改進。例如車輛的增多，火砲口徑的加大，這就說明了它的火力和機動力，便和去年有所不同。據陸軍閱兵官陳玉玲少將說：「今年所出現的大砲，它的口徑都是在一五五厘以上，而去年國慶閱兵時所見者，只有一〇五厘口徑的大砲。」

前瞻部隊官兵在閱兵時所着個人的裝備，將達二十公斤以上，這包括槍枝、鋼盔、背包、腰帶、彈帶、皮鞋等配件總共有十種之多。關於閱兵時隊形之編配，將為營縱隊的連橫隊，每列有十人，一連共十二列計一百二十人，將以每分鐘七十五步的正步，通過閱兵台，向大閱官致敬。

前瞻步兵團除三個步兵營外，還有一個重兵器營，均以車輛拖曳緊隨步兵營之後，這將是前瞻部隊的火力中心，它包括工兵、砲兵、通信兵以及後勤部隊，這些車隊通過時，你將會聽到轔轔的車輪聲，持續至少在十五分鐘以上。

記者昨天在龍岡營區內，參觀了他們的預演，一個完整的步兵團，加上金馬代表隊，總數達一千五百人，用他們整齊的隊形和步伐，通過司令台前，完成按照眞正閱兵時的動作，於經過司令台前第一標兵時，一聲口令「正步走！」，走到第二標兵時，接着又喊「向右看」！只見隊伍中雙手齊擺，隊伍經過時，由於穩重的步伐，揚起了陣陣的泥塵，「沙！沙！沙！」有節奏的步伐，配合着悠揚的樂曲，構成一幅異常壯觀的操演場面，給人留下極深的印象。

在記者寫此稿時，似乎尚記着陳玉玲少將對記者所說的壯語：「只要總統命令一下，我們的部隊將會出現在天空，地面或海上，不論敵人退到那裡，我們便追到那裡」。

（五十年十月六日中華日報）

三、一支嶄新的政工隊伍

在今年國慶閱兵的行列中，我們將會見到一支嶄新的隊伍，他和她們穿着天藍色的禮服上身，潔白的西裝褲式裙子，藍白分明，給人一種清新、明朗的感覺，這就是政工幹部學校的男女學生大隊。

從幹校的學制和教育內容來看，它具有與普通大學相同的四年課程，又具有軍事學校的特質，所以可稱爲一個文武合一的學校，幹校的學生，亦是允文允武的現代青年，從他們的實際的訓練，可以看出一斑。

今年幹校是第二次參加國慶閱兵，去年是第一次，但是今年幹校參加閱兵的學生行列，無論在服裝上，訓練上和編組方面，都將予人有一新耳目的感覺。他們個個更是信心百倍，不避風雨，努力操演，決心要爲學校爭取崇高的榮譽。

記者昨日上午在斜風細雨中，前往北投復興崗訪問該校的閱兵部隊，周中峯校長告訴記者說：他們是於本年四月底奉總長命令參加國慶閱兵的，五月中旬由該校大學部八、九、十期同學編成男生大隊，女生大隊起初因爲編成人數不足，所以，直等到七月中由國防部女青年大隊及該校第十一期女生入學後才算編組完成。

為了積極準備參加國慶閱兵，該校特別組成了一個「復興演習指揮部」；由副教育長隋林春上校擔任全盤訓練工作，男生大隊長是由學生班陶鑄大隊長擔任，女生大隊長是由李坤道中校擔任，其餘隊長以下幹部，皆由第八期大學部畢業班同學擔任。平時在學校中，他們還有「學生自治團」的組織，團長周大川、副團長蕭鴻賓、政治主任谷瑞照，皆是該校四年級學生，此次在閱兵訓練期間，曾發揮了很大的作用。

該校參加閱兵的人數計男生三七七人，女生一七八人，男生分為四個隊，女生分為兩個隊，女生第一隊隊長劉立立，第二隊隊長陳雪美，她們也都是幹校的學生，在分列式操演中一聲令下，雄赳赳氣昂昂，眞是巾幗不讓鬚眉，好不威風神氣。

在女生隊中，就是連駕駛也都由女生擔任，她的名字叫李美玉，宜蘭人，畢業於宜蘭頭城中學。

「你學習駕駛好久了？」記者問

「差不多有五年了。」她想了想。

「在那裡學的？」

「四十六年參加暑期戰鬥訓練，在駕駛隊學會的。」

她的駕駛技術相當嫻熟，而且非常平穩，在閱兵分列式時，每小時只能開五哩的速度。

記者問她有沒有領到駕駛執照？她說：學會駕駛雖有五年光景，但一直到去年才考取領到駕駛執照。

在準備閱兵的訓練過程中，幹校同學都發揮了自動的精神，官長僅負督訓任務，由於不能耽誤正課時間，所以閱兵訓練的時間並不多，但是昨天記者參觀了他們的分列式動作，確實是做到了「四齊」和「二高」的要求，所謂「四齊」，就是排面齊，擺手齊，踢腿齊，和槍線齊。「二高」是士氣高，歌聲高，充分表現他們復興崗的革命精神。所以在兩次的預校中，幹校成績深獲上級的讚賞，特別是女生第二隊的陳燕美同學，在艱苦訓練中，雙腳因經不起高跟鞋後跟的磨擦，而致皮破血流，但她仍不顧長官勸導，參加預校，贏得了全校師生一致的讚揚。

除了訓練嚴格認眞之外，幹校男女學生今年的服裝也有值得一提的，這種藍白顏色和服裝設計；都是幹校同學親自設計，經呈報上級批准，由聯勤被服廠統一量製，新穎悅目，更能代表幹校精神。男生的服裝全套共分三色，帽子爲白色，紅帽框加紅邊，白色政工軍徽，黑帽沿，上裝爲全天藍色凡立丁料子，短式小硬領，內邊繡絲織梅花花紋，胸前爲雙排扣，左右胸兩邊加白色梅花花紋，衣服袖子是用四條白色絲織繡成的年級識別，加白手套，下裝紮白色帆布皮帶，着白色鑲紅條長褲，穿黑皮鞋。

女生服裝設計得更爲窈窕大方，美麗脫俗，設計者是該校藝術系高材生廖冰光同學，全套三件，藍圓形帽，帽沿向上翻並用金邊圍繞，上衣也是天藍色，高高的硬領，佩上政工幹校學生的領章，衣服不開扣，是從腋下用拉鍊拉上，胸前有兩排金色鈕扣，每排五粒，在兩行扣子之間用金色絲帶連接，並佩上金線白線編織成的參謀帶。裙子是白色窄裙，配上尼龍絲襪和黑皮鞋，並攜有黑皮包，裡面放有一支口紅和一瓶面霜，作爲化妝之用。

服裝的新穎和訓練的精良，將爲幹校閱兵時帶來更多的喝采。特別是那一百多位女生行列，她們將以嚴整的步伐，聖潔的姿容，爲國慶閱兵放一異彩。

（五十年十月七日中華日報）

四、受閱的空軍老虎部隊

今年參加國慶閱兵的空軍部隊，每人都佩有一個老虎臂章，那頭織繡的猛虎，張牙舞爪，好不威風，這就是中外馳名的空軍老虎部隊。

參加閱兵的空軍部隊，包括空軍官校、空軍幼校、鼓號樂隊、空軍高炮營以及大批的噴射機編隊飛行，從地面到空中，形成一個立體式的閱兵，這支陸空混合的部隊，是由空軍閱兵指揮官王育根少將、王龍德少將和林元愷少將分別統率。

在國慶閱兵那天，王育根少將的位置是在閱兵台上，他將指揮空中分列式的進行，這是件很不容易的事，由於噴射機速度太快，如何能配合那一瞬間的時間，以便於地面正式閱兵的開始，通常空中分列式即飛機通過閱兵台前，是在總統抵達閱兵台後的三分鐘，亦即十時零三分便要飛臨閱兵台上空，一分也不能耽誤，更不能亂了隊形，據說去年美國空軍派機參加我國慶閱兵，事先未加注意，以致臨時找不到閱兵台的位置，破壞了原有的隊形，但今年他們已作過數次熟習飛行了。

今年我空軍將派出各型噴射機一六八架，其中包括T三三、F八六、F一〇〇、RF一〇一和F一〇四，以十六架一批的大編隊，自東向西，通過閱兵台，如果天氣不好，則將以四架一批的菱形追蹤隊形由南向北通過，緊接着我空軍機群之後的，便是美國海空軍的F一〇〇、F一〇一，F一〇二和B五二原子轟炸機共十六架，他們將以四架一批的菱形隊形通過，另有美海軍飛機A三D、A四D各一架，F三H七和F八U各四架，他們將編成菱形人字隊形通過。

享譽空軍的司徒福少將，他將在空中親駕T三三噴射教練機率領這百餘架大編隊的飛行，我們將可看到，最前面的一架便是他的座機，屆時他將與地面的王育根少將保持密切的連繫，算準時間，通過閱兵台上空。

空軍官校和幼校將是空軍受閱的主要地面部隊，官校的學生，服裝色調非常明朗，上裝天藍色，白西裝褲，帽子和上裝顏色相同，幼校學生從頭到腳，一身全白，個個都是年輕體壯，抖擻精神，這是空軍的新血輪，充滿着希望和勝利的象徵。

在幼校，有一位今年才考進去的新生，名叫彭蔭時，他便是現任參謀總長彭孟緝上將的四公子，十七歲，今夏才從建國中學初中畢業，記者問他爲什麼要進幼校？他說他對空軍很嚮往，因爲空軍每次都在台灣海峽打勝仗，他希望將來也能爲國家出力。小小年紀的彭蔭時，昨天他穿着一身潔白的制服，和他的同學們在機場接受空軍陳總司令的校閱，他在接受記者訪問時，胸部挺得高高地，一副標準軍人的動作，很有禮貌地回答記者的問話。他說：他考空軍幼校，還受到他父親很大的鼓勵。他父親在他入校前，曾再三叮囑，要他嚴守軍隊紀律，敬重長官，對同學要和氣，將來方有成就。

另有一位在空軍官校的學生胡之耀，他是陸軍副總司令胡璉上將的公子，金門中學高中畢業，去年考進了空軍官校，他生得非常英俊，個子又高，達一八三公分，是全校數一數二的高個子。他昨天接受校閱時，穿着藍白色的制服，更是英姿煥發，神氣異常。

與往年不同的，空軍今年新增加了一個鼓號樂隊，這個樂隊共計五十二人，由幼校學生組成，他們從組成到現在還不到四個月的時間，可是昨天的表演非常成功。這支小小鼓號樂隊的訓練，是由幼校的陳懷崇同學擔任，他現在是樂隊中的小鼓手，不但能指揮，而且還能作曲，昨天所演奏的「幼年兵進行曲」，便是他的傑作哩！

空軍鼓號樂隊，還有兩位美麗的女隊員，她們是一對姊妹花，姐姐叫岳綬黎，面型長得有點像中國小姐馬維君；妹妹叫岳綬珺，兩人都是台南光華女中畢業，現在空總擔任授勛小姐，此次係臨時奉調到鼓號樂隊，她們打扮得像白衣女神一般，走在樂隊的前面，嬝娜生姿。左手掌腰，右手揮動着一根金色的指揮棒，將爲樂隊生色不少。

空軍高炮部隊今年參加閱兵的計有一個營，這個營包括三個武器連和一個靶機連，裝備新，火力強，對中低空防空作戰具有優越性能，林元愷指揮官說：高炮部隊的參加閱兵，可以給人民一種信心，便是他們的武器，足以擔負自由中國的防空任務。他並舉出在四十八年七月五日，該營在馬祖擔任防務時，曾擊落來犯的中共米格機一架，他說：這是世界上首創以高炮擊落米格機的紀錄，此外，他們還在馬祖擊沉了二艘敵船，和擊傷一艘，戰功赫赫，該營營長王中榮中校，副營長彭邦械少校，都是極爲卓越的砲兵專家，全營官兵七七〇人，更以高度的榮譽感，代表全部高炮部隊來參加這次五十年的國慶大閱兵。

（五十年十月八日中華日報）

五、海軍蛙人國慶水上表演

今年國慶日下午，在台北中興大橋下的淡水河上，將有一次非常精彩的水上特技表演。這是由一百五十位海軍和陸戰隊的蛙人所擔任的。他們原已訓練有素，再加上近三月來的加緊演練，屆時必將和往年國慶閱兵一樣，予觀衆以嶄新的印象。

率領這支蛙人表演部隊的是一位年青的海軍少校黃種雄，他是福建人，海軍官校四十年班畢業，曾經兩度赴美學習「水中爆破」，他現在是海軍「水中爆破隊」的隊長，可說是一位水中爆破的專家。這次奉命擔任國慶水上特技表演，特地從他隊上和陸戰隊兩棲偵察隊裡挑選了一批最優秀的隊員，組成了這支表演部隊，眞是個個像水中蛟龍，人人是浪裡白條，一百五十人中，還有不少是戰鬥英雄，他們是鍾杰上士，楊振儀士官長，周志忠上士，羅才章少尉，蔡儀松中尉，柳建國中尉及劉如虹少校等。

記者曾經訪問了其中一位蛙人隊員王武雄，他原是台南縣的輕量級拳王，他本來服役已經期滿，但這位體壇名將卻對蛙人生活捨不得離開，自動請求延役。他告訴記者有關蛙人訓練的情形，他說訓練一個蛙人是很不容易的，二三千人經過淘汰結果到畢業時不到四五十人而已，很多人一開始便過不了「地獄週」這一關，那亦是一種求生訓練，便是把你單獨送到大海裡或者是孤島上去，讓你自己去求生，因此美國人稱它爲「地獄週」，這七天眞像是處身地獄中一樣，苦不堪言，現在因爲這個名稱不好聽，我們便把它改稱爲「克難競賽週」了。

由於中國蛙人隊訓練的嚴格，所以素質優秀，前美國海軍第七艦隊司令蒲萊德中將便稱讚我國海軍蛙人比美國蛙人還好。但是美國人不服氣，有次在高雄他們有隻軍艦上的官兵和我國蛙人打賭，結果我國蛙人在不知不覺中潛到他們艦上，以後才使他們大爲折服。

海軍蛙人隊在去年曾來表演過一次，但那次不及這次規模大，節目也不及這次精彩。例如這次有壯觀的水上分列式，還有更精彩的滑水表演，參加滑水表演的一共十二人，其中還有三位年輕美麗的滑水小姐，她們的芳名是梁化芳、方雲成、和劉娉，湊巧得很，她們三人都是二九年華，其中梁化芳還是位將門虎女，今年在銘傳商專就讀，過去曾參加救國團的水上活動隊，是目前在台灣最好的女滑水手，她們表演時將穿着鮮紅的泳裝和芭蕾舞裙，在水上作各種美妙的動作。

海軍蛙人隊在七十分鐘的表演中，將推出八個節目，第一個節目是啓幕式，一百五十人全體出場，向觀衆致敬，並在水面上施放五彩煙幕。這時水面上先出現的五艘膠舟，以每小時七十五哩速度並行通過，接着另有三艘，成一品字形，後面的兩艘還各帶兩艘橡皮舟，上面均滿載蛙人，以同一速度通過。

第二個節目是「怒海飛舟」，五條膠舟在水中爆破情況下高速通過，然後又折回交叉通過，充分表現蛙人在彈落如雨場面中的英勇精神。

第三個節目是「散佈傳單」，由陸戰隊的L—19輕航機擔任散發慶祝國慶五彩傳單，其中並有五萬份節目單，亦將由空中落入觀衆的手中。

第四個節目是「海上蛟龍」，擔任表演的蛙人們將自快速行進中的膠舟上翻滾下水，潛入水底作業，進行各種水中爆破工作，以表現蛙人的戰鬥技能。

第五個節目是「登陸先鋒」，包括橡皮舟操作，將覆舟翻回，蛙人潛行登陸，從事摸哨和破壞活動。

下面第六和第七兩個節目都非常精彩，第六個節目是「滑水表演」，由男女十二人擔任表演，除了三位漂亮的女滑水家，前面已介紹過外，其餘九位男士表演時都將穿起黃紅白三種鮮明顏色的中古騎士裝，由汽艇牽引，在水上表演跳障礙，疊羅漢及單肢表演，此外，還有一位滑稽的小丑，做各種令人發噱的動作，以娛觀衆。

第七個節目是「水上分列式」，這個節目最壯觀，等於來一次水上國慶閱兵，它出場人數也最多，由九十位蛙人擔任，兩位教練柳建國中尉和任建華中尉將權充「閱兵指揮官」，在水面變換各種隊形，由雙十隊形變鐵錨隊形，再變國花隊形，最後成閱兵隊形，通過閱兵台。

最後一個節目是謝幕，由全體表演蛙人乘舟繞場一周，向觀衆致謝，全部表演節目到此告終，在整整一點零十分鐘的表演，絕無冷場，使觀衆比看正式閱兵還舒服而且更過癮。

（五十年十月九日中華日報）

六、國慶特技表演盛況空前

圖四：雷虎小組編隊飛行

每年國慶，台北市總是要大大地熱鬧一番，而幾乎是全部的人，都希望能借此機會一睹國軍的雄壯英姿。在過去，人們可以到總統府前廣場去看閱兵大典，但是今年，閱兵因時局關係奉令停止，國軍慶祝國慶的節目，改用特技表演的方式舉行，故而使人一新耳目，所以昨天國慶日下午，被特技表演吸引去的觀衆，在中興大橋附近淡水河兩側，總數約在六十萬人以上。

國軍選擇了中興大橋爲特技表演的地點，因爲那裡視界廣闊，可容較多的觀衆，而且陸軍的跳傘表演，海軍的蛙人表演，以及空軍的「雷虎」表演，都可以在那裡一顯身手，讓全國同胞、海外歸僑以及友邦貴賓們皆可眞正看到國軍的進步與強大。

昨天的天氣，對國軍舉行特技表演來說眞是太理想了，晴空萬里，了無雲霓，因此使這項表演更爲生色，在整整二小時又卅分鐘的表演中，節目的緊湊與精彩，使得每位觀衆看過之後，沒有不異口同聲喝采叫好的。

特技表演是從下午一時開始，但人潮自上午便從四面八方向中興大橋淡水河邊流去，到中午時成都路通往中興大橋的主要道路已擠得水洩不通了，待記者抵達橋上，舉眼望去，淡水河兩岸，攢動的人頭，密密層層和平靜的水面恰好形成一個對照，還有沿河區的許多高大房屋的頂上，也都擠滿了人，成了觀衆的臨時「瞭望台」。

人們可以從廣播器裡得知節目的進行，第一個是陸軍跳傘表演，出現在觀衆頭上的是一架C四六運輸機，由南向北沿河左岸飛行，過了中興大橋後，飛機上好像滾下兩件東西，一會兒傘張開了，兩個都是紅白相間的降落傘，下面繫着人，帶着鮮紅的國旗和陸軍軍旗，冉冉而下，觀衆立時響起一片掌聲。

接着第二架運輸機飛來，在同一地點跳下十名武裝傘兵，他們幾乎全部使用草綠色的降落傘。落在二重埔的沙灘上，動作是那麼熟練，其中還有三個傘兵落在水中，弄得混身是濕，結果用小艇把他們拖了上來。

在先後八架次的跳傘中，一共跳下來四十三人，在最後一次的定點跳傘中，那位傘兵頗為技巧地運用他的傘繩，能夠按照指定的位置着陸，不偏不倚地正好落在那個圈子中，這是一項非常困難的跳傘，非訓練有素不可能辦到。據悉，參加昨天跳傘表演的，他們的跳傘紀錄都是在二三十次以上。

跳傘表演完畢後，幾乎是緊接着地，海軍蛙人水上表演開始了。穿着白色制服的海軍樂隊，奏起陣陣響亮的軍樂，在為蛙人隊助威，他們那些赤膊蛙人，一個個整齊地坐在膠舟上，由兩艘快艇拖着，來次威風凜凜的入場式，向觀衆致敬，然後節目一個緊接着一個，一個比一個精彩，其中比較吸引觀衆注目的是登陸先鋒、滑水表演和水上分列三項，而最能表現蛙人作戰英勇精神的是在炮火下的登陸行動，那水底爆破的驚人威力，把淡水河震得混濁不堪，而爆炸的中心更是黑黑一片，接着一個個的爆炸聲，此起彼落，爆炸點水柱沖天，有一個藥包大概落在橋基附近，震得橋身也動搖了，使橋上的中外來賓不禁嚇了一跳！

滑水表演似乎很吃香，特別有兩位美女客串表演，她們優美的姿勢，為整個表演中帶來一陣柔和的感覺。還有一位男扮女裝的小丑，當他滑至岸邊時，把許多站在水中的觀衆衣服都打濕了，但他顯然在惡作劇，所以有有些觀衆也報以泥石，使他不敢再滑至離岸過近，他也蠻不在乎，還撩起他的裙子，向觀衆賣弄風情呢？

水中分列幾乎與陸上分列一樣整齊，而且非常美觀。他們一共九十人，分成九列，由前面一位指揮官指揮，分列後接着表演隊形變換，但見水面上一排排的紅點子，一會兒雙十隊形，一會兒卻迅速地變成了海軍的鐵錨，而瞬眼間水面又成了一片白點子，最後又變了一個國花隊形五個紅圈子在水面上不斷地打轉，贏得了陣陣的掌聲。在分列式中，蛙人們的熟練泳技，眞是不愧爲一支水底蛟龍部隊。

在水上特技表演完了後，觀衆們都在期待着名震中外的「雷虎」小組飛行特技表演，當廣播器裡傳出一聲「來了」！八架各型噴射機，分成四批從觀衆頭上呼嘯而過，從F八六、F一〇〇、RF一〇一到世界上最快速的F一〇四，像驚鴻一瞥後消失於雲深處，接着直昇機表演性能，它好像是一名空中巨人，前後左右，往來自如，在表演陸上與海上救難時，更能表現它用途之大，非他種飛機可以取代。

「雷虎」的九機編隊，幾番菱形斛斗，廣播員說它是「氣死李棠華」，還有扣人心弦的「炸彈開花」，把人都看呆了。「雷虎」的特技，眞是積多少人的心血，花多少年的苦功，才練成今日的程度。九架飛機在天空，隊形的嚴整緊密，眞是只能說它是到了一種藝術境地，而非幾句話可以形容得出來的。

全部兩小時半的特技表演，它在觀衆們心上所留下的印象，將更增強反共復國的勝利信心。

（五十年十月十一日中華日報）

驚險絕倫的高空特技跳傘

——國軍神龍小組簡介

高空特技跳傘人員於七千呎以上的天空，由飛機跳出後，於半自由落體之加速度下降中，藉各種姿勢以穩定身體，操縱方向，衝落於指定之目標區上空，約距地面二千呎時，再自行拉開降落傘，爾後藉傘具之滑行，降落於定點目標，爲便於地面觀衆之識別與觀察，跳傘者並可手持施放各色煙幕，以顯示其在空中滑行降落之軌跡，宛若游龍，疾如流星，使地面參觀者，爲之神情緊張激動，對國民冒險犯難精神之鼓舞激動，實無與倫比，這便是我國空降部隊「神龍小組」即將定期舉行環島高空特技表演的速寫。

國軍空降部隊鑑於該項高空特技表演不僅足以鼓舞官兵冒險犯難之精神，抑且有戰術價值，故於去年四月初，即由該部俞伯音少將指定陳本道上校負責籌劃高空特技跳傘有關訓練事宜，並對一切訓練及裝備悉心籌劃，旋即籌組「神龍」小組，於數十員自由報名參加之官兵中嚴格甄選，施以各種必要之特殊訓練，於四月十六日該部十七週年慶祝大會中，首次作公開表演，後來又經過十個月來的研究發展，「神龍」小組之跳傘高度，已增至一萬四千呎高空，於跳離飛機七十五秒鐘後始行拉傘，在張傘前空中滑行階段，並可作集體性活動，如交叉通過，兩人空中交會驚險動作等，使人緊扣心弦，比看馬戲團空中飛人要過癮得多了。

高空特技跳傘人員是怎樣訓練的？首先當然是人員的選拔，參加特技跳傘人員必須具備壯健的體格，與高度的機警，事先須經嚴格之體格檢查，特須注意心臟健全，血壓正常，反應靈敏，尤須對跳傘運動發生濃厚之興趣。

「神龍」小組人員，一般跳傘紀錄均在百次以上，但他們仍須先經一般跳傘訓練，以練習稍異於一般跳傘之機身跳出姿勢及動作。此外，他們尚須經用特製傘具的引張帶跳傘訓練，通常在二千五百呎空中跳出，並須在五秒鐘的自由下降時間內，正確的自拉假的「拉把」，以測驗其反應能力，此種訓練繼續實施五次以上。

還有正式使用自拉傘的訓練，此種跳傘之開始，應經教官之認可，因在空中如稍有差錯，除自救外，他人無能爲力，故通常均按下列程序施行，一、五秒鐘自拉開傘，須連續實施五次以上，跳傘高度三千呎。二、十秒鐘自拉開傘，連續實施亦爲五次以上，跳傘高度五千呎。三、十秒鐘以上至一分鐘以上之自拉開傘，隨秒數之增加，逐增其跳傘高度至萬呎以上，未來之環島表演，即屬此類，即跳離機門後七十五秒鐘始自拉開傘，跳傘之高度爲一萬四千呎之高空。

高空特技跳傘是使用一種特製之傘具，但它與普通傘具並無顯著差別，不過這種傘具，爲了便於操縱，並增加其穩定性，以減低下降速度等目的，特在傘衣上剪除若干部份，使產生一至數個排氣孔，其減除總面積，最多者竟達全傘十二分之一，其作用在使空氣排出時產生之反作用，維持傘具平行滑行，普通傘具每秒下降速度約爲十六至廿四呎，這種特製傘具每秒僅下降七呎，並在傘上另加兩條控制繩，以便左右操縱自如，若拉住任何一條控繩不動，傘即盤旋而下。

除了這種特製傘具外，跳傘人員尚須攜帶高度錶與跑錶，使跳傘者空中滑行下降中，能清晰明瞭其當時所在之高度，以及脫離飛機已歷之時間，這兩個錶係置於其腹前所帶之副傘上。同時，爲保護高空跳傘者頭腦之清醒及視力之正常，他必須帶上頭盔和風鏡。並且於手上攜帶一個煙幕罐，於跳出機門前拉火，使地面人員可看到他滑行的煙幕軌跡。

一個高空特技跳傘者如何才能保持他平衡的姿勢？當他跳出機門時應與飛機飛行方向一致，通常他都採取以下四種姿勢以保持拉傘前身體之平衡，此四種姿勢即穩定式，法國蛙式，全展式以及三角式，他在空中飛翔滑行時，並可由手臂姿勢之變動，以變換方向，交叉穿梭等精彩表演，甚至還可以在空中「遞棒接力」，其驚險萬狀之情形，可使觀者屏息。

「神龍」小組在去年四月十六日首次公開表演時，僅有陳本道上校，董成德中校，張輯善少校，張鐵誠少校及莊誠修中尉等五人參加。但迄至目前爲止，已有官兵多人自願要求參加，因限於裝備，經一再甄選，現已發展爲十六人，此一艱苦冒險之跳傘運動，對我國空降部隊官兵無異注入一劑新的興奮劑，而成爲該部跳傘訓練之高度要求標準，不僅開創國軍傘兵建軍史上的新紀元，且亦啓發我國青年冒險犯難堅定沉着之新精神。

（五十二年六月廿二日中華日報）

中美天兵演習側記

△演習尚未開始，不知怎的，參觀台的右側，原來好好坐着的人，忽然亂了起來，原來在他們腳下，不知在什麼時候鑽進來一條長約尺許的花紋毒蛇，結果被一位穿皮鞋的軍官活活將它踩死，終算虛驚一場。

△在社皮下淡水溪第一參觀台附近的河堤上，自動來參觀的民衆估計約有萬餘人，男女老少，有全家都趕來的，參觀美軍的空降着陸，其中有位七十多歲的老太太，看見一架中國空軍的直昇機剛剛停下來，她急着要跑過去看個究竟，但是被兩位憲警攔住，她只得站在附近對這個「怪物」發呆。

△空降的時間眞是準確極了，一分一秒都不差，最先的一架C 130，是八點五十分飛臨上空，跳下六十二人，他們是演習管制人員，十分鐘後，大批美軍部隊空降，一時天空流星點點，滿佈花朵，飄然而下，與地面上冉冉上昇，用以指示目標的煙幕，構成了一幅美麗的畫面。

△國防部長俞大維，在美軍空降着陸前十分鐘抵達參觀台，他身穿深咖啡色西裝，戴着

他那付不輕易卸下的黑色太陽眼鏡，陪同他來的有十幾位中美高級將領，他坐在參觀台的正中，聽了五分鐘的簡報，第一架美軍飛機便臨空了。

△這次前來採訪中美「天兵二號」演習的美軍記者很多，他們都穿着草綠軍裝，背着照相機或攝影機，奔馳於演習場中。在天空，還有他們的攝影飛機，盤旋於空降場上空攝取珍貴的歷史鏡頭。

△第一位自領隊機跳出的是本次演習的統裁官美軍第五〇三步兵戰鬥組指揮官羅文上校，他着陸後，立刻便乘一輛預先準備由美軍駕駛的小吉普前來參觀台，他首先受到我國空降部隊指揮官俞伯音少將的熱烈歡迎，然後俞少將並陪同他會見在場參觀的俞大維部長。

△四十五歲的羅文上校，他說他已跳了四十三次之多，不過自接任五〇三部隊指揮官以來，這是他第二次跳傘，他說這是他第一次來到台灣，很高興能和中國空降部隊在一起參加演習。

△美軍跳傘的高度是一、二五〇呎，十八架人員機是以三機編隊跟蹤隊形，每機上載六十四人，他們使用的降落傘是綠色的，在人員機之後，九時卅六分第一批C 130七架飛臨演習場上空實施重空投，投下的有車輛、大炮、彈藥和燃料等。

△在重空投中，有一個傘未張開，結果把一輛吉普車摔得粉碎，演習場中揚起一陣巨大的灰塵，直冲雲霄，事後美軍派了一輛起重車，把那輛深陷泥土中的吉普車吊了起來，但是已經面目全非了。

△第一架屬於國軍的C 119運輸機，於十時四十分飛臨演習場上空，投下了十多名演習管制人員，他們着陸後，便在地上燃起了煙幕，以指示大規模空降的目標。十一時正，廿七架C 46，浩浩蕩蕩自東南飛來，不到五分鐘，便跳下來八百餘人，國軍跳傘的高度僅一千呎，他們全用白色的降落傘，與藍天相襯，更顯得場面的美麗。

△有一個降落傘，可能是受了氣流上昇的影響，其餘的都陸續下降，但它反而越昇越高，越吹越遠，像氣球一樣，許多人都爲他著急，很久之後，才見他慢慢下降。據一位有經驗的跳傘專家說：像這種情形，眞是百年難得一見。

△國軍部隊空降着陸後，地上即燃起了紅、黃、黑三種煙幕，報告員說這是連的集合訊號。隨後又是一陣疏落的槍聲，和轟然的藥包爆炸聲，情況至爲逼眞。英勇的國軍傘兵健兒，他們帶着全副個人裝備及槍枝，在田野間快速行進，向着他們的目標集結，沿途很多穿着黃軍服戴紅星帽的假想敵，抱頭鼠竄向屏東方向退去。

△下午三時四十五分，中美傘兵健兒在萬丹鄉的大明橋上會師，國軍的張穎中尉和美軍的麥克魯中尉兩人走到橋心，熱烈地握手，充分表現中美密切合作的精神，他們倆人旋蹲在地上，研究了一番地圖後，便繼續率領所屬朝他們的攻擊目標搜索前進。

（五十一年十月十七日中華日報）

美國民防今昔

美國的民防工作，肇始於二次大戰時期，當時美國人民看到英倫三島連續遭到德機轟炸所受損失的慘重，因而警覺到本身的安全，於是各州與地方都紛紛的自動組織民防單位，採取志願參加方式，美國政府一直到一九四一年才由羅斯福總統下令成立民防處，（Office of Civil Defense）這個民防處，雖然是聯邦政府所設立的機構，但它並無法律地位，故亦無實際權力，只能以勸導方式來推行它的計劃，所以到一九四五年六月對德戰爭即將結束之前便解散了。

聯邦民防處解散後，它的業務便由國防部的民防委員會接替，戰後的民防活動，僅限於計劃作業與專題研究方面。一九四九年的國防部改組後，在部長辦公室內設有民防計劃處，該處曾作成一著名之「霍布萊報告」，敘述民防對國家安全的重要，經杜魯門總統研究後便決定把民防責任授予「國家安全資源委員會」National Security Resources Board，該會於一九四九年三月行使職權，並於短期內作成「美國民防」之報告，其中強調地方政府對民防應負較大的責任，由於此一報告，美國總統乃再下令成立「聯邦民防處」，接着國會亦於一九五一年一月通過「聯邦民防法案」，授權聯邦民防處協調並規定州與地方之民防計劃，以及在民防活動上協調聯邦政府有關機構，此外如與軍方規定收受攻擊警報的辦法，及對民衆傳遞警報，發展民防技術，實施民防訓練，屯貯緊急供應物資，辦理聯邦對州民防撥款等。國會並明白宣稱民防爲各州及其地方政府的主要職責，聯邦政府之民防職責僅限於協調，諮詢與協助之責。

去年七月一日，聯邦民防處和國防動員局奉令合併，稱爲民防動員局（Office of Civil Defense and Mobilization）。它的主要任務有二：⑴保護生命與財產，⑵資源與生產之動員與管理，此外在組織上亦臻於完善，民防動員局除與北美防空司令部保持密切連繫外，在它下面還有各地區民防動員處，再以下即爲各州與縣市地方政府，層層節制，一脈相通，故今天美國的民防，如俄帝一旦企圖從空中偷襲，它的警報系統，已能在短短九十秒鐘的時間內，把警報傳遞到全國各地。

目前美國民防動員局的活動，包括有全國各地防空掩體之發展，放射塵偵查器和民防急救箱之供應，工業和人員疏散計劃之擬訂，以及對個人民防常識之灌輸等。

今天美國之所以如此重視民防工作，主要她接受了珍珠港的教訓，以及今天核子與飛彈破壞力之驚人，倘不小心防範，便會陷國家於萬劫不復之境，故她在阿拉斯加以及海外各基地均設有嚴密之雷達監視網，以防範敵人可能之突襲。同時美國戰略空軍，更隨時準備對俄施以原子報復，故俄帝在這種情形下，只好推行其所謂「笑臉攻勢」了。

（四十八年十二月十六日中央日報）

總統參觀美艦隊演習記

強大的美國海軍第七艦隊，昨日在蔣總統伉儷親臨參觀下，於台灣海峽舉行了一次十分壯觀的火力示範演習，充分顯示中美兩國在此一地區抵抗共黨侵略的決心與力量。

第七艦隊爲了舉行這項演習，恭請總統參觀，足足準備了一個月，同時把今年二月才調到西太平洋服役的美國最大一艘核子動力航艦「星座」號，來擔任這項火力示範演習的主角，配合這項演習的，還有三艘美國驅逐艦，在演習前的一個禮拜「星座」號上的四千餘官兵，每日睡眠只有四五小時，他們緊張而認眞的準備工作，所以使這次演習大爲成功。

中美雙方事先對這項演習的保密工作做得非常週到，記者是台北日報中幸運得籤的兩名記者之一，我們一直到昨天早上六點半鐘登上巴士，美軍協防部新聞官麥凱金中校才對記者宣佈此行目的，待記者完全瞭解之後，心境不免感到沉重而愉快。巴士直向淡水海岸行駛，八點鐘抵達陸軍某飛彈基地，自母艦上飛來迎接記者的直昇機已停在那裡，螺旋槳尙在不斷轉動，登機前，一位美國空軍中校對我們講解萬一直昇機出事時應付的方法，然後每人都穿上救生背心坐好，扣上安全帶，一會兒，直昇機便像一只大蜻蜓似的輕輕地飛了起來，朝着海外飛去。

大約十分鐘左右，便飛到「星座號」航艦的上空，從空中俯瞰「星座號」像一座小島似的，矗立在淡水河的海外，護衛在她左右的，還有三艘美國驅逐艦，在碧綠的海水中，劃了三條長長的白線，天是那麼地蔚藍，海水是那麼地恬靜，眞是一個演習的大好天氣，我們的直昇機慢慢地降下，平穩地停在母艦的飛行甲板上，走下直昇機，橫在眼前的是一個無比龐大的怪物，甲板上停了數十架各型噴射戰鬥機，穿着紅藍黃白各色工作服的機械士，忙碌地在甲板上穿梭來往，我們隨即被引導到下面一層的休息室中，領取演習的有關資料，休息和聽取艦上新聞官的簡報，休息室中放了八部打字機，有的外國同業便在艦上發起電稿來了。

總統預定蒞艦的時間是上午十時，我們於提前一刻鐘回到飛行甲板，參觀總統蒞臨的歡迎儀式，啊！這是一個多麼偉大而壯觀的歡迎場面，在佔四英畝大小面積的飛行甲板四周，站滿了一個個穿白色海軍制服的水兵，中間是穿黑上身禮服白下褲的武裝儀隊，旁邊是一個小小的樂隊，中美兩國的高級文武官員張群、俞大維、周至柔、彭孟緝、蔣經國、梁序昭、馬紀壯、黎玉璽、陳嘉尙、劉安祺、徐煥昇、陳大慶、賴名湯、梅爾遜、桑鵬等數十人分二排依次排列在那裡，恭迎總統伉儷的蒞臨。

十時零五分，總統所乘的一架草綠色直昇機徐徐在另一架直昇機護衛引導下降落，總統身着米黃色軍禮服，佩青天白日勳章，神采煥發地走下飛機，夫人則穿着藍花長旗袍，白手套、白高跟鞋，攜白手提包，在美國駐華大使賴特夫婦陪同下，先後下機，美國海軍第七艦隊司令穆勒中將，在甲板上恭迎，並陪同總統接受軍禮，艦上樂隊奏起了莊嚴的中美國歌，

圖五：蔣總統蒞「星座」號航艦檢閱歡迎儀隊

圖六：作者在「星座」號航艦甲板上留影

隨後又施放廿一響的禮砲，軍禮畢，穆勒中將，第五母艦分隊司令摩爾少將，「星座號」艦長威泰沙上校，在儀隊長前導下，陪同總統檢閱儀隊，總統對他們隆重的歡迎，頻頻點頭稱謝。

這是總統第三次蒞臨美國航艦上參觀，第一次是「黃蜂號」，第二次是「中途號」，但對「星座號」來說，她自一九六一年十月下水後，總統是第一位蒞艦參觀的友邦元首，第一位是巴拿馬總統，所以此次艦上接待非常隆重，當總統蒞臨時，艦桿上即懸起中華民國國旗，和一面黃色的統帥旗，表示中華民國的元首已在艦上。

節目排得非常緊湊，當總統檢閱儀隊後，便開始參觀艦上各部門，一行先參觀飛行甲板上的拉纜，它一共有四套，可供四架飛機同時起飛，這種拉纜對於航艦上飛機的起飛，具有決定性的作用，在起飛時，可幫助飛機在有限的跑道上藉拉力而飛起，降落時則用飛機腹下的拉鉤，鉤住橫在甲板上的拉纜，俾使飛機減速停住，接着又參觀甲板上的飛行安全指示器，走到艦尾，又參觀艦上的飛彈設施，在「星座號」的艦尾，一共裝有四枚「獵犬式」對空飛彈，這種飛彈都是自動裝置，並用雷達控制發射的。

飛行甲板上參觀告一段落後，總統一行便走到一處升降甲板上，降到下一層參觀，在這一層裡，陳列有美國海軍陸戰隊所用的普通武器，最新式的海軍飛機，各型飛彈包括麻雀第三，響尾蛇以及所使用的各種炸彈、機關炮等，都由威泰沙艦長一一講給總統聽。

艦上的其他生活起居部門，總統也都巡視過，這座排水量達七萬五千噸的世界最大航艦，從龍骨到艦橋高度相等一座廿五層樓的大廈，艦身長達一、〇四二呎，寬度二六五呎，它可在廿四小時航行七百浬，「星座」號是首次前來遠東服役，我們總統是亞洲第一位蒞艦的元首，所以全艦官兵都感到十分榮耀與興奮。

火力示範演習是於下午一時三十分開始，總統伉儷及中美嘉賓都被請到艦橋上參觀，那裡居高臨下，可以看到甲板上和海上的一切演習活動。演習進行計分三部分，第一部分看起飛，第二部分火力示範演習，第三部分看飛機回航降落，爲了避免耳膜受損，艦上特地分發每人一對橡皮的栓耳塞，走上艦橋，看見甲板上穿着各種顏色工作服的空軍機械士在作起飛前最後一次的檢查，噴氣引擎的吼聲，刺鼻的汽油味和薰眼的油煙，一切都顯得異乎尋常。一時三十分，第一架「天鷹式」噴射戰鬥機從甲板上順利起飛，跟着一架接一架，三十三架各型飛機在十四分鐘內完全起飛，每架的間隔約爲廿七秒鐘，這是世界上起飛效率最佳的表現。

表演開始了，母艦和驅逐艦並肩航進，這時海上出現三個煙幕目標，作爲飛機炸射的對象，第一個目標是投擲照明彈，隨後是深水炸彈表演，五吋艦炮射擊，在艦炮射擊後，兩艘驅逐艦表演用海水沖洗艦身，以防感染原子塵，全艦水龍頭一齊開放，遠遠望去，全艦似被水柱所籠罩，沖洗工作歷五分鐘完成。這時海上射擊告終，驅逐艦便駛離母艦右側，讓出地方以便空中炸射，先是二架**RF**八空中偵察機進入目標區照相，隨後又投了八枚照明彈。接着另兩架機表演空爆，在速度每小時超過九百哩時，便發出如雷的刺耳聲，「轟隆」一聲，震撼着全艦。接着是各種投彈表演，包括最新原子彈投擲法，分低空和高空兩種表演，投彈方向正好和飛行方向相反，待飛機遠離，炸彈才落下，看起來就像要落到頭上似的，後來又有二架「十字軍」飛機用二〇厘機關炮射擊，最精彩的要算空中佈雷了，三架F八E在艦右好像母雞下蛋似的佈下了四十多枚魚雷，幸好它不是眞的魚雷，否則任何軍艦都難逃厄運。在響尾蛇飛彈射擊後，又來一陣火箭射擊，最厲害的要算投擲汽油彈了，一時海水上燒起濃煙烈火歷久不息，據說這種汽油彈對付敵人大部份集中最有效。火力表演部分到此便告結束，這時參加的飛機便在空中編成一個菱形大編隊，十六架通過母艦上空，向總統致敬。

表演的第三部分是飛機回航，這時飛行甲板上佈了四條橫貫跑道的拉鉤，當每架飛機下降時，由於機腹的掛鉤，被拉纜所扣住，飛機在跑道上向前衝了一段距離，便被拉纜所拉住，其中有一架的掛鉤因脫纜未扣住，飛機一直往前衝，把大家嚇了一跳。以爲這下要出事下海了，但飛行員又把飛機拉起，再度起飛，人們才算鬆了一口氣，總共全部降落的時間只花了廿六分鐘。及最後一架降落時，他們還表演了一次消防演習，動作非常精彩逼眞。

在全部節目表演完畢後，總統於離艦前十五分鐘在「星座」號的電視台上，發表一篇五分鐘的談話，由國防部連絡局長胡旭光少將譯成英語，全艦官兵於聆聽後，都報以熱烈的掌聲。

總統於下午四時離艦，他接受與來時相同的歡送儀式，在「星座號」上六小時，總統一直保持愉快的神情，予人極佳印象，此次演習，充分象徵中美兩國密切合作的表現，和以實力阻遏侵略的決心。

（五十二年七月二十五日中華日報）

從巴士海峽到登陸灘頭

——乘「普林斯頓」號航艦參觀演習記

暮春三月的巴士海峽，是一年中最適宜航行的季節了，海風輕輕地吹拂着，平靜的海面，遠遠望去，已看不出水天分界的所在。記者所乘的這艘「普林斯頓號」美國航艦，從台灣西南海上駛出，在台菲之間的巴士海峽打了個大轉彎，經過四十餘小時的航行，於十九日拂曉前駛抵枋寮外海的目標地區，開始負起灘頭登陸的攻擊任務了。

這艘排水量達三萬三千一百噸的巨型母艦，它和其他一艘載有二千名美國陸戰隊的人員運輸艦PICKAWAY號，一艘載有登陸攻擊舟的登陸船塢艦ALAMOR號，在美國第七艦隊兩棲部隊司令布羅恩將軍的旗艦艾士第ESTES指揮下，直接參加「銀鋒」演習的灘頭攻佔暨垂直包圍的任務。

記者是於十七日在左營乘美軍巨型直昇機登艦的，這種巨型直昇機，每場可載武裝部隊一個班的人數，目前在「普林斯頓號」上服役的共達十八架，如果全部作一次戰術性的使用，其容載量可達兩個連的人數。所以這艘母艦現已改成「直昇機母艦」，專門擔任載運陸戰隊作垂直包圍的使用了。

圖七：「普林斯頓」號直昇機母艦雄姿

當記者所乘的直昇機飛臨台灣西南海面上空時，正是中美兩國海軍進行海上先遣作戰之際，從空際俯視，但見海面大小艦隻，正作規劃的航行，每艘艦的後尾，都拖着一條長長的白線，在碧波裡顯得異常壯觀，這數十艘各型艦艇，將台灣西南沿海圍成了一座海上長城，任何敵人都難逃它的火網。

經過半小時的飛行後，直昇機飛回了它的航艦，在甲板上停妥，記者跳下直昇機，和艦上新聞官吉摩爾中尉見面，他表示熱烈歡迎之意，便帶記者找到了指定的官艙休息，由於是禮拜天的關係，沒有安排任何節目，用餐之後，記者還在艦上欣賞了一場「我愛巴黎」的電影。

「普林斯頓」號在記者登艦後不久便航回巴士海峽，這座「海上干城」，眞是穩如泰山，她以十八浬的航速前進時，使人幾乎無法感覺她是在行進中，對於海上生活不大適應的人，這是一次愉快的航行，沒有風浪的顚波，沒有暈船的痛苦，如果不是參加演習的話，幾難分辨它和乘坐一艘豪華郵輪作一次渡假旅行有何分別？

這艘巨艦眞不能算小，艦身長度八八〇呎，艦高從龍骨到艦橋高達二百呎，內分十四層，最大一層爲飛行甲板，在沒有改裝成直昇機母艦前，她原可供噴射戰鬥轟炸機升降。目前艦上共有官兵二千人，其中包括陸戰隊一千人，他們的任務便是擔任這次演習的「垂直包圍」，另外艦上還有一個直昇機中隊，計有UH-34D及HU-1巨型直昇機十八架，但是如果情況需要，艦上下兩層甲板最大容量可停此型直昇機五十架，至於火力方面，艦上裝有五吋口徑大砲六門，其中有雙管發射的，火力強大，其他設備應有盡有，宛如一個大城市一樣，新來的人常常會在裡面迷路，許久找不到你想回去的地方，記者在新聞官吉摩爾中尉引

圖八：作者在「普林斯頓號」上留影

導下，曾參觀船上的輪機部門，那是船上最底下的一層，由於機器所發出的熱量，普通人在下面實在受不了。雖然艦上到處有空氣調節設備，但輪機部門的溫度是最高的，那些在輪機部門服務的水手們，一個個光着上身，侯在機器旁邊，偶然抬頭接觸到貼在壁上的裸體美女，那是他們唯一解除枯燥生活的慰藉了。

從輪機部門看到電力部門，那些高壓電機旁，寫着紅色的危險警語，使人小心翼翼地通過。然後記者又到艦上的神經中樞——通信部門參觀，電子雷達，有線電、無線電一應俱全，電話更是到處可通，當它來時，「嗚」的一聲，準會使你大嚇一跳，當然比不上自動電話鈴聲那樣節奏悅耳了。

整整一下午的參觀，從最上一層的艦橋到最下的輪機部門，據說還只走了十分之一還不到。記者問一位海軍中尉漢森說：「如果全艦各處都走一遍，將需要多少時間？」他聳聳肩回答道：「我在艦上服務已經兩年了，但是有些艦位尚未去過呢？」

爲了使演習眞實化，艦長史密斯上校特地在記者蒞臨艦橋時，下令全艦進入備戰狀態，一時警報聲大作，全艦官兵立時各就作戰崗位，艦砲同時亦作左右急速地轉動，一位從事指揮的槍砲官奧斯本少校對記者解釋說：「母艦本身的艦砲，主要是防空作戰，至於保護母艦的任務，則由護航驅逐艦擔任。」這次在左右跟隨「普林斯頓」號母艦的，只見到PICKAWAY和ALAMOR兩艘，另一艘驅逐艦則在遠處保持和母艦的連繫。

十八日下午，距灘頭登陸前二十小時，航海官古柏中校和登陸部隊指揮官路斯本中校給記者作了一次演習簡報，並放映實地垂直包圍的演習紀錄片。晚餐後，全艦官兵爲了迎接明天D日的到來，都提前休息，艦長並指令要在今夜完成登陸前的最後準備。

十九日拂曉前，「普林斯頓」號已從巴士海峽回航駛抵登陸灘頭附近海面。天尚未破曉，艦上官兵都已緊張地開始作登陸準備行動了，直昇機引擎的怒吼聲，擴音機裡不時傳出艦上指揮官的命令，一批批的陸戰隊，都已整裝待發，飛行甲板上排着一架架的綠色巨型直昇機，穿着橘紅色的飛行員愉快地守候在休息室裡，等待起飛的命令，這時，離岸漸漸近了，青翠的山巒，浸浴在金色的朝陽裡，環繞在「普林斯頓」號母艦附近的中美艦隊，作了最後一次的攻擊部署調整，於是H時前的艦砲，已開始對目標灘頭作猛烈的射擊了，這是登陸的序曲，也是「最長一日」的結束。

（五十二年三月十九日中華日報）

美第七艦隊旗艦參觀記

在基隆港的第四號碼頭，一個剛剛靠泊的龐然大物——裝有電導飛彈的美國第七艦隊司令旗艦「奧克蘭荷馬」號，靜靜地躺在那裡，等候着台北中外記者團的登臨參觀。

這是「奧克蘭荷馬」號首次來華訪問，也是它從加里福尼亞的海軍船塢裡改裝出來，編入了第七艦隊擔任旗艦以來首次駛來遠東服役。來台之前，它在菲律賓外海參加了一次大規模東約組織的兩棲登陸作戰演習，菲總統馬嘉柏臯親臨該艦，前後歷時兩日，以參觀整個演習的進行。

圖九：作者應邀參觀第七艦隊旗艦

從外表看去，這艘灰色巨艦，差不多佔了一個多碼頭的位置，也許是初次來基，穿着白色制服的水手，都在甲板上憑欄遠眺，過往的市民也都向它投以新鮮的一瞥。

記者於上午十一時許登上該艦，先在官艙

聽取霍夫曼上校的幻燈簡報，對整個第七艦隊的全貌有個概括的認識，然後再分組至艦上各部門參觀。

該艦是以奧克蘭荷馬的省都OKLAHOMA CITY爲名，從一九四二年十二月開始建造，一九四四年二月下水，旋即參加太平洋戰役，一九四七年停役，至一九五七年五月，該艦予以改裝，一九六〇年八月完成，這艘原屬於輕巡洋艦級的巨艦，現在已改裝成爲一艘第七艦隊的旗艦，作爲薛伊中將指揮的座艦了。

改裝後的奧克蘭荷馬號，艦上的通信設備加強，和艦尾新裝了兩座「泰洛士」防空電導飛彈的發射台，在改裝前，該艦原有六吋主砲十二門，五吋邊砲十二門，四〇厘高平射砲廿八門，二〇厘高射砲十九門，一共有大小砲七十一門之多。但是改裝後這些砲統統拆了，只賸下六吋主砲三門，和五吋邊砲二門，原有的砲位除了留作飛彈發射台的地位外，還有便是供停放一架直昇機和改作官艙之用。

該艦總噸位達一萬零五百噸，吃水廿呎，艦長六一〇呎，艦舷寬六十六呎，速度每小時卅二節，艦上裝甲厚度爲五吋，共有兩個煙囱，此外在艦尾裝有廿一吋口徑魚雷兩具。

最引人注目的便是裝在艦尾甲板上的飛彈發射台了，它是用來發射一種名叫「泰洛士」防空飛彈的。這種專供海軍使用的對空飛彈，長達廿英尺，重一噸半，發射距離六十五哩，高度七萬五千呎，除可對空射擊外，也可供作爲地對地之用，必要時，還可配上核子彈頭，威力甚爲強大，在第七艦隊中，只有三艘巡洋艦是裝有這種飛彈的。

記者在艦長室並會見了該艦艦長繆斯上校，這位一九三八年畢業於美國海軍官校的英明艦長，他是去年七月初才接任此職，二次大戰時，他便參加太平洋諸戰役，韓戰時曾擔任聯合國和談代表，一九五八年復進美海軍大學深造，畢業後即在華盛頓聯合參謀本部任職，直至調任該艦艦長時爲止，他告訴記者說：「奧克蘭荷馬號」艦上共有軍官八十員，士兵一千名，在所有巡洋艦中人數爲最多者。

記者問他艦上所裝的飛彈，有否試射過，他說：「我們按規定每三個月要試射一次，每次發射『泰洛士』飛彈兩枚，效果十分良好。」

做一位旗艦的艦長，由於艦隊司令經常駐節在艦上，使他的任務也無形增多了，但是繆斯上校說：「我們之間各有職務不同，艦隊司令有他自己的職務，我則照常執行我艦長的職務，彼此毫不混淆。」

該艦將於本週六駛往香港渡假，繆斯艦長對記者說：「大多數艦上官兵這次是第一次前來遠東，他們每到一地都感到十分新奇。也都十分有趣，」當記者告訴他：「香港是海軍的天堂時」，這位嚴肅的艦長也不禁會心地微笑了。

記者在艦上參觀了約有半小時，從甲板到輪機室，從艦首到艦尾，所有艦上的設施都看過了，這確是一艘相當偉大的軍艦，正如同該艦艦長所說：「奧克蘭荷馬能作爲七艦隊的旗艦，實引爲無上的光榮。」

（五十二年九月十七日中華日報）

美「石魚號」潛艇巡禮

雖然，在今日核子潛艇問世以後，二次大戰中所使用的普通潛艇已不算什麼一回事，但是，這種海底厲害的傢伙，對於大多數國人，還是一件新奇的東西。

七月八日的清晨，在基隆的外海，一艘黝黑的怪物突然從海底緩緩地升了起來，她以十節的速度，悄悄地駛進了港口，靠泊在基隆港內的九號與十號碼頭之間，這便是美國海軍第七艦隊的潛艇「石魚號」。

「石魚號」剛剛在台灣北部的海上參加了一項龐大的中美海軍反潛訓練演習，任務完畢之後，便到基隆靠泊休假，在過去四天的演習當中，「石魚號」權充了中國海軍的目標假想敵，兩艘DD和兩艘DE把它追得脫不了身，只得乖乖地浮出水面，束手就擒，所以「石魚號」的艇長泰利爾海軍少校說：「這次我們眞的遇上行家了。」

在反潛戰的訓練中，「石魚號」在太平洋曾分別參加了與日本、菲律賓、紐西蘭及英國的反潛演習，而在每次演習中，它總是扮演假想敵的角色，被這些盟國的海軍所追打，但是以此次與中國海軍合作演習得最爲成功。泰利爾艇長說：「中國海軍雖然沒有潛艇，但是表

圖十：臺北新聞界一行與艇長合影

現在反潛戰的能力上，那是世界上一流的。」

「石魚號」從一九四二年底安放龍骨到今天已整整有二十年的歷史，它一直都在太平洋上服役。在二次大戰末期，它曾先後出擊六次，北起東京灣，南至呂宋海峽，都有她的芳蹤，戰果也極爲輝煌，例如它在呂宋海峽一次攻擊日本船團的行動中，便一舉擊傷了日本油輪二艘、運輸艦二艘和貨輪一艘的記錄，後來在南中國海又擊傷了日本油輪一艘，在日本投降最後的一次攻擊行動，它奉命到巴丹島去轟毀一座日軍的電台，和破壞了四萬多噸敵軍海運物資。

戰後，「石魚號」改裝成一艘擁有新雷達設備的潛艇，一九五四年七月奉命參加保衛台灣海峽的行動，一九五五年底返美進塢翻修，增加最新電子設備，一九五八年復來遠東服役，它現在是隸屬美國海軍第五潛艇中隊，歸第七艦隊指揮。

像其他潛艇一樣，美國的潛艇都是以魚來命名的，許多奇奇怪怪的魚，都變成了美國潛艇的名字，特別是核子潛艇，在普通潛艇中，只有少數是用有名的海軍英雄來命名的，「石魚號」的英文名字是「ROCK」，它也是一種魚名，生長在美國東部的海裡，這個名字經過泰利爾艇長的解釋後，記者才算明白。

許多人都小看潛水艇，認爲它體積沒有驅逐艦大。但是泰利爾艇長卻爲他的潛艇辯護道：「石魚號」是三百四十二呎長，六十呎高，排水量達二千二百噸，普通的驅逐艦也不過如此呀！事實上，當你到一艘潛艇的各個部門參觀之後，你會發覺它結構的複雜，儀器的繁多，遠非一艘在水面上行駛的驅逐艦可以相比。

當記者抵達「石魚號」參觀時，發現這個水底的龐然怪物，形狀就好像浮在水面的大鯨魚一樣。潛艇下艙的進口太小了，只容一人側身而下，從甲板到底層共分三層，內部裝有空氣調節，保持了一個非常舒適的溫度。據泰利爾艇長的解釋，空氣調節不僅是爲了人的舒服，最重要的還是要維護機器，不使感受潮濕而受損。

在管制室裡，泰利爾艇長讓記者參觀了一下潛望鏡，並從潛望鏡裡眺望了一下港口附近的景色，從管制室通過官艙到前艙的魚雷發射部門，這是潛艇用以攻擊的最厲害的武器。它一共裝有六支發射管，配有兩種高爆魚雷，一種用空氣壓縮發射，一種是用電氣操縱。泰利爾艇長說：「明年他們將有一種裝有核子彈頭的魚雷，如此它的威力更大了。」

「石魚號」上共有軍官八人，水兵八十人，由於潛艇的大部份位置都被機器所佔，所以官兵睡覺的舖位，都是上下舖，而且有四層之多，每層僅容一人側身而入，其他休息盥洗地方亦作了最佳的利用。總之，在一個有限的面積內，要容納這麼多的部門，非要精密的設計不可，舉凡艇上能夠利用的地方都給利用了。不過，在「石魚號」上服務的官兵還算幸運的，有較寬敞的地方可以休息，因爲後艙的魚雷室已被拆掉改爲水兵睡覺的地方了，這是其他潛艇上的官兵所享受不到的。

（五十二年七月十一日中華日報）

空軍新貌

(一)

近年來，空軍飛躍的進步，無論是作戰訓練，人員裝備，都是朝着日新又新的目標邁進。記者這次以五天的時間，到空軍各個主要的基地和設施去作深入的參觀，對於這支為中外人士所讚譽的強大中國新空軍，抱有莫大的信心。

今日中國的空軍，屬於一種隨時備戰的狀態。在桃園基地上，記者參觀了一項五分鐘緊急起飛的節目。

作為一個噴射戰鬥機的駕駛員，他必須保持着經常應變的警覺。在基地的警戒室中，有幾位飛行員正在全神貫注地玩橋牌，他們身上還穿着灰色的抗G衣，不時喊着要出的牌，從他們的神情中，就連他們自己也不曉得馬上會有什麼情況發生。

這間警戒室，除了他們正在玩橋牌的地方有張小桌子和幾張籐椅外，靠右面進去還有一間寢室放着八張行軍床，一張辦公桌上放着三部電話，別無其他陳設。

記者心裡已經早有此數，就在這一剎那之間，牆上的警報器響了，噹噹噹……一陣之後，把人的心弦扣緊了，分隊長立刻拿起電話，接受上級有關指示，聽完之後，立刻跑了出來，

圖十一：空軍總司令陳嘉尚上將（左三）與訪問之軍事記者歡聚

圖十二：作者（右一）在中部某空軍基地留影。依次爲徵信新聞續伯雄（中），公論報張少白。

一聲SCRAMBLE！正在打橋牌的杜明智少校，張福文上尉，朱英錫中尉和魏承基少尉四人這時已把牌丟掉，穿上了飛行衣，像着了魔似的一股勁往外衝，分別爬上了他們的軍刀機，發動引擎，地勤人員也忙着做準備起飛的工作，不一會兒，飛機便滑行到跑道，為了爭取時間，四機分二批編隊起飛，轟隆轟隆數聲衝天而去，看看錶，從他們飛行員跑上飛機到起飛不到五分鐘，動作之迅速，與匆忙中絲毫不亂，眞令人拍案叫絕。

據擊落米格的英雄孫嗣文中校說：除了五分鐘的緊急起飛外，還有更短三分鐘的，這種是在情況特別緊張時，飛行員必須坐在飛機上待命。

這個基地上飛軍刀機打米格的英雄特別多，過去眞是出盡風頭，把中共的米格打得像烏龜頭似的縮了進去，近一年來一直不敢出海，這些技高膽大的年青小伙子，個個都想能有機會再打一個痛快。

率領這批F八六軍刀機的最高指揮官李聯隊長，他本身便是一位抗戰時的空軍英雄，記者很偶然地從他嘴邊一個疤痕上發掘了他的一個很驚險的作戰故事。

遠在抗戰期間，那時他駐防在湖北恩施的基地上，他所飛的還是P四〇螺旋槳驅逐機，有一次他奉命出擊，到長江去炸敵人的軍火補給船，起初，他根本不當它是一項危險的任務，當他飛沿長江上空偵察，最後被他發現有一艘大火輪後面拖着一長列的木船，很吃重地向下游駛去，他一發現這個敵人的目標，便立刻俯衝下去，投彈掃射，往返穿梭，終因飛得過低，遭敵人彈穿機身，搖搖欲墜，於是他急忙掉頭飛回，到了中途，實在不能再飛了，本來他可以跳傘，但他爲了保存他的飛機，便決定實行迫降，好在他地形熟悉，知道下面只有一條公路可供降落，但是這條公路，一邊靠山，另一邊是萬丈懸崖，降得不好也是粉身碎骨，但他顧不了那許多，他只記住飛機着地後便要靠左，寧可碰山，還可有救，但如掉落懸崖便無希望了。

他記住了這些，便把飛機使力往下降，好不容易碰到了公路，就在他猛向左拐的時候，飛機撞向山邊，他的嘴鼻便不由自主地碰到了瞄準具上，牙齒打掉，舌頭震裂，鮮血直冒，他痛得失去了知覺，幸好當時公路上有一輛卡車駛過，車上的老百姓看到飛機失事，連忙跑去把他救了出來，送到後方醫院去急救。李聯隊長對記者張開了口，指着舌頭說：他的舌頭是在醫院縫合的，結果比原先短了一些，至今說起話來，常有捲不過來的感覺。

（五十年四月廿八日中華日報）

(二)

中國空軍，由於機種和裝備的不斷更新，它的戰力有顯著的增加，過去所使用的F八四雷霆式噴射戰鬥機，現在已是淘汰不用了。目前空軍所使用的機型包括F八六D、F一〇〇、RF一〇一和F一〇四A等，而其中尤以F一〇四的性能爲最佳。

記者參觀過F八六軍刀機緊急起飛和大編隊飛行後，接着又前往中部某空軍基地，參觀這世界上最新速的F一〇四噴射戰鬥機和機場各種現代化設施。

本省中部的空軍基地在遠東可與菲律賓的克拉克基地和琉球的喀頂那基地相媲美，這個基地的全面積，有六十餘平方公里，比整個台北市還要大。同時在基地設計上，它是先按圖所建，不若其他機場由小而大，逐漸擴充而來。今日這個基地已成爲遠東自由國家中的重要空軍基地之一，中美兩國因此基地之建築，曾耗資達數千萬美元之鉅。

駐於這個基地上的F一〇四攔截隊，它的任務共有四項：⑴防空作戰，⑵近海的空中巡邏，⑶大陸沿海偵巡，⑷出巡作戰。爲了執行上四項任務，這一個攔截隊，是處於一種五分鐘待命的備戰狀態。

F一〇四是種性能極優越的高空攔截機，它可以升高至九萬英呎以上，即使U—2飛機，也可以攔截。由於它的機腰有點像瑪麗蓮夢露，所以飛行員也有稱它爲「夢露」式。這種飛機上的裝置，比F八六要精巧，若干種特殊裝置，在遠東只有我們才有，它對飛行員的辨識敵友和戰術導航，有着莫大的方便。

一架F一〇四的價值，是美金二百餘萬元，而維持一隊F一〇四的耗費，每年要七千餘萬美元，所以有人把F一〇四飛行員當作天之驕子，其實他們和其他的飛行員並沒有什麼不同之處，拿一樣的待遇，吃一樣的伙食，唯一不同的是，F一〇四飛行員都是穿着橘紅色的飛行衣，特別令人注目，據說這是爲了海上救生，容易被辨識。

記者問他們的隊長晏中校，要具備什麼條件才能做一個F一〇四飛行員，他笑笑說：「第一當然要體格能適應，第二是較高的學識，第三是反應要快，第四必須經過挑選。」這位揚州籍的F一〇四隊長，他是官校廿二期畢業，全部飛行紀錄已有三千七百餘小時，過去他飛的是F八六，自從奉調來此以後，他率領這一班年青小伙子每日操練，已有好幾個月都沒有和太太會面了，問他太太是否會抱怨？他笑笑說：天下女人總是難免的。

在他的隊裡，年紀最大的三十六歲，最小的是廿四歲，平均年齡是廿七歲，那些小伙子，個個又年青又帥，所以成爲女孩子們追逐的對象，隊員中大部分未結婚，有的隊員爲了結婚，早就把眷舍申請到手，但是至今房子尚空着大有人在哩！

隊員們的日常生活都很有規律，他們每日上午是飛行和學科，下午則爲運動，晚間欣賞電影，假日則輪流休假。伙食都是按空勤標準，有足夠的卡路里，晏隊長他每餐只吃平平的二碗飯，他說他寧可多吃點菜，而不願多吃飯，免得身體發胖，他說飛行員必須要保持一定的體重標準，他每月要到醫院體檢一次，一年中還要來一次澈底的身體大檢查。

F一〇四的隊員都是文武全才，隊員中如關榮華、梁金中和朱偉民都是打米格的英雄，朱偉民的散文小說都寫得很好，其他鄭茂鴻、趙星滔和王繼堯，在運動和音樂方面也都有一手，還有唯一的一位台籍隊員林赫聲上尉，他是前屏東縣長林石城的姪子，表現得也非常優異。

隊員們一提起他們的晏隊長，沒有不對他的戰功和領導表示欽佩的。有一次，他和一位美國駕駛員先後作首次突然降落的飛行試驗，結果他成功了，而那位美國駕駛員所飛的F一〇四於未着陸前即告氣管爆炸，因此駐台美第十三航空特遣隊司令桑鵬少將特致函申賀，對他能如此熟練地使用此種複雜裝備，表示充分信賴。

（五十年五月二日中華日報）

㈢

在空軍作戰司令部的聯合作戰中心，你可從圖上看到敵我雙方空軍的全般動態，這個被稱爲空軍作戰的神經中樞，在這超音速和飛彈的時代，它的工作人員是經常保持廿四小時的高度戒備，而且在情況緊急時，幾乎是做到分秒必爭的地步。

聯合作戰中心（JOC）是陸海空三軍作戰的指揮機構，其主任一職是由空軍作戰司令陳中將兼任，內部包括有三軍所派遣的作戰、情報與通信人員，負責情報交換、空援申請、火力協調以及氣象資料等任務，聯合作戰中心，可以指揮空軍出擊、偵巡以及防空作戰等。它具有最新的電子通訊設備，透過雷達情報的傳遞，對於大陸沿海軍機的起

圖十三：訪問空軍將領，中爲作者。

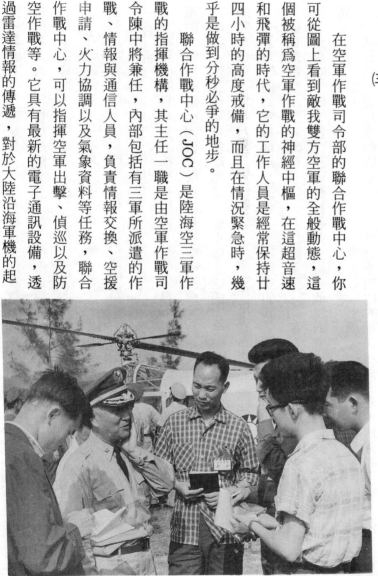

飛與降落，都能瞭如指掌，所以只要中共軍機一接近海峽的警戒線，我們的飛機早已在那裡迎候了。

在聯合作戰中心的辦公室裡，工作人員高高地圍坐成一個弧形，正中一個大平台上，放着一張東南沿海的大地圖，附近坐着幾位戴耳機的工作人員，不時用桿子撥動着圖上的活動座標，以顯示敵我飛機的起飛、位置、高度及架數。你可從圖上看到當我機飛臨金馬上空偵巡時，對岸軍機亦分批升空戒備，有時雙方飛機相距僅數十哩之隔，如果再接近一點，雙方便要開火了，看到這裡，心情不禁亦隨之緊張起來。

在氣象聯隊，記者參觀了空軍的氣象勤務和它的若干新式設備。目前，空軍的氣象勤務包括天氣測報、天氣預報、天氣供應和研究發展等四種。爲了蒐集更正確的氣象資料，空軍不但在本身上力求設備之改進，而且更與西太平洋各國建立有效之連繫，以獲得整個有系統之氣象資料，供應各方使用。

空軍現擁有一部最新式的電子自動探測器，這部對飛行安全極具貢獻的氣象探測器，名叫「雲幕儀」，它是由投射器，檢收器和紀錄器三部分的總合，每六分鐘能自動測記一次，它告訴你雲層的高度和其他的天空狀況，以決定在何種情況下能適於一般之飛行，現這部雲幕儀是配置於北部基地上。

此外，探空儀也是幫助蒐集當地天氣情況的，這種探空儀，係附着於氣球台，由氣球攜往高空，以探測高空天氣之狀況，如風速、風向、溫度、濕度和氣壓等，均能由探空儀中之無線電以訊號發出，再由地面之探空接收機自動抄收下來，經過整理和紀錄，向有關方面報告。

空軍氣象勤務多年來由於有一良好的組織、人員和裝備以及作業經驗的累積，復經不斷研究改進，現不但已具有配合空軍作戰的能力，而且還能充份供應各方需要，例如台灣美軍廣播電台每日所播報的天氣報告，就是由空軍所提供的，其準確性是相當可靠的。

這裡值得一提的就是空軍的空中照相勤務，空照是獲得情報的一種手段，像美國的U—2飛機所從事對蘇俄境內的偵照一樣，我們的空軍，從大陸撤退來台以後，一直都在從事對大陸的主要城市、交通、工業及軍事設施空中照相，可謂相當成功，從那些收藏的照片中，你可以看到廈門橋堤、閩江鐵橋、蕪湖機場、大同車站、洛陽營房、衢州油庫以及上海和北平等大城市，均歷歷在目，清晰可見，說不定那些照片裡，你還會見到你那久別的故鄉呢？

在支援空軍作戰方面，空軍供應部隊所擔負的修護工作，無論在制度、效能和生產的品質上，都已邁進了一個新的紀元。

當記者參觀××空軍基地修護棚廠的時候，若干架F八六軍刀機正停放在工作線上接受精密的檢修。修護工作人員以其高度的技術，日以繼夜的工作精神，不但爲空軍本身保持了戰力，而且也替國家節省了一筆可觀的外匯，從去年底起，空軍已自F八六邁向F一〇〇的IRAN檢修工作，希望在不久的將來，所有的新型飛機，都能由他們來自修。

除了廠房的修護工作之外，空軍的機械士，也都是些無名英雄，有些年紀大的機械士，在空軍裡服務了二三十年之久，他們把飛機看作比自己的性命都重要，小心翼翼地維護，每次起飛前或降落後，都要經過仔細的檢查，所以空軍的飛機，壽命特別長，而且難得出毛病。例如這次去泰國接運反共義民，美國人一聽說中國空軍要派C—46運輸機去擔任這項任務，都認爲是不可能之事，因爲從台灣南部到泰國的航程是三千公里，中途有三分之二是海洋，飛行時間長達九小時，遠超出C—46所能擔負的能量，但是我們空軍最後畢竟成功地達成了這項任務，先後接運了四千五百位反共義民來台，創下了以陳舊機種飛越遠洋的首次紀錄，爲中國空軍寫下光榮的一頁。

（五十年五月三日中華日報）

(四)

一支現代化的空軍，其最重要的莫過於使用那些新式機種人員的素質了。在武器日新，裝備益趨複雜的今天，人的因素決定了戰爭的勝負，空軍更不例外。

中國空軍在訓練上，一向注重提高人員的素質。拿空軍官校來說，每期畢業人數只佔百分之三十四，汰弱留強，所以今日中國空軍的素質，能夠駕乎世界水準，不但能使用最新型機種，而且在作戰時，均能每戰皆捷，以少勝多，充分表現我空軍人員的優異。

目前，飛機已全部進入了噴射時代，因此，空軍的訓練工作亦緊跟着噴射時代前進。在岡山空軍訓練基地，記者曾參觀了一處前所未見的高空生理訓練室，這也是今日噴射時代，中國空軍所持有的一座訓練設施。

在高空生理訓練室中，有座新近自美運來的人工低壓艙，這便是用以訓練噴射機飛行員適應高空的生活。在遠東來講，這是最完備的一座人工低壓艙，它從美國原封不動運來，是體積最大的一件貨運，眞是好不容易才把它裝置起來，簡直像幢有玻璃窗的小房子，裡面隔成一大和一小間，大間裡有二排坐凳，可容十六人，小間可容四人，座艙壓力很大，裡面裝有光線、溫度、濕度、養氣和救急等設備，訓練時，教官只要把電門一開，艙內的人便知道他們現在所處的高度，其感覺完全和在天空的情況一樣，有時到了八萬五千呎，艙內便完全成爲眞空，連冷水都會自然地煮沸了。在訓練過程中，有些身體不能適應的，在艙內便會當場昏倒，教官見到這種情況，便立刻將他由大艙內拖出，先在小艙施行急救，如情況嚴重的還要送去醫院呢？

現在，空軍官校的學生都要經過這種高空生理訓練，如果身體不適應的，便要遭到淘汰。一個官校的畢業生，從他入學後的四年中，國家所耗在他一人身上的全部費用是新台幣七十八萬元以上，這個數目是相當可觀，可見培育一個現代空軍人員之不易了。

空軍官校辦到現在，前後已有四十四期之多，從四十期開始招收新制學生，施以四年之訓練，畢業後並可獲得理學士學位，在不久的將來，空軍並將另行設立飛行學校，這樣可造就更多的飛行人員，以適應國家的需要。

由於高空飛行，故投考飛行員的體能標準要求極高，而一般高中畢業青年，往往因身體不及格而考不取官校，故現空軍對飛行員正作有計劃的長期培養，恢復原來的空軍幼年學校，招收初中畢業生，在施以三年的普通高中教育和體能訓練，然後再轉入官校訓練，如此經過一較長時期的培養，無論在學識和體能上皆能適應一個現代飛行員的嚴格要求。

位於東港海濱的空軍幼年學校，是個環境十分優美和教學設備頗爲完善的學校，在那裡讀書的學生，不但學資和普通高中學生一樣，而且還可享受空勤伙食，每天均有足夠的運動，學生個個都像生龍活虎，這些中國空軍的新血輪，將來都是像歐陽漪芬一樣地成爲打中共米格的英雄。

幼校的英語教學完全是採用美國空軍語言學校的電子教學方法施教，其現有之電子英語教學機，係該校教官王浩少校所發明，對初學者甚有幫助，此外幼校並有英語特別教室兩間，均配有電子教學設備，在國內文武學校中，有此設備者，尚不多見。

在幼校，記者並會見現在該校受訓的學生陳可風，他是空軍陳總司令的四公子，今年廿歲，台中一中高中畢業後，便考取官校四十四期A班，現正在幼校接受入伍訓練，不久便要回官校去上課，他對記者說他很小便對飛行發生興趣，所以高中畢業後便投考空軍官校。他說他到幼校來之後，體重增加了三磅。

幼校的歷任校長陳嘉尙、龔穎澄、彭光南、董明德、劉如城等都是空軍名將，從幼校復校後，空軍的訓練體系已更形完備，它將培育出更多的空軍英雄，爲國家效勞，使中國空軍邁向更新的前程。

（五十年五月四日中華日報）

訪飛彈營談飛彈發射

走進飛彈營，便使人感到這是一個年輕，充滿朝氣和具有高度科學化、技術化的部隊。它擔任着自由中國的空防任務，經常在廿四小時的戒備狀態中，由於它的存在，使共機不敢越雷池一步。

中國陸軍第×飛彈營是於四十七年九月才開始準備成立，四十八年選送官兵赴美接受飛彈訓練，最後一批保養人員係於去年三月學成歸國。所以完全接受飛彈的作戰任務，應該是從去年三月開始，距今不過短短的一年光景。今天，這支威力無比的飛彈部隊，無論是作戰、訓練和保養上，均由我們官兵完全負責，而且根據最近美方所從事的保養檢查的結果，顯示中國陸軍飛彈部隊的裝備保養都是列爲特優等級的，最好的一個連分數達到百分之九九·九六，即最次的一連其分數也達到百分之九九·九四，較之美國一般飛彈部隊的保養成績還要高。所以美軍方面對我飛彈營均交相讚譽，對我這次實彈射擊，也都全力支援。

圖十四：記者訪問飛彈操作人員，中爲作者。

本來，任何一個飛彈部隊，每年都要舉行一次實彈射擊，以測驗訓練效能和從事保養的檢討。

發射飛彈並不像發射一顆子彈那麼容易，這種複雜機械的構造，只要有一個螺絲釘鬆了，便會導致整個發射的失敗，所以在發射前必須經過縝密的安全檢查，才可從事一次成功的發射。中國陸軍飛彈營原定於去年五月間舉行一次實彈射擊，但是由於安全檢查發現有問題，同時若干零件亦需重新加以補充，所以才決定把那次試射延至今年五月舉行。

今年這次飛彈試射共分四次舉行，每次發射二枚勝利女神飛彈，射擊方向是朝台灣正北方約五十哩處，故危險區域便是循此方向予以測定，警告在發射期間所有船艦飛行器均應避開，以免發生危險。

由於此次飛彈射擊是演習性質，所以安全的顧慮也特別週到，在發射前，它有一定的程序，先是由聯合作戰中心下令準備，再經過射擊指揮官根據情況分配任務，以及發射台的安全檢查，等到目標區內完全清除以後，才能下令發射。倘中途有漁船闖入危險區內，這又將影響發射的時間，所以在試射時這些安全因素成爲極大的考慮，但是眞正有情況時，便沒有這種顧慮，在三分鐘內，便可把飛彈發射出去。

如果試射時沒有這種目標靶機，飛彈部隊另有一種叫做OFF SET的射擊方法，便是利用普通噴射戰鬥機向射擊目標飛行，到達某一點時，飛彈即予發射。但是飛彈發射的方向是朝着相反的方向，然後根據雷達所顯示之爆炸點，與飛機所達到之點，用地圖一摺合，即可知道已否命中，與使用靶機的功用一樣，是比較節省的辦法，過去在美國便曾使用過B二九來從事這種飛彈射擊的訓練。

在飛彈試射之前，記者訪問了飛彈營，發現他們無論是官兵，對這次試射都抱有極大成功的信心，所以飛彈營的官兵近來有二句口號是「八對八」，「二對二」，所謂「八對八」，是指八枚飛彈發射出去完全成功之意，「二對二」是連上官兵用的口號，因爲此次每連要發射二枚飛彈，希望二枚都能成功之意。

關於飛彈發射成功或失敗的因素，應該從兩方面來看，一枚飛彈發射的失敗，包括有人爲的因素和機械的因素，人爲的因素便是裝備保養不良或是檢查疏忽，機械的因素便是飛彈本身的毛病和雷達的失敗，根據歷次飛彈發射失敗的紀錄來看，機械的因素要佔百分之七十以上。

儘管飛彈發射有着失敗的紀錄，但成功的比率還是高達百分之九十以上，而且在經常注意檢查的情況下，飛彈的發射是沒有任何問題的。

今天，中國陸軍飛彈部隊是處於五分鐘的備戰狀態。如遇特別情況，還要臨時改變，例如艾森豪總統訪華時，他們有二個連便改爲「零秒準備」狀態，嚴防共機來襲，飛彈營的官兵，每當別人休息或有慶典之日，他們總是特別警戒。在平時，他們也是廿四小時在戒備，任何企圖偷襲的共機，都將難逃他們雷達的追蹤和被飛彈直接命中的厄運。

（五十年五月二十三日中華日報）

總統參觀飛彈試射側記

△飛彈第二次試射前夕，飛彈營的官兵，於聞悉總統、副總統及黨政軍各高級首長均要蒞臨參觀的消息後，個個興奮得徹夜難眠，特別是擔任發射的第二連，更認爲是無上的榮譽，一致表示要射個「二對二」給總統看。

△昨天淡水發射地區，天氣良好，能見度二十五哩，雲高二萬呎，海面風平浪靜，咸認爲飛彈試射以來天氣最好的一次，但是發射的前一天台北猶是傾盆大雨，而昨天早上雨過天青，豁然開朗，許多人都說，這次眞是托總統之福。

△九時三十分前，政府各首長及中外來賓均先後抵達參觀場，到得最早的要算是馬超俊，陳副總統是九時三十五分抵達。到得最遲的是莊萊德夫婦和史慕德司令夫婦，他們在簡報開始後才趕到。

△總統偕夫人於九時五十分乘車抵達參觀台，場內第二次吹立正號，大家肅然起立向總統致敬，第一次吹立正號是在總統未到前十分鐘，一面紅色中綴青天白日滿地紅國徽的統帥旗，由憲兵三人持進參觀台，大家起立向統帥旗致敬。

△昨天參觀台上臨時架起了帳篷，總統的座椅是放在最前面的正中，檯子上放着一份簡報資料，一份視察程序時刻表，和一副望遠鏡，從公路通往總統參觀台的道路兩側，分站着一排排雄赳赳的標兵。

△總統昨御五星上將陸軍制服，佩青天白日勛章，下車時，手扶夫人，頻頻向觀衆點頭，神情至爲愉快，夫人昨日穿銀底藍花長旗袍，戴白長手套，攜一白色皮包，腳登銀色高跟鞋，民衆爭睹風采。

△昨天飛彈發射前之簡報，由營長張德溥上校擔任報告，總統坐在座椅上，手托下巴，十分注意地聆聽着，背後羅總司令並不時向總統作補充說明。簡報於十分鐘內完成。

△坐在總統後面一排，靠右的蔣夫人和陳副總統夫人；靠左的是陳副總統，張秘書長和何應欽將軍。起先蔣夫人和陳副總統夫人都戴上了太陽眼鏡，手中搖着草扇。後來蔣夫人的頭上更戴了一頂草帽，把大半個臉都遮住了，太陽眼鏡則架在草帽的上面。

△發射前，目標機的操縱又發生了困難，張營長解釋得好，這種目標機，都是美國畢其公司派人來操縱的，在美國有一次發射了十六枚飛彈，卻用了廿一架目標機，話正說完，看樣子必須再發射一架，飛彈才能打得上去，但是飛彈第二連表現了他們的眞本領，用他們自己的雷達將那架不聽話的目標機抓了回來，導入軌跡，好讓飛彈順利射出。

△張營長說：一個飛彈的構造零件有十萬個，程序有一千四百個，大小螺絲八百三十二個，每個螺絲有廿五磅到一百廿磅不等的扭力，只要其中有一個螺絲的扭力不夠，整個飛彈

發射出去便會解體。

△十時三十分，目標機於距離七十公里，高度三萬五千呎，速度三百海里時，裁判員一聲令下，准予射擊，於是三十秒、二十秒、七秒、六秒、五秒、四秒、三秒、二秒、一秒，人們跟着時間一秒秒的消逝而愈來愈緊張，千百隻眼睛向正前方那架靠左的白色飛彈凝視，到最後轟地一聲，飛彈隨着它尾部所噴出的濃煙中，飛躍而上，直到消失於人們的肉眼前爲止。

△發射後的二分鐘，飛彈於距離七萬碼，高度三萬呎的高空爆炸，目標機被破片擊毀，效果良好，全場報以一片熱烈掌聲，總統從座位上起立，頻頻稱好，然後偕夫人步入後面休息室休息，未幾復出而接見在場參觀之菲僑生及回國僑胞六百餘人並作簡短訓話，訓話畢即巡視一周後乘車前往發射區視察飛彈各部門作業及設施。

△總統昨天始終以極愉快心情參觀飛彈發射，他深切瞭解飛彈營官兵對發射是具有成功的信心和把握的，所以他於視察發射基地時，即召見張德溥營長，面致嘉許之意，並很愉快地和擔任此次發射的第二連官兵合照留念。

（五十年五月二十日中華日報）

駕U2機偵察大陸記

謎樣似的U2飛行，它予人們帶來了多少有點神秘的感覺，直至目前爲止，有關U2的種種，依然被視作國家的最高機密，殊少有人知道。這個被侵略者視爲剋星的厲害傢伙，它能飛上九萬呎以上的高空，攝取敵人地面的工業和軍事設施，即使在夜間，它也能利用機上特有的紅外線裝置，攝取各種戰略照片，以作爲情報的判斷和預防可能的突襲之用。

中國空軍自民國四十八年十月以後，便開始對大陸的U2偵察飛行，下面的一篇動人的描述，便是一位中國空軍飛行員親身經歷的報導，它應當是自由世界第一篇描述U2飛行故事的文字。

它形狀像隻「醜小鴨」，因爲它實在醜，那不對稱的長脖子，不成比例的長翅膀，再加上那被漆得不調和的顏色，要說醜，它眞當之無愧，因爲是那麼地不流線，不對稱和不成比例，眞叫人看不出它是一架可以飛得起來的飛機。

那天早上三點鐘，氣象官和一位將軍，從氣象中心驅車回到基地，將軍的腦筋裡只有一件事——適時作戰，氣象官供應將軍前二個字，今天該算是「適時」了，無論是雲量、風向、亂流、結冰、霾等等因素，都適宜於一次作戰任務，於是將軍就告訴隊長，隊長就告訴他，他便走進了任務講解室，四十分鐘的講解，使他明瞭了今天的航路，在航路上的天氣情況，和敵我的那些地方的雷達在看顧着他，防空砲火和火箭飛彈部隊所造成的威脅，附近基地所有的米格機型別、性能，目標是什麼等等，這些事使他意想到自己又將要在執行一件並不太尋常的事情。

於是他開始忙碌地佈置起來，他先將一堆地圖剪成不一般大的一塊一塊，然後再用膠紙把幾小塊接成一長條，再把一長條捲成一個小圓筒，就在小紙筒上畫起紅紅綠綠的線條，緊閉着眼，將自己的腦汁，一滴一滴地注入在航線上，如何巧妙地避過飛彈雷達的掃描，如何在某一點作一個假的轉向，使敵人兵力注意到另一個地方去，如何在某處作一個小轉彎，以把敵人的攔截機甩到對自己的射程以外去，要在那裡加速，要在那裡減速，在忙碌中，他忘掉了自己，只是拼命地設法想保護他的「醜小鴨」。

他繼續運用着蠟筆、鉛筆、量角尺、兩腳規和計算尺，每一磅燃料的消耗，每一哩風的影響，每一度的變化，以及每一呎高度的昇降等等，都至少在他的腦筋和筆尖經歷三次的歷程。

鐘敲五下，他的準備工作完成了，將軍和其他幾位軍官們在圖板前坐定，他熟練地將他即將去做的每一個動作，每一件事情，像背誦似地講解一遍，航行官和情報官忙碌地核對他動作的正誤，一具紀錄用的錄音機在斷斷地作響，將軍滿意地點了點頭，伸出手來和他緊緊地一握。

六點多鐘，他身穿高空壓力衣，跨進一輛黃色的車子，以十五哩的速度，駛向停機坪，在那裡，是他那隻可愛的「醜小鴨」在斜眼瞅着他。

於是他跨進座艙，扣好肩帶和保險帶，再接上氧氣和無線電，他舉起右手的兩個手指在空中劃了兩個圈，按時啓動電門，發動機開始轉了起來，他把它滑向跑道邊，煞停了十秒鐘以和塔台連絡，然後進入跑道，加一半油門，然後鬆開刹車，再把油門加滿，當空速表指在一百一十浬時，輕拉駕駛桿，鴨子飛起來了，它以五十度的角度，直奔穹空的高處。姿態曼妙得像一隻天鵝，只輕抖了一下，他曉得已通過了平流層和同溫層的交界處，於是把空速撥到馬克數，以等音速的速度慢慢地攀昇。

一刻鐘過後，他開始「穿幕」了，海邊的雲在岸邊止住，座艙裡儀表板正中間的檢影鏡裡，顯明地列着蜿蜒的大陸海岸，他把飛機突然轉向正北方，逃脫了敵人雷達的監視。

攝氏零下六十五度的高空溫度，將座艙罩裡結成一層薄霜，他打開加溫器，熱氣發出嘶嘶的響聲，這時，他檢查了一下經緯儀的方位和地圖上的位置正指着我國北方的江河遼原。機頭前方隱約顯出一片綿延的山嶺，平地上枯萎的土和草，漸漸地被白色的積雪所代替，那白皚皚的一片，那一望無際的陸地，這便是祖國的山河，如今卻被中共佔據着。

他拿着自動駕駛儀，推着機頭，驟然急降高度，在一個低得可以的高度，通過了敵人的火網，照攝了幾張照片，穿過一群在它身旁掠過的敵機群，回歸同溫層的高位。

他完成了任務，開始折向東南回程了，他飛過黃色的菜田，又飛越了幾個大湖和幾條江河，最後出現在眼前的是那單調的，灰色的，冷靜而乏溫暖的汪洋大海，看來馬上就可以到家了。

罩在壓力頭盔裡，他不能用手去擦那額頭流下來的汗滴，只有用舌尖舐了舐嘴唇，霎了霎眼睛，這是那能放鬆臉部肌肉唯一的方法了。那具複雜的馬錶已經指着午後兩點，他實在餓了，而他到現在才有心情感覺到。

堡壘似的島嶼，矗立在海洋中間，他慢慢地降低高度，飛回基地，將軍和其他人們在停機坪等着，當他解開肩帶，悄悄地對「醜小鴨」說：今天我們合作得很成功，竹幕對我們無非是一個虛無的名詞，我們要去那裡就那裡，今天我們去過了回來，明天我們還再去，你覺得我們的旅行很有意義麼？

（五十二年四月一日中華日報）

投誠米格參觀記

中共米格機投誠來歸的消息，霎時便傳遍了全國和整個世界，給我們帶來了莫大的歡欣與鼓舞，一掃過去一週來舉國爲哀悼胡適的悲痛心情。

三日上午，距離米格機落地後的兩小時，記者便搭車趕抵××空軍基地，一睹這架來歸米格的眞面目，當時在場人們內心的興奮，實在是難以形容。

記者所乘的是國防部總政治部蕭處長的小吉普車，他是奉彭總長之命前往現場轉達命令的，記者和他正好在國防部大樓碰到，那時米格機投誠的消息已由彭總長正式宣佈，國防部大樓內的官員都在興高采烈地談論着這件事，個個眉飛色舞，我們在上午十一時三十分離開台北，朝××空軍基地以時速六十哩的速度飛奔而去，半個小時以後，我們便抵達××空軍基地的大門，經過蕭處長向基地連絡之後，我們終於獲准進入，參觀這架剛剛落地不久的中共米格機。

基地內的工作人員似乎顯得很緊張而忙碌，但是他們的臉上個個都掛着笑容，我們先到飛行員餐廳休息了一會，聽取基地負責官員對這架投誠米格經過情形作了一番簡單的報告，我們依然感到不滿足，斷斷續續打聽之後才得到一個完整的故事。

約莫在上午九時一刻光景，基地雷達站值班人員在雷達幕上發現了一個目標，正往台灣接近。

「不明機一架！」值班人員立即用電話向基地作戰官報告，同時台北主管空軍作戰的單位也得到這個情報。

基地上立時充滿着緊張備戰的氣氛，不到一分鐘，警報「噹！噹！噹！」的敲了起來，「緊急起飛！」那是基地指揮官的命令，霎時間，十二架F八六軍刀機分三批凌空而起，他們朝着指示的目標飛去，漸漸地接近了，「是一架米格！」機長發了命令，隊形遂告散開，這時那架米格，也發現我們的軍刀機，爲了避免誤會，它立刻搖動雙翼，這表示是來投誠的意思，我機會意，馬上便以四機前後左右引導着它，其餘的飛機便在高空掩護，以防有共機來追襲，這時基地上已得到空中的報告，說有一架米格機來降，於是立時緊急動員，救火車也都守候一旁，九時五十八分，這架銀灰色的米格十五噴射戰鬥機安全地降落了。

在地面通信車上的劉知龍上尉說：「我親見這架米格輕輕地便落地了，當時我心裡眞有說不出的開心。由於週率不同，我們無法和它取得連繫。」

米格落地之後，中共的飛行員便走下來了，他名叫劉承司，現年廿五歲，說一口的廣西國語，當他開始站在自由中國的土地上的時候，基地上很多人都圍着他，起先，他似乎覺得有點害怕，雙手也微微有點發抖，後來經過基地指揮官向他招手歡迎後他才略爲鎮定，他說：

「我眞高興……」，接着他便自動地把拴在身後的一隻手槍繳了出來，隨後便在負責官員護送下到某地去休息了。

雖然記者三日並未會見這位英勇投誠的中共飛行員，但是基地上有很多人都見到了他，他是一個中等身材，穿着咖啡色的飛行衣，頭上戴着飛行帽，他一面走，一面對李指揮官說：「我早就有投奔自由的意思了，今天我奉命作訓練飛行的時候，正好抓住有這麼難得的機會，偷偷地掉隊飛過來了。」

他告訴李指揮官說：「大陸上有許多中共飛行員都存有和他一樣的念頭，希望投奔自由中國。」

這位從十二歲便參加共黨組織的中共飛行員，他說：「我從偷聽廣播中得到邵希彥他們駕機投奔自由的消息以後，便決心要效法這樣做。」劉承司雖然已有廿五歲了，而且還是米格飛行員，但是他並沒有結婚，他家裡還有一個哥哥和一個嫂嫂。

當記者隨基地的政治部主任矯捷上校乘車去機場一睹米格眞面目的時候，心裡一直在想這是第一架飛到自由中國來的完好的中共米格機，這意義何等重要，特別是那位從小就受中共訓練的飛行員，今日也居然唾棄共黨回到自由祖國的懷抱，足見中共崩潰之日已不遠了。

我們經過一架軍刀機的前面，「嘿！這就是了。」一看這架飛機，比剛才所見的那些軍刀機它的機身要略爲小一點，全身銀灰色，漆着紅星和徽號一七六五，安祥地停放在那裡，十幾個空軍技術人員正在它的腹部下面工作着，拆卸機上的三挺機關槍，四周則佈滿荷槍實彈的警戒士兵。

據在一傍的我飛行員李根培上尉對記者說：「米格十五的機身較為輕巧，但很脆弱，在武裝方面它有一挺卅七m／m機關砲、二挺廿三m／m機槍，打起來速度很慢，不如軍刀機有六挺五〇機槍，發射起來散佈面大，命中率亦高。」

從外表看去，這架米格機保養得還好，它在陽光下面不時露着光亮，好像它也得了自由而微笑了。米格駕駛員劉承司透露說：「中共空軍只是在表面上講求保養，所以他們把機身擦得十分光亮，但是內部機件便不管了，所以過去常發生飛行失事的事。」

最妙的是這架米格的油箱上，也印有一幅標語對聯，左油箱上寫：「勤學苦練盛開五好之花」，右油箱寫的是「發奮圖強誓奪四好機組」，中間還夾了好幾個簡體字，若非經思考猜摸，根本就讀不順口，就是這樣一副對聯，也很難瞭解其眞意所在。

記者在米格機附近參觀了十餘分鐘，當離去的時候，技術人員還在那裡繼續地拆卸機上的武裝，各人的心裡都像打了勝仗一樣地高興。

（五十一年三月四日中華日報）

劉承司投奔自由，振奮大陸人心

三月三日，劉承司駕着一架中共米格十五型機飛來自由祖國投誠，這個令人興奮的消息，立刻傳遍了整個大陸，而且還迅速地反映到自由中國來。

從三月五日起，大陸的反共人民已開始向祖國寫信了，他們都爲劉承司的駕機來歸感到快慰，有的更要效法劉承司的精神，待機而起。擔任對大陸心戰廣播的中央廣播電台，連日已收到了十餘封大陸聽衆的來信，其中有遠自黑龍江寄來的，也有從青島寄來的，都是透過該台海外特設信箱，轉到自由中國來。其中有一封信更妙，乾脆就寫上台北某某郵箱，竟也爲漏網之魚，逃過中共檢查人員之手，而寄到自由中國來。

該台爲了顧慮那些寫信人的安全，對這些信都予以愼重的處理，可以公開發表的，都將原信的姓名地址予以保留，若干不能發表的，也都經記者一一過目，這些珍貴的函件，傳來了大陸同胞的心聲，希望政府能早日反攻去解救他們。

一封三月十日發自黑龍江的來信，這封信爲了避免中共的檢查，寫的是滿紙暗語，需要一個一個字拼起來讀，一遍不懂，再來一遍，經過該台專家細心的研究，才於信末發現了一句暗語，讀起來是「照劉講作」，意思是照着劉承司講的話去做。

另一封青島來信，是用英文寫的，信上說除了羨慕劉承司的英勇行爲外，我正等待兩隻翅膀長出來。據判斷這封信很可能是一位中共的空軍人員所寫，他所指的「正等待兩隻翅膀長出來。」意思是如有飛的機會，他便會設法過來，投入自由祖國的懷抱。

前天，該台又收到了六封大陸來信，經過記者的請求，該台允將其中三封自由摘錄其內容予以發表，在這些來信中，夾有很多暗語，非經專家解釋，不易爲一般人所瞭解，但大體上的意思仍是一目了然的。

這些大陸來信有一個共同的特點，那便是所使用的信封信紙，其紙質都相當粗糙灰暗，顯示大陸工業的落後，其所謂「工業」的宣傳完全是欺人之談。

三月五日用「您的三位弟弟」名義寫的一封信，是發自山東××縣的，開首便寫「大姐、二姐：您好？」（大姐、二姐都是該台節目主持人所用名稱）。函中說：「聽說你們的生意做得很好，一本萬利，我們也想參加一股，不過，我們做生意，一無本錢，二無經驗，但是我們有決心爲祖國爲人民貢獻所有力量，請姐姐今後在業務上多給我們指導幫助，最近我們想在本地聯系（繫）一些老商人和同行者，想把生意做得更大更好……」（這裡所稱做生意便是參加反共工作之意）。

「姐姐，聽說最近他老人家要回來（即指蔣總統反攻回去），我們感到萬分高興，我們希望他老人家今夏回來最適宜。我們盼望很久，他老人家回來調解消除家中的不幸。」

「姐姐，最近因爲天氣較好，我們經常在外做些小生意，沒有固定地址，請原諒，等到變天（情勢轉變之意）的時候，我們便定居了。最後讓我們攜起手來，在不同的工作崗位上爲祖國爲人民作出優良成績，我們有決心向劉、邵、高愛祖國愛人民的精神學習，並希您接信後速（回）音。」

三月六日有吉林和河北兩地的聽衆所寫的信，吉林省的那位用眞實姓名寫的其中謂：「……我在三月三日晚七時聽到劉承司的消息後，我眞高興極了，可能由於興奮的原因，我半夜沒有睡覺……」下面便寫請該台代找一位原在國軍服務的劉××，並謂「以後我再寫信時寫『小河』即是我，請你牢牢記住。」

河北省×地的一位聽衆在信上開始便寫：「譚二姐：您好，前來兩函，不知您是否收到？今欣悉共黨空軍某部劉少尉架（駕）馳（駛）米格型噴氣戰爭（鬥）機投奔自由祖國的消息後，使我感到萬分高興，這不僅是反共力量的增強，同時也是共產力量的削弱，共產政權早已搖搖欲墜，面臨崩潰了。」他接着寫道：「我是一個煉礦工人，無機可架（駕），無翅不能飛，但邵、高、劉等人的精神，是永遠值得效法。我在他們看來是一個『不可能改造的落後份子』，這早已定案了。我被它折磨得死去活來，不論在什麼場合（工作、學習、用飯），都離不開了共產份子的打擊和排斥，既然如此，咱不能光挨打，必須反抗。」他最後要求介紹參加同心會爲會友，「以免一個人的力量太小，遇有風聲波浪，不好招架……。」

在所有這些來信中，都以劉承司的駕機來歸爲喜。另外則在函內流露一片憤懣與反抗之情，當國軍反攻登陸之日，他們均將揭竿而起，共舉大業，爲反攻復國而奮鬥。

（五十一年三月十七日中華日報）

八一四訪飛虎暢談光輝戰史

在「八一四」空軍節前夕，記者特去訪問了七位現在台北的「虎將」，他們都是這個光榮紀念日的締造者。七人之中，有兩位是前輩英雄，亦是十五年前的今天首開紀錄擊落日機的飛虎將軍——柳哲生少將和金安一少將，其餘五位則爲後起之秀，他們的大名是劉憲武少校、梁金中上尉、潘輔德上尉、李忠立中校和尹滿榮中尉。五位小伙子在民國四十七年八月十四日，在馬祖上空合力擊落了三架中共米格十七型機，爲這個節日增添了無限的光榮意義。

談起這七位飛虎英雄，恰好代表着兩個不同的時代背景，前兩位是在抗戰時期，作戰的對象是日本軍閥，政府便以他們擊落敵機的日子，作爲空軍勝利紀念日，所以他們眞正是「八一四」的締造者；而後五位則在反共抗俄時期，作戰的對象是中共，由於他們的赫赫戰功，特別也是在「八一四」這天，可以說是把這個象徵空軍勝利的節日發揚光大了。

讓我們聽聽柳哲生少將的現身說法吧，這位曾經先後擊落敵機八架半而獲得廿四種不同勛獎的空軍元老英雄，當年他是隸屬鼎鼎大名高志航的第四驅逐轟炸大隊第廿一中隊，駐於河南的周家口。民國廿六年「八一三」淞滬戰爭爆發後，翌日即「八一四」，全大隊奉命南飛杭州以支援淞滬戰爭，他記得是那天下午一點多鐘從周家口起飛的，全部航程六百公里，約二個小時可以飛到，但因過蕪湖到天目山區上空時，沿途受天氣變壞的影響，只好降低高度，直到下午四時左右才降落杭州筧橋，這時他們所攜油量均將用罄，最多能再飛卅分鐘，但是他們降落後剛把飛機滑行停妥，航空站便發出了緊急警報，站長邢劃非報告有敵機十餘架即將來襲，要他們立刻升空警戒，等廿一中隊在隊長李丹桂領導下，九架「霍克」都先後升空，柳哲生飛的是二號機，緊跟着李隊長，其餘的是王文驊、金安一、苑金函、譚文、王遠波、劉樹藩和龔業悌，加上其他中隊的飛機，一時天空飛機很多，隊形也頗不規則，當他從錢塘江口的喬司飛回杭州附近時，忽然在雲端發現一架雙尾巴的不明機，也朝杭州方向飛去，遂斷定為來襲的日本飛機，當時他們在一起的有三架飛機，便同時瞄準向這架日機開火，沒有一會便把它打下來了。事後他們才知道那次空戰共擊落敵機六架，我機無一損傷，除了他們三人打下一架外，高志航、李丹桂等都分別創下擊落敵機的紀錄，這是中國空軍成立後不久首次參加國際戰爭所寫下的一頁光榮史蹟。

柳哲生少將今年已四十九歲，他不勝感慨地說當年參加「八一四」的，如今在台灣僅剩下他和金安一少將、王文驊上校和苑金函少將四人了，柳少將和他的家人，靜靜地住在安東街一幢西式平房裡渡着他恬淡的退隱生活。

現在在東港空軍參大受訓的金安一少將，亦是當年「八一四」的名將，他在年齡和期別上，都比柳哲生小了一截，但是他的飛行時數，卻超過了二千小時，從螺旋槳飛到F八六軍刀機，他的家中，便陳列有十多種他所飛過的飛機模型，可說是空軍裡一位經驗最豐富的飛將軍。

提起當年「八一四」的故事，他和柳哲生都是同時參加的，他回憶當時的作戰情形和現在比較起來，簡直是好像「玩馬戲」一樣，飛行員所使用的是一管〇·五口徑的機槍，不用氧氣罩，也沒有無線電話，連絡時搖搖翅膀，地面導航設備更談不上，一切既簡且陋，但是唯一值得回憶的便是當時的民心士氣和同仇敵愾的精神，個個冒險犯難，人人爭先恐後，一腔愛國熱誠，表現無遺，地方民衆更是狂熱支持，這是促成抗戰勝利的主要動力。

這位湖北當陽籍的飛將軍，他是出身於一個軍人世家。他說他們兄弟三人都是軍人，而且在四十七年「八二三」台海戰役期間又同時參加作戰，他親駕軍刀機率領部屬負責金門地區上空的支援任務。他的弟弟一在海軍，一在陸軍。就連他的一對孿生子，現也在空軍官校學習飛行，準備出山繼承父志了。

在四十七年「八一四」馬祖上空擊落米格機的領隊李忠立中校，他是五位年輕虎將中的老大哥，今年卅四歲，上海人，未婚，那天上午，他率領了隊員秦秉鈞、潘輔德、劉憲武、劉文綱、梁金中和尹滿榮六人，到馬祖上空執行巡邏任務，先後兩次遭遇米格的攻擊，第一次被擊退，第二次再度遭遇，我機立予還擊，雙方空戰約四分鐘，李忠立和秦秉鈞各擊落米格一架，潘輔德和劉憲武合擊落一架，造成擊落米格三架的輝煌戰功。

潘輔德上尉那天是最先發現米格來襲的第一人，今年卅一歲，上海人，四十八年結婚後，現已有一位活潑的小女孩，他最喜歡看電影，同時希望能飛一次「夢露腰」式的美國F一〇四型飛機。

和潘輔德合力打下一架米格的劉憲武少校，曾考取赴美學習F一〇〇飛行，現在總部工作，有一個美滿的家，生活得非常愉快。

梁金中上尉現在飛的是世界上最快速的F一〇四型機，這位溫靜而英俊的年輕飛行員，他說每飛一次F一〇四，體重都要減輕二磅，所幸恢復得很快，否則他不會長得又高又帥了。

最年輕的尹滿榮中尉，下個月內便要和柯蕙如小姐結婚了。他回憶四十七年八一四，是他離校後第一次遭遇到米格，想不到共機竟是如此不堪一擊，他希望將來能創造一次比「八一四」更大的勝利。

（五十二年八月十四日中華日報）

參觀海軍紀行之一

——海上干城

在對抗共產集團的鬥爭中，自由世界所處的地位，正是一個海權對抗陸權的形勢。特別是自由中國，它處在海權對抗陸權的前哨邊緣，因此，制海權的獲得與確保，對防衛台灣與反攻大陸的成敗，均具有決定性的因素。

記者於參觀海軍五天之後，從它的訓練裝備，後勤運補看到保養修護；從兩棲部隊看到作戰艦艇；從海上操演看到岸勤作業，得到有一個具體的印象是海軍年來由於美援新式艦艇的不斷增加，以及裝備之改良，再加上歷年來的嚴格訓練，它不僅已能完全掌握海峽的制海權，而且亦已完成反攻作戰準備，隨時隨地均能負起反攻先鋒的任務。

有「海上干城」之稱的中國海軍，爲了屏障台、澎、金、馬的安全，無論是在白天黑夜裡，無論是在風高浪急中，均在海峽巡弋，以便捕捉戰機，克敵致果。根據過去五年來的戰果統計：海軍艦艇總共巡弋一二、三三八艘次，作戰一〇二艘次，參加艦艇二四九艘次，擊沉中共炮艇六九艘，擊傷五〇艘，擊落中共軍機二架，傷四架，俘虜共軍十三名，摧毀共軍陣地十四處，砲七門。

經過海總一番妥善的安排，記者於廿一日上午自左營軍港登艦作了一次戰鬥的航行，是日晴空萬里，碧海無波，一支浩浩盪盪的強大艦隊，由三艘DD（驅逐艦）和三艘DE（護航驅逐艦）組成，另有三艘魚雷快艇和一艘拖靶船亦參與此次演習。演習項目包括有平面拖靶射擊，對空煙靶射擊，高線傳遞，多艦攻潛，平面偏向射擊和魚雷快艇假想攻擊等。

記者所乘的是三艘DD中之一艘，屬於「陽」字號驅逐艦，航速大，火力強，在演習平面拖靶射擊時，各艦對右側距離的八千碼的拖靶，用五吋砲射擊六次齊放，「磞隆隆，磞隆隆」，砲聲震得連艦身都咯咯作抖，一霎時，右後方遠處的海面上，激起一排排的水柱，當第一發修正偏差後，其他各發均告中的。對空煙靶射擊亦復如此，尤其是偏向射擊，兩艦互相對艦尾射擊，由對方射來的砲彈，正好都打到離艦尾不到十碼的海水中，如果目標距離和兩艦行進速度計算稍有差錯，便不能命中或甚至傷及艦身，這可證明海軍射擊命中率之高，才能在歷次的海戰中，屢創共艇，建立奇功。

在攻潛和防避魚雷快艇攻擊的演習中，各艦的運動，都須靠高度熟練的訓練和戰技，才能應付這種危急的情況。海軍在過去「九二」海戰中，一〇四號艦曾經猛力擊沉中共魚雷快艇十二艘之多，可見海軍戰技的精湛。至於反潛戰，海軍亦在經常不斷地訓練，雖然過去尚未遭遇到此種情況，但記者所參觀的多艦攻潛，三艘DE組成了一V字隊形，將潛艇置於包圍狀態中，使其無法逃脫，然後由尖端的一艘DE施放一個深水炸彈，將其殲滅。

除了作戰、訓練之外，對外島地區之運補，亦爲海軍之一大特色，海軍對金門、馬祖、烏坵、東引、東沙、南沙等外島地區運補人員物資任務，包括部隊換防和定期運補，總計自四十五年迄今，計出動運補艦艇達二、四三七艦次（不含護航艦艇），運補物資一、六三四、九六一噸，運輸人員一、一八〇、〇二九人。其他如兩棲登陸作戰演習，接運僑生，暑期青年訓練，航海協調、訪問、參觀、勞軍以及協助民間及盟友等運輸，亦均如期完成。

回憶在四十七年「八二三」金門砲戰中，海軍的運補船團，包括中字號、美字號、合字號各艦及大批的「水鴨子」，曾冒着中共猛烈的砲火，實行搶灘、卸下物資彈藥。一直等到退潮時才能離開灘頭，因此，海軍官兵，雖遭到傷亡，但均能不怕危險，不怕困難，更不怕犧牲，做到「有補必運，有運必達」的要求，終於贏得了第一回合的勝利。

在執行運補的任務中，這裡尙須一提的是海軍的岸勤作業人員，他們對於運補的成敗，關係最爲密切。岸勤人員在灘頭指揮搶灘與下卸以及各種救難作業，使執行運補的艦艇，能順利達成它的任務。

著名的海權論者馬漢，他把造船能力列爲一國海權的五大要素之一，此次記者曾參觀海軍一座規模最大的造船廠，獲得了極深的印象，亦可以說海軍的修造能量及設備，足以應付這一支強大艦隊之需。

海軍各造船廠所，分設在本省各地，其主要任務，在直接擔任各艦艇之修護保養及小型船艦之建造工作，間或應輪船公司之請求，代修商船或盟軍艦隻。

在左營的海軍某造船廠，機件設備至爲完備，其現有之乾船塢，浮船塢和船台，足可應付各種艦船，進塢修理。

中國海軍部隊，年來已日益堅強壯大，目前不僅足以擔負起巡弋海峽，保持制海權，使中共不敢越海進窺，而且在未來反攻大陸戰鬥中，足以配合三軍，完成越海作戰與登陸先鋒的任務。

（五十一年六月五日中華日報）

圖十五：海軍總司令黎玉璽上將頒贈記者「海軍之友」紀念章後合影，右一爲作者。

參觀海軍紀行之二

——陸戰先鋒

「水上策飛馬，灘頭建奇功；爲海軍收戰果，爲陸軍作先鋒。」這便是我們海軍陸戰隊的寫照，它是何等的氣慨！

陸戰隊是一支精銳、勇敢、和能擔當最艱危任務的部隊。因爲它是兩棲作戰的部隊。與其他兵種性質不同，於戰術的運用上，常常優先考慮使用他們，來完成登陸作戰的任務。所以陸戰隊的人員，應該是最勇敢善戰的，陸戰隊的裝備應該是最能發揮戰力的，陸戰隊的訓練應該是能合乎最新戰術要求的，這樣才能負起它們應負的任務。

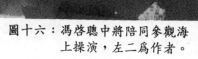

在美國，陸戰隊是直屬於海軍部長下的一個獨立兵種，它與陸、海、空軍並駕齊驅，由於美國陸戰隊戰功彪彰，無論在二次大戰和韓戰中，陸戰隊均有極優異的表現，所以國會對陸戰隊的撥款，也是特別優待，只要是陸戰隊提出的要求，國會是無不通過的。

圖十六：馮啓聰中將陪同參觀海上操演，左二爲作者。

中國陸戰隊雖然是一個新興的部隊，但是經過過去十三年的孕育成長，至今已成爲一支

堅強壯大的兩棲作戰部隊；且由於歷次戰役的考驗與訓練演習的表現，使中外人士對這一支年青和充沛活力的部隊，都寄予莫大的期望。

在美國人的心目中，陸戰隊的官兵個個都是英雄。四十二年秋，我陸戰隊參加突擊東山島之役，他們作戰的英勇，首次給國人留下一個極深的印象。是役中，陸戰隊的一名戰士王國林，在東山豎起了第一面國旗，他在插旗中雖告光榮負傷，但是他的英勇行爲，不但鼓舞了官兵們的士氣，而且更使敵人望風披靡，紛起投降，收到登陸作戰的預期效果。

又在四十七年「八二三」金門砲戰中，共軍瘋狂砲擊，使我運補船團無法接近金門島，於是陸戰隊的LVT部隊，奉令負起運補金門的任務，他們不怕艱苦，不畏犧牲，終於突破中共砲火封鎖，將物資補給源源運達，使前線軍民獲得後方之支援，士氣大振，卒以粉碎中共攫取金門的陰謀。此役中，由於LVT部隊官兵英勇果敢之戰鬥精神，榮獲了總統頒授的一面榮譽旗。

最使人印象深刻的，是陸戰隊在去年「襄陽」演習中的表現，除了初期的兩棲敵前登陸，他們更擔任了最艱危的懸崖攀登與山地作戰，同時，他們亦接受了內陸推進的任務，在各項演練科目中，陸戰隊的官兵有如生龍活虎，充分發揮了他們「不怕苦、不怕難、不怕死」的三不怕精神，實踐了「永遠忠誠」的隊訓。所以總統於親校「襄陽」演習後說：「襄陽演習以陸戰隊爲最好。」

從以上的事蹟來看，陸戰隊的官兵是經得起戰爭考驗的。他們有適應任何戰爭形勢的能力，將來反攻大陸，必能擔負登陸先鋒的任務。

在南部左營陸戰隊的基地裡，記者曾參觀了一個LVT營，這個營便是在「八二三」砲戰中灘頭建奇功的部隊。廣場上，數百輛LVT「水鴨子」，整齊地排列在那裡，一眼望去，陣容壯觀異常，每輛「水鴨子」前面，都雄糾糾地站着一位正駕駛和一位副駕駛，從他們嚴肅的臉部表情，可以看出他們個個都是勇敢沉着的戰士。這時記者的腦際不禁亦會浮起當年他們駕着「水鴨子」，滿載物資，在共黨熾盛炮火之下，一舟波一舟波地駛向金門搶灘時的情景。

今天陸戰隊所使用的「水鴨子」，已和從前「八二三」時期所使用的不同，在性能上較前優越，不再有進水和被風浪傾覆的危險。

一個陸戰隊員，他所需的戰技是多方面的，而射擊又爲全隊一致強調的重點，記者於參觀射訓隊步手槍特技射擊後，對陸戰隊官兵的射擊技能，表示無上的欽佩。

射訓隊是負責陸戰隊全隊之射擊訓練，去年該隊曾完成數千人之射擊訓練。

特技射擊表演開始時，先爲標語射擊。原來標語都是捲起來的，第一槍打去，上聯標語隨即飄下，顯示出「歡迎記者團」，待第二槍一響，下聯標語隨即顯出「蒞臨本隊參觀」字樣，紅布白字，迎風招展，頗爲新穎吸目。

其他表演，包括有飛汽球射擊，罐子目標射擊，陸空照明射擊，雞蛋射擊以及手槍反、臥、仰、俯等姿勢射擊，均能百發百中，令人叫絕，其中尤以雞蛋射擊，因距離約有廿公尺，目標過小，射擊時由另一人手持木架，上置雞蛋三枚，再由射手用手槍瞄準，眞可謂彈無虛發，原來這位神槍手，他就是射訓隊的助教戴兆智上士，曾獲世運選拔賽第一名，中美聯合射擊賽手槍亞軍和步槍冠軍以及四十九年全陸戰隊射擊比賽手槍冠軍，在不久即將舉行的三軍射擊比賽中，他又將代表陸戰隊前往參加爭取全隊的榮譽了。

記者訪問陸戰隊時，發現其部隊中推行一種「單位士官長制度」，此在國軍各部隊中，尚屬首創。單位士官長的職責，他是該單位主官的參謀之一，負責督導全隊士官和戰士。除軍官外，陸戰隊的單位士官長亦卻持有一根「威武棒」，同時單位士官長在高級官員蒞臨視察時，必隨單位主官陪同視察，並隨時提供該單位有關之各種資料。

在訓練方面，陸戰隊的官兵在過去數年來，已不是單純的兩棲登陸訓練所能滿足得了，爲了擔負未來更艱鉅的任務，他們已先後完成了山地訓練，跳傘訓練和游泳訓練，可以在各種特別的地形和環境中進行作戰。

由於近年兩棲作戰的戰術思想已演進到「垂直包圍」的境界，且此種新戰術思想亦已在中美「藍星」大演習中獲得了試驗性的成功，兩棲作戰已不僅是水面和地面上的運動了，它已發展到空中，即用直升機載運陸戰部隊實行敵後登陸，而與地面登陸部隊配合。對敵遂行垂直包圍。這種新戰術思想，我陸戰隊已能完全接受，他們正朝着這個方向邁進，不久的將來，陸戰隊將可獲得美援大型直昇機數架，以配合此一新戰術之裝備需求。此後我陸戰隊將有如虎添翼，所到之處，共軍皆要望風披靡了。

（五十年六月六日中華日報）

參觀海軍紀行之三

——海軍的搖籃

海軍是代表國家權力的無限擴展，從十九世紀以來，海權思想即普遍受到各國的重視，因此各國對海軍的經營發展，不遺餘力。一次世界大戰後，英國之所以能獨霸世界，即因其擁有強大的遠洋艦隊，及至二次大戰，美國海軍隨之迎頭趕上，戰後取英國而代之，成爲世界最強大的國家。

就歷史而言，中國之有海軍雖不過爲近百年之事。但是隨着時代的進步，科學與工業的發展，以及國防軍事上的需要，經營海軍，已成爲一長時期的工作。今天，中國海軍不僅已具備完善的規模，而且在教育與訓練上，更能日新月異，爲海軍作育大批的人才。

海軍在教育與訓練方面，是屬於整個國軍教育體系的一環，有它自己一套完備的學制。從海軍官校四年制的基礎教育開始，進入專科學院三年制的深造教育，以迄指揮參謀大學和三軍聯大，循序漸進，按步就班。此外設有士官學校，訓練海軍的基層幹部，以充實新生戰力。

記者此次曾以一整天的時間，分別參觀了海軍專科學院，海軍官校和海軍士校，對它們教學情況獲有極深刻的印象。

海軍專科學院以異軍突起的姿態出現，它的前身便是海軍機械學校，於四十五年七月一日改組成立，該院現設有工學部和兵學部兩大部門，在工學部方面，計有電子、造船、機械、電機、氣象、土木、建築各工程學系，招考對象爲海軍官校畢業之尉級軍官。修業期限爲三年，兵學部方面計有兵學班、補給班、輪機班和通信班等班次，由海軍總部指調現職兵業科受訓，畢業後派至陸上或艦上擔任較高之職務。

海軍專科學院可以說是一個講求經濟實效的學校，它並不諱言以其現有之設備，力足以擔負如此廣泛的科學工程教育，故自四十八年以來，即委託成功大學代訓該院土木、機械兩系之學員，在軍事學校來講，此種委託代訓制度尚屬爲一創舉。

雖然建校歷史短，但是該院學員的研究風氣值得大事讚揚，由於這種良好的研究風氣，所以也克服了若干設備上的困難，而且在學術的成就，往往駕乎國內各大學之上，以清華大學研究所來講。該院畢業學員投考錄取率是佔總名額的百分之五十，再以四十九年清華交大研究所選派研究員赴美深造而論，海軍亦佔相當名額，又該院已畢業之造船人員，除大部份服務海軍外，部份外調借用於殷台公司，交通部及造船學會等機構，此等人員學術上之造詣，均獲有極佳之評價，此足以說明海軍專科學院在教育上之貢獻。

日新又新的海軍官校，年來極爲國人及盟邦友人所矚目。這一培育海軍軍官的搖籃，自卅九年遷來左營之後，在歷任校長精心擘劃之下，現已規模大具。該校歷屆畢業之學員，皆成爲今日海軍之骨幹，和揚威海上之英雄。

該校教育是航輪兼習制，在四年的教育時間中，共分爲八個學期和四次暑期訓練，每學期實際授課十七週，每次暑期訓練八週，寒暑假各二週。在課程重點與比例上，第一、二學年着重社會科學及自然科學；第三、四學年着重海軍科學及政治課程。課程比例爲社會科學佔百分之廿四，自然科學佔百分之四十五，海軍科學佔百分之廿六，其他佔百分之五。

在教育設備方面，經年來不斷擴充，已達到最新的要求，該校現在與建具有教室卅二間之大樓一座，可供千餘學生上課之用，其原有之各系專科教室及實驗室數十間，均已添置大批器材儀器模型和圖表，此外該校並增設文史教室，政治教室，英語教室和星象儀教室各一間，至學生之生活環境，起居作息，亦諸多改進。

海軍官校歡迎有志青年投考，其招生時期爲每年暑期，凡高中畢業，年齡在十七至廿三歲之未婚青年皆可報考，錄取後在校期間，由學校供給服裝、膳宿、圖書儀器，並照規定月給津貼，畢業後任官海軍少尉，並授予理學士學位，服務一年經考選成績優良者，尙可保送赴國外各院校深造。

記者在官校並參觀最近始落成的海軍史蹟館，其內部所陳列之史料文物，彌足珍貴，使人對中國海軍艱苦締造之不易，益發令人深省。

海軍士官學校可以說是一個純技術性的學校，舉凡艦上的各種專業人才，它都負責訓練，因此，該校班次名目繁多，包括航海、砲儀、油機、機械、雷達、聲納、電工、電機、電信、汽機、船工、帆纜、槍砲、信號、行政、補給、衛生、譯電、印字電機、鍋爐、食勤、測量、氣象等廿三科之多，所以有人說：只要從海軍士校畢業，他便是一個有用的技術人員，不僅在艦上如此，即到社會上也可很快地謀到職業，所以過去幾年來，投考海軍士校的青年已由數百人增至千人以上。

以上士官各科，招考初中畢業以上志願青年與常備兵。該校另有新兵三科包括搶帆，輪機與事務，招考具有初中肄業或小學畢業程度之志願青年及常備兵，各科之訓練時間因科別而異。士官訓練時間最長有達一年者。

記者對該校教育設施之完備，每一課程均有器材供學生實習，其實驗專科教室共有五十五間之多，例如打字訓練，該校即有英文打字機百部。供學生練習，無線電收發報訓練亦復如此；而英語訓練，更合乎科學，與美國最新之語言教學，相較並無遜色。

在參觀海軍各校之後，記者感到今日軍事教育之進步，已融科學、兵學、哲學於一體。因此所培養之學生，皆爲允文允武術理兼修的現代軍人，對三軍之強大，有其直接的貢獻。

（五十年六月七日中華日報）

「九二」海戰英雄譜

今天是「九二」海軍勝利紀念日，在民國四十七年台海戰役裡，中國海軍以寡敵衆，打了幾場非常漂亮的勝仗，使得運補金門的任務圓滿達成，終於造成了整個台海戰役的光輝勝利。

從台海戰役的勝利，我們可以發現一個事實，即近代戰爭，如果沒有優勢海空軍的支援，則地面部隊的作戰，將是十分困難的事。尤其金門的地理位置，是在大陸的邊緣，遠離台灣，因此作戰的糧彈運補，便完全要由海軍來承擔了。

然而，運輸的任務並不那樣單純，「八二三」的炮聲一響，金門島群幾乎全在中共炮火籠罩之下，同時中共也出動了他們的海軍，沿途攔擊，因此我海軍不但要衝過敵人的封鎖，把補給品運上岸去，而且還要負起艱巨的護航任務。九月二日，似乎是中共海軍的厄運到了。也是我海軍大顯身手的日子，一艘一〇四號艦，在料羅灣與共軍十餘艘魚雷艇激戰，結果被我擊沉五艘，重創兩艘，創下了空前的輝煌戰果。下面便是當時參與這場激烈海戰的九位英雄，在海軍總部的安排下，與記者暢談他們當年的光輝戰果。

姚道義上校，他是海軍的支隊長，當年他的支隊便是擔任金門地區的護航運補任務。「八二三」炮戰發生後的第二天，以及九月二日的料羅灣海戰，他都親率屬艦與優勢的中共炮艇群作戰。當時在料羅灣海戰中以單艦建奇功的一〇四號艦，便是隸屬於他的支隊。他說，自從那次中共的魚雷快艇慘敗後，中共的艦艇便不敢再來冒犯了。他歸結「九二」海戰的勝利，第一是指揮官黎玉璽上將親自率艦作戰，鼓舞了海軍的士氣。在搶灘時黎總司令曾對他們說：「誰去，我跟你們一起去！」因此官兵個個奮不顧身，冒着陣陣砲火，搶灘登陸，把補給品源源運送上岸；第二是海軍冒險犯難、團結合作、互相支援和發揮戰力的傳統精神；第三是記者亦親上前線採訪，筆桿和槍桿配合作戰，因而創造這一光輝的勝利。

這位因指揮海戰而建功的支隊長，半年前，他已調爲一艘驅逐艦的艦長了，每月有大半時間，都在海峽擔任巡邏。他說，有很久都沒有發現共軍艦艇活動了，但是他說，中共海軍亦非常狡詐，雖然不動也可能動，我們隨時保持備戰，準備再創造一次更輝煌的勝利。

劉溢川中校，當年他便是使中共海軍喪膽的一〇四號艦艦長。這位在「九二」海戰中扮演勝利主角的英雄，他追憶這場激烈的海戰經過。九月二日凌晨，剛剛是午夜過後不久，一〇四號艦正在金門西南的料羅灣外巡弋，靜靜的海面，正是萬籟俱寂的時候，誰也沒有想到一場激烈的海戰，就在那裡發生。但是一〇四號艦上的官兵，人人機警，個個備戰，突然間有人發現在前方不遠海面上有一群模糊的黑點，朝我方移動，速度很快。劉艦長得到報告後，立刻上指揮塔觀察，判斷那是來偷襲的共軍魚雷快艇。一時黑影愈來愈近，數數計有十二艘之多，雙方距離只有九百碼，就是手槍步槍也可以打得到，他見事機迫切，立即下令開砲，共艇見我有備，亦不放過機會，一口氣便發射了十六枚魚雷，向我艦攻擊，並以包圍姿態，朝我艦逼近，均經我艦避過。當激戰中，全艦官兵士氣如虹，縱在傷亡枕藉之時，仍能前仆後繼，視死如歸，當艦上官兵相繼壯烈殉職，艦橋上僅留下劉艦長單獨一人，一時血肉橫飛，彈落如雨，他仍堅定如恆，沉着指揮，迨雙方距離愈益接近，幾進入肉搏狀態，他眼見傷亡累累，瘡痍滿目，悲憤已極，曾一度下令撞船，冀與共艇同歸於盡，雖因艦體受創過重，速率降低，而未能如願，但其犧牲心與大無畏精神，終使共艇狼狽而逃。是役共擊沉中共快艇五艇，重創兩艘，一〇四號艦在我友艦趕抵支援下，脫離重圍。當時戰況之慘烈，爲海戰史上所無。當他們回航時，一艘美國運輸艦派了一小隊人前來救助，他們簡直不相信他們是怎樣戰勝的。美國水兵個個翹起了大姆指，都說中國海軍眞了不起。

劉艦長於敘述海戰經過時，盛讚本省充員戰士的英勇。他說，他的艦上有一半都是充員戰士，他們充分表現前仆後繼的英勇作戰精神，例如一個炮手陣亡，副炮手立刻自動接上去，繼續發揮火力，作戰到底，終於獲得了決定性的勝利。

李仕材中校，他是一二三號艦艦長，在海戰中曾支援一〇四號艦及另一艘四二號艦脫離重圍，同時那天他的軍艦於協同四二號艦掩護運補艦艇卸載之際，亦遭到共艇群的圍攻，他和四二號艦奮勇應戰，合力擊沉了中共魚雷快艇六艘，創下了輝煌戰果，爲「九二」海戰增添無限光彩。

徐明光少校，他是二四九號登陸艦艦長，四十七年八月廿七日晚，他率艦在金門搶灘，冒中共猛烈炮火射擊，達四十五分鐘之久，圓滿達成運補任務，是粉碎敵人封鎖金門迷夢的第一艘運輸艦。後來他於九月二日又送記者前往金門採訪，艦在料羅灣距金門約六七千碼處拋錨。那天晚上，適逢中共砲火猛烈射擊，他在艦上目睹金門上空火光一片，蔚爲奇景。

此外，另有五位海軍士官，他們都是在上述各艦服務，參加「九二」海戰而建下奇功的。涂其發下士、葉杰下士和吳自強下士。中國海軍有了這些勇敢善戰的官兵，必能發揚光榮的「九二」精神，和創造更大的戰果。

（五十二年九月二日中華日報）

圖十七：「九二」海戰四週年紀念與黎總司令合影

訪艦長英雄陸亞傑上校

海軍是他的事業，艦上是他的家，榮譽是他的生命，這是艦長英雄陸亞傑海軍上校的偉大抱負。

這位以率領「咸陽」艦赴美國舊金山參加第三屆太平洋節而揚威海外的艦長陸亞傑上校，當選為本屆克難英雄，他在英雄館內的休息室，和記者暢談他率艦訪美的經過。

太平洋節是定在每年的九月裡舉行的，參加的國家，包括太平洋地區的四十多個國家。但是要若干國家派艦去參加，還是去年太平洋節的一個特色，同時被邀請派艦的國家尚有日本、韓國、菲律賓、印尼、澳洲、智利、秘魯等十二個國家，可是最後有能力派出軍艦去參加太平洋節的，還只有我們一個國家。

陸艦長說：他接到命令升火出海的日期是去年八月十五日，當時他的心情既興奮又沉重，興奮的是能代表國家首次率艦出國訪問，沉重的是躭心任務如此重大，但為了爭取國家的榮譽，他和全體官兵都抱着只可成功不得失敗的信心。

他說：他們訪美參加舊金山的太平洋節，具有三個目的：第一是敦睦邦交；第二宣慰僑胞，第三報導進步情形。他從八月十五日出發，越過浩瀚的太平洋，到九月六日始抵達舊金山，停靠在四號碼頭。陸艦長舒了一口氣說：一次長途的航行，不是一件簡單的事，這需毅力和信心的考驗，才能做到。他舉出一個例子來說明，當他的軍艦在駛往美國途中，於離開夏威夷後，即發生航海官突患急性盲腸炎的事，在艦上醫藥設備簡陋的情況下，他終於想出一個辦法，打電報給美國海軍求助，美國海軍收到電報後，立刻命令巡洋艦洛杉磯號兼程趕往，用高架線把這位患急症航海官接了過去，予以開刀救治，才算救活了他。

太平洋節是去年九月九日開始，到九月十八日結束，在這段期間，他們參加遊行，開放軍艦，任人參觀，對於當地華僑精神鼓勵作用很大。

陸艦長於追憶那次在舊金山市區的遊行，真可謂萬人空巷，盛況空前，他們全艦官兵都出動了，分別組成護旗隊、儀隊、國旗隊和徒手隊，浩浩蕩蕩，通過舊金山市最繁華的一條街道「市場街」，贏得了不少美國人的歡呼。由於這次遊行，他們獲得了金像獎，同時也獲得了舊金山市長克利斯多夫的贈鑰。

在舊金山，陸艦長還利用餘暇，去訪問了一位曾任第七艦隊司令的基維德中將，基維德中將現職是美國西太平洋海疆司令，他是自由中國的好友，他於獲悉自由中國派出一艘軍艦來參加太平洋節，表示十分欣慰，他於接見陸艦長時說，他希望舊金山能成為國際海軍的母港，大家在此求得瞭解與合作，以增進世界和平。

陸艦長在南部有個溫暖的家，他有五個孩子，最大的女孩十三歲，最小的一個只有八個月，他擔任咸陽艦長雖僅不到二年，但根據他過去服務海軍，身歷大小各次戰役，以及這次率艦出國，揚威海外來看，他不僅是個出色的軍人，而且也是個無銜的「大使」哩！

（五十二年九月廿日中華日報）

金門英雄任亨貞少校訪問記

任亨貞少校是來自金門前線的廿九位英雄之一，他是聞名中外的金門某部「成功」隊（即蛙人隊）的隊長，在他手下，有着一批水底蛟龍的蛙兵，在前線擔任各種特定的艱危任務。當記者昨天午後到英雄館去訪問他的時候，他正好走出房外，記者在他房間內坐候了一會，才由另一位同房的英雄把他找了回來。

話匣子打開了，他把自己沉浸在過去一些勇敢而動聽的故事中，從那些談話裡，記者知道他是一個負責、勇敢、機智和堅定的指揮官，有着各種實戰的經驗，和圓滿達成任務的信心。他的被推選爲本屆國軍克難英雄，主要事蹟是領導所屬執行敵前巡邏、搜索、運補共千餘次，截捕共方船艇，擔任海上緊急救難，均能達成任務。

他說：目前「成功」隊最主要的任務是防止共軍蛙人之活動，以確保我海岸之安全。爲了執行這項任務，他們經常駕着橡皮膠舟，在距共軍控制下的大陸海岸不到二千公尺的海面上巡弋，以監視共軍蛙人的活動，和獵取一些軍事情報。

過去一年來，他們在截捕共方船艇的工作上有了很大的成就，任少校舉出了三個事例，他說其中最驚險的一次要算是十一月十八日那次了。那天，他在部隊觀測所，從望遠鏡中發現了東碇海面有一個很大的黑影子在蠕動，根據判斷，可能是爲共軍的一條大木船，他的上級部隊長爲了捕獲這艘船隻，立刻一個電話打到他的部隊，要他馬上派艇去把它捕回來，任少校當時便遵照這個命令去行事，一隻膠舟，開足了馬力，像箭一般地駛離了港口，開向指定的目標海面，不到卅分鐘，他的膠舟便追上了那條船，幸好它是一條無武裝的共方木船，上面載着乘客廿三人，所以很快地便把船上的共幹制服了，這條船被捕獲後，便朝金門方向拖，在距金門本島不到四千公尺時，突然被對方共軍發現了，砲火像雨點一般朝着他們射擊，前後左右海水被砲彈擊起數丈高的水柱，在此種危急情勢之下，任少校當機立斷，決心把船上的共幹帶到橡皮膠舟上，而把那條木船和其餘乘客都釋放了，後來，他們終於突破共軍砲火封鎖，把俘虜安全地抓了回來。他說如果一定要把那木船捕回來，恐怕早已人船兩亡了。

其餘的二次截捕共船任務，也都先後順利達成，一次他們捕獲了中共公安警察一名，人船兩獲，另一次就是去接應由廈門泅水來歸的反共義士陳旺理等三人，也都是在很危險的情況下達成了任務。

「成功」隊的活動似乎是多彩多姿的，他們除了擔負搜集、運補、截捕共船、搶救傷患和接送我方工作人員外，還負起最前線的心戰任務。例如在去年雙十節前夕，他們便趁月黑風高的晚上，到了三擔四擔和檳榔嶼的孤島上，把美麗壯麗的青天白日滿地紅國旗插了上去，在翌日國慶節，那三個無人孤島上便飄起了我方的國旗，但是十月廿三日，共方實在看不過去，便派了蛙兵把我方國旗取下代之以中共的污腥旗，這時我們的成功隊員也不服氣，過了兩天，不顧共軍可能預置的陰謀，冒着惡劣天候，又把國旗換了上去，正當離開那些孤島返防的時候，共軍砲火便一陣密集地射了過來，幸好只是相隔數分鐘的時間，沒有遭到暗算，任少校說到這裡，還暗自慶幸了一番。

所以他說：在執行這些任務中，「成功」隊任務的成敗，影響士氣很大。不過他說：從他們擔任任務以來，沒有一次是失敗的。他們之被稱爲「成功」隊，是當之無愧的。而任少校之領導有方，亦是他們成功之唯一要素！

（五十二年九月廿七日中華日報）

軍中文化的奇葩

——陸軍文化示範連

去年自由中國文化界響起了「文藝到軍中去」的熱烈口號，隨即他們便以行動來實踐這個偉大的號召，許多作家、畫家、劇人等，冒着溽暑不辭辛勞地到國防部舉辦的軍中文化示範營去擔任各項實際的指導工作，和大兵們在一起唱、一起寫、一起畫和一起表演。把文化的種子散播在軍中，也帶走了許多軍中寶貴的資料，介紹到社會上去，讓大家能了解官兵的心理與需要，促進社會文化，同時渲染戰鬥與實踐克難的色彩，使其匯合成爲一股民族精神力量的巨流，走在戰鬥的先頭，擔負起反共抗俄文化戰的任務。

文化示範營的創辦，在去年已收到了預期的效果，播下的文化種子，慢慢在軍中生根、發芽和長成起來，經過一年後的今天，陸軍文化示範連在同樣要求下創辦成立了。

陸軍文化示範連成立在今年六月上旬，是陸軍總部臨時指定新竹某地駐軍的一個連來擔任，他們的水準也和其他陸軍部隊一樣，經過三年來的識字教盲，一般戰士水準普遍迅速的提高了，其中更有十多個戰士已進到高中的程度，他們現在已不再是老粗了，而是十足的允文允武的革命軍人。

一百多個文化戰士生活在詩情畫意的自然環境裡，他們雖然在擔負文化示範的工作，但仍不放鬆戰技的訓練，每天的生活都是緊張熱烈而愉快的，雖然整整一個上午的操作，使他們不免疲勞，但午睡過後，他們卻又精神抖擻，興趣盎然。從下午到晚上做着文化示範的各種活動，計劃指導組的同志更有日夜地爲他們策劃，要在這短短四週內完成全部「兵唱兵」、「兵寫兵」、「兵畫兵」、「兵演兵」的工作。

文化示範連的戰士們赤誠的響應領袖四十一年元旦文告中的文化改造運動，以「明禮義，雪恥復國」作爲實踐總目標，以達成領袖這一訓示的要求，重整中華民族五千年光榮悠久的歷史文化，恢復民族固有的道德，以淬厲民心士氣，早日完成國民革命第三任務。

在文化示範連一次文化座談會上，許多戰士都發抒了他們內心要想說的話，其中有位劉戰士說：「文化是我們的民族命根，中共在大陸上摧殘文化，便是在挖我們民族的命根，毀滅我們中華民族，使我們同胞做俄寇的奴隸牛馬，我們黃帝的子孫是決不肯與他們甘休的……」。又有一位趙戰士接着說：「軍中文化是培育戰鬥的源泉，我們要想一以當十，打垮中共，就必須使文化在軍中生根，我們要把自己變成一顆文化的種子，散播在我們的國土上，散播在四萬萬同胞的心上，開出一朵象徵民族精神力量的堅實花朵，這樣我們的國家永不會亡！」這一篇慷慨激昂的話，立刻獲得了滿屋子的掌聲。

文化示範連的活動是要在四週內完成「兵唱兵」、「兵寫兵」、「兵畫兵」、「兵演兵」的四項中心示範工作。他們是這樣在做：

兵唱兵：一支馬賽曲，能激起法國大革命的浪潮。項羽的千萬雄師，潰於四面楚歌之中。可見音樂力量之大，誠如一位戰士說：「我們要用歌聲去唱垮秧歌王朝！」戰士們似乎特別有歌唱的天才，短短十數個小時，便學會了五支軍歌，又在音樂演奏會上，他們用洋琴、豎琴、二胡，奏出「雨打芭蕉」等名曲，音調之美，令人神往，而這些樂器卻都是克難自造的。

兵寫兵：不祇是兵來寫兵和寫給兵看，進一步的他們還要寫出戰鬥文藝給社會看。他們除每天都記日記之外，還自己編寫壁報，練習專題寫作和實習做軍聞通訊員，有些寫作能力強的戰士寫出的作品，他們經常投到自己的軍報或其他報紙副刊去發表。

兵畫兵：「一幅漫畫的效力勝過一萬字的宣傳。」因爲漫畫簡潔生動，一看便能明瞭，所以戰士們特別喜愛，但他們過去對此雖無特殊修養，也沒有像畫家所用那樣多的畫具，但他們憑一枝鉛筆，幾張白紙，卻同樣能畫出戰士們所想要畫的東西，充份表現崇高的理想與戰鬥的精神。

兵演兵：演員是自己，觀衆也是自己，每週的晚會，他們一直是自己表演給自己看，缺乏女演員，便「克難」一下，找個面貌清秀和身段適中的戰士，借一套小姐的衣裙，包一塊頭巾，抹點脂粉，擺動幾下身腰，居然也能引起戰士們的莫大興趣。

總之，他們一切在克難創造的大前提下，眞正做到了「兵唱兵」、「兵寫兵」、「兵畫兵」、「兵演兵」的要求。

現在，陸軍文化示範連本年的工作將告結束，但這顆種子，代表着希望的果實，等到明年今日，一定會有更多的文化奇葩在軍中出現，六十萬的國軍官兵人人都將是鬥志昂揚的文化戰士，將中華民族五千年優秀的傳統文化孕育成一股無窮的戰鬥力量，爲維護中華民族的歷史文化而戰。

（四十二年七月二日中央日報）

百尺竿頭，更進一步

——國軍推行「更進一步」運動二週年

國軍自推行「更進一步」運動以來，到昨天已整整兩週年，在這兩週年紀念之日，參謀總長彭孟緝上將對特著績效業務的單位頒獎，並表揚廿四位志願留（入）營的特優官兵，使此一運動，掀起了令人矚目的高潮。

什麼叫做「更進一步」運動？顧名思義，就是取法於「自強不息」與「日新又新」的精神，使國軍確能「百尺竿頭，更進一步」。

國軍在台灣雖然經過了十二年的整軍經武，各方面都有長足的進步，但是爲了贏取最後勝利，三軍必須繼續努力，再求進步，而一個團體的進步；又有賴各級領導幹部的品德才能是否健全，故「更進一步」運動在推行之初，國防部曾決定了以下三大目標：

第一、培養各級幹部主動積極領導統御的才能，更進一步。

第二、激發各級幹部勇於負責協調合作的精神，更進一步。

第三、講求各級幹部有效管理人員財物的方法，更進一步。

在國防部督導推行之下，「更進一步」運動推行兩年來已獲有極豐碩的成果，在無形方面，最具成就的是國軍各級幹部充分接受了這一運動的精神，比以前更加積極和主動，對崇尚榮譽克服困難的信心亦與日俱增，至於表現在有形方面，就是各單位對武器裝備維護效率的增強，以及妥善率的普遍提高，另外則是鼓勵士官兵志願留入營的成就，奠定了志願服役制度的良好基礎。

事實上，三軍推行「更進一步」運動的最大成就，是裝備保養方面的驚人進步，使作戰力量大爲增強。就陸軍來說，一般裝備保養的妥善率固然日益提高，即連最現代化的飛彈裝備保養，其優異的紀錄，亦爲美軍當局所稱道，故歷次飛彈試射，百發百中，實有賴於平時保養作業的良好所致，其次就海軍來說，艦隻的修護能力已爲亞洲之冠，在技術方面不須仰賴於國外，使海軍作戰能力大爲增強。最值得一提的是空軍近年來對各型飛機修護的成就，現我空軍不僅可自行檢修F八六、F一〇〇和F一〇四諸型噴射戰鬥機，且對C一一九運輸機的翻修，亦於上月自行完成，此外中國空軍又成功地完成了檢修F八六軍刀機所需用的J四七噴射引擎，這是世界上第一個以軍方人力檢修這項引擎的國家，非但爲國家節省了大批外匯，且經常保持空軍的優異戰力。

「更進一步」運動的另一成就，便是掀起了士官兵志願留入營的高潮，例如昨天接受彭總長表揚的海軍沈德榮戰士，他是立法委員沈家杰的公子，曾受過良好的家庭教育，國家民族觀念特別濃厚，品學兼優，但是他說：「我要繼續留在部隊裡，爲國家多出一份力量。」

另有一位在憲兵服役的曹述璋下士，他是陸軍備役少將曹作洵將軍唯一的公子，在談到申請延役的經過時，曹下士說：「我感覺到一轉眼服役的期限便屆滿了，但是個人對國家卻毫無貢獻，所以便請求長官准予我延長留營服務十年。」他並說：「我的父親對我申請志願留營非常贊成。」

廿四歲台中籍的海軍陸戰隊槍帆一等兵林福川，他於獲准延役後並得到參謀總長的表揚，他很興奮地對記者說：「我今後一定要更加倍努力，以報答各級長官給我的愛護與鼓勵。」

以上僅僅舉出幾個人物的例子，足以說明這些志願留入營戰士們的愛國行爲，充份表現了他們報國的壯志和決心，而他們的家庭亦多深明大義，視服役爲一項榮譽，這是非常難能可貴的。

國軍於過去二年所推行「更進一步」運動，並且還獲得美軍顧問團的充分支持與合作。前任顧問團團長戴倫少將於任滿離華前，曾公開讚揚這一運動推行的成就。現任桑鵬團長對此亦加以讚揚，他並且認爲顧問團過去一年來的最大成就，就是協助國軍推行「更進一步」運動。

（五十二年五月三日中華日報）

猺山桂水弔英魂

——甘麗初上將殉國十週年

「當跑的路，我已經跑盡了，所信的道，我已經守住了。」這是耶穌信徒保羅被害前在獄中所說的一句話，他的死而無憾，鼓舞基督徒的犧牲精神。今天，正值前廣西綏署副主任故陸軍上將甘麗初將軍殉國十週年，追憶保羅這句話，覺得更有意義。

甘麗初將軍係於民國前九年出生於廣西容縣，他的家庭是一個世代務農的大家族，所以甘將軍自縣中畢業後，即考入廣州農專（即中山大學前身）攻讀。當時正值民國十一年，廣州爲革命發祥地。國父孫中山先生駐節該地，籌劃建軍北伐，統一中國。甘將軍受革命風氣的薰陶，熱血沸騰，復鑒於國內軍閥割據，四分五裂，國勢垂危，深信唯有獻身革命，方能挽救中國，於是他遂效班超之投筆從戎，於民國十三年轉入國父手創之黃埔軍校第一期，接受軍事教育，在校除勤習攻防戰術外，復精研革命理論，畢業後成爲一典型的革命軍人，矢志獻身國家，爲革命而奮鬥犧牲。

他於黃埔軍校第一期畢業後，即初任教導團排長，隨校長今總統蔣公東征，棉湖一役，他首次表現了軍人的勇敢，冒着叛軍猛烈炮火，身先士卒，雖告受傷，但他仍不後退，裹傷再戰，終於擊敗叛軍，爲其出師帶來首次輝煌的勝利。

民國十五年北伐開始時，他已因戰功升爲營長了，嗣後隨軍轉戰贛、皖、浙、魯等省，先後參加南昌、桐廬、龍潭、蚌埠、兗州及濟南各戰役，所至有功，三年以後，他已由營長升團長而旅長而副師長，民國廿一年，進入陸軍大學第十期深造，畢業後即升爲九十三師師長，率軍駐紮貴陽，一面清剿土匪，一面以軍工修築公路，對日後抗戰川滇黔公路運輸之暢通，他實應居首功。

抗戰時期，甘將軍最大的一次戰功要算是崑崙關之役了，當民國二十八年日寇侵佔南寧後，復企圖進侵柳州、桂林時，他正任第六軍軍長，駐防於公安、石首、拔江、松滋一線，奉令兼程前往堵擊，他親臨前線，指揮所屬九十三師於崑崙關西側，作果敢之攻擊行動，並以另一部人馬從側面夾擊，予敵以重大威脅，日寇被迫撤退，此役粉碎了日寇截斷黔桂交通之企圖，使桂省轉危爲安。甘將軍因此頗獲上峯器重，三十年，他奉命率領第六軍與第五軍比肩遠征緬甸，經雲南開赴緬泰邊境，他曾深入緬甸之雷列姆，居中指揮，以劣勢配備之部隊，對抗日寇精銳之師，激戰多次，給予日寇以莫大的打擊，他在緬境，因多次戰功而榮獲英國政府的褒獎。勝利時在廣州行轅參謀長任內，又以協助友軍之軍事行動，獲美政府頒贈自由勳章一座。

卅八年春，甘將軍奉調廣西綏靖公署副主任兼桂東軍政長官，到任不久，湖北、湖南、廣東各省相繼失陷，廣西軍政機構亦紛紛撤出，但他並不因局勢的惡化而苟且偷安，相反地他更憤於中共的猖狂，憂國難之方興未已，他不聽各方之勸告，毅然獨自留桂，準備與中共周旋到底，當時他便選擇了桂東的猺山和西江之間的地區，作爲游擊根據地，這個地區，以猺山爲中心，其地位十分重要，西北可控制湘桂黔鐵路，東南可扼西江水路，其附近有桂平、武宣、象縣、修江、荔浦、蒙山、昭平和平南八個縣，猺山本身在行政區域上名爲金秀設治局，山區居民均爲未開化之猺族，間有雜糧出產，可供民食，清時太平天國起義所在地金田村，即在猺山之南。甘將軍對這個險要的地區，由於他過去曾率領軍校第六分校學生在此間作過戰，故十分瞭解，他當時會集了廣西民團和保安團以及由湖南撤退下來的國軍部隊，總共兵力約二萬餘人，他從卅八年冬到卅九年冬一年間，曾先後出擊多次，予共軍以重大打擊，使其引爲心腹之患，最後中共調集大軍，將猺山四面包圍，他以後援無望，糧彈均絕，決心轉移桂西地區繼續奮鬥，以待國軍之反攻，於是他便率部向西突圍，不幸於途中渡河作戰時，壯烈殉職。

由於鐵幕低垂，消息封鎖，甘將軍殉職的噩耗，直到民國四十八年秋，始得確訊。他的耿耿孤忠，置生死於度外，而至壯烈犧牲，實爲今日革命軍人之楷模，故總統蔣公據報後，以他志行忠貞，特明令追贈陸軍二級上將，並入祀忠烈祠。

甘將軍爲人豪邁坦誠，體格魁梧，他帶兵的時候，常常身臨最前線，爲部屬所敬愛，公餘之暇，則以打獵爲其嗜好，他的家屬均係於民國卅八年被送來台，遺有二子二女，均已成人，將軍死得其所，他的精神將永垂不朽。

（四十九年十二月七日中華日報）

介紹淡水三軍海濱浴場

原來專供美軍人員所使用的淡水海濱浴場，今年已由聯勤總部予以收回，改爲「淡水三軍海濱浴場」。而且，浴場管理當局爲適應季節上的需要，已於本月正式開放使用了。

在這盛夏，暑氣逼人，我們有什麼消暑納涼的好去處呢？恐怕除了游泳之外，沒有再比這更好的享受了。朋友，當你把你那滿帶暑氣的身子，往那清涼的水中一浸，你的週身會有無比愉快的感覺。然後，你再舒展一下你的四肢，浮沉於水中，效魚兒戲水之樂，於是，你的疲勞、煩燥，甚或是你那難以耐熱的感覺，都會隨清波而去，化爲烏有。

住在台北市，或者是住在台北附近的人，正苦於缺乏一個良好的海濱浴場，在淡水海濱浴場未開放前，雖然我們也有基隆、金山、萬里和福隆等海水浴場，但是都不如理想。例如基隆海水浴場因位於港內，海水不甚潔淨；福隆海水浴場則距離較遠。唯有淡水海濱浴場，地點適中，海水清潔，同時浴場設備，原來即爲專供外人所使用，一切均能合乎國際標準。雖然，浴場的服務對象是以三軍官兵及其眷屬爲主，但其他人士願意光顧者，亦在所歡迎。在那裡，你可以最低的代價，得到最高的享受，而非其他浴場所能比得上的。

淡水海濱浴場位於淡水以北的海邊，從淡水去只要十分鐘的行車時間，即使從台北去，亦不過一小時左右即可抵達。現在浴場並租用大陸交通公司客車，專程接送。從台北去的一張來回程票是新台幣十五元，開車時間除星期三、五下午二時開車，七時返回台北僅有一次外，星期六往返台北三次，星期日則增加到四次。上車地點即在本市中正路審計部公車站的左鄰。各機關學校並可租用團體包車前往；此外，如果再要經濟一點，你可乘公路車或火車前往淡水，然後再從淡水轉往浴場，亦甚方便。

在浴場入口處設有一個售票亭，你必需先行購票入場，票價二元，軍人半價。進入浴場之後，那裡有着浴場應有的一切設備，如休息室、冷飲部、餐室、男女更衣室、太陽傘、帆布椅、躺椅等，樣樣俱全。租費低廉，服務週到。你大可在那裡享受整個假日，並無時間上的限制。不過，由於該浴場位於要塞地區，浴場每日開放時間是上午六時起到下午八時止，逾時即要清場，以維持該地區的安全。

浴場是在一個海灣內，正面約有四、五千公尺寬，眞是青山環抱，碧海無垠。碧波之中，又插着點點紅旗，警告泳客切勿游過，以免發生意外，據泳場管理人員說：他們對於泳客安全非常注意，隨時派有救生員巡視。由於海底平坦，沒有陷洞，而深淺傾斜得宜，即使兒童，亦無任何危險。但是，你一定又會問上一句，那裡接近外海，會不會突然游來一條鯊魚，咬掉泳客的大腿呢？這一點請放心，浴場管理人員說：在過去的紀錄中，淡水浴場從未發現過鯊魚哩！

今年，淡水三軍海濱浴場的開放，給台北區軍民帶來了一個消夏的喜訊，數年來的願望，終於實現了。

（五十年六月十九日中華日報）

訪四位傑出榮民

在行政院國軍退除役官兵就業輔導委員會的輔導下，今年又有六十一位榮民，分別完成了他們大學或研究所的學業，要為國家社會盡更大的貢獻。昨天在輔導會主任委員蔣經國所主持的一個畢業榮民座談會中，記者訪問了其中四位傑出的榮民，他們是國立台灣大學化學研究所畢業的葛震，國立政治大學新聞研究所畢業的鄭惠和，和師大教育系畢業的李毅華及英語系畢業的成國鉅，他們堅苦奮鬥所獲致的學業成就，足可做一般青年人的楷模。

本屆從台大化學研究所畢業的葛震，今年才二十九歲，他是六十一位畢業榮民中最年輕的一個，而且已獲得了碩士學位。從外表看去，他戴一付黑邊眼鏡，態度表現得溫文爾雅，頗具學者風度。這位籍貫安徽蒙城的碩士榮民，對記者講述他從軍經過時說：他於民國卅七年曾在河南開封唸初二，不久隨家轉到南京，進入收容流亡學生的國立豫州中學繼續攻讀，卅八年共軍渡江時，他的父親供職軍中，被俘後慘遭殺害，於是他隻身流浪，最初加入了幼年兵隊服務，後來編入青年軍第二〇六師，隨軍撤退來台，從卅八年到四十四年，前後在軍中一共服務了六年。

他說：他在軍中曾擔任陸軍通訊兵上士的工作，在公餘之暇，他就利用時間進修，四十年國軍舉辦隨營補習教育，他參加編入高中組，四十三年完成高中隨營補習教育，取得了投考大學的資格。四十四年，他因眼部機障，奉令退伍，就在那一年，他參加五院校聯合招生，一舉而考取台南工學院化工系。四十八年，他以全班第三名畢業。他在大學四年中，全靠獎學金維持，成大畢業後，他先後曾在台肥六廠和台糖服務，五十年，他又繼入台大化學研究所攻讀碩士學位，今年畢業。他的碩士論文是「有機溶劑錯分子的研究」。他說：他準備今年再赴美攻讀博士學位，目前台大暫聘他擔任化學系的助教。

今年獲得政大新聞碩士的三十二歲湖南長沙籍的鄭惠和，他是一位苦學出身的青年，而且現是英文「中國郵報」的採訪主任。他對記者說：他的中學課程完全是靠自修出來的。他後來投考大學便用一個補習學校的資格，考了兩次大學才考上政大新聞系，一直到今年從研究所畢業。

提到他的從軍經過時，他說：他在十三歲時便加入了空軍幼年兵隊，那時正值民國卅二年，他的家鄉爲日軍攻陷，他從長沙逃到四川成都。抗戰勝利前一年，他在成都從軍，一直到四十五年在屏東自空軍退伍爲止，他在空軍曾當到上士。

在政大當學生期間，他最喜歡參加籃球和平劇兩項活動，他對新聞學研究很感興趣。他說：他希望能再進一步研究。今年他在政大所提出的碩士論文題目是「大衆傳播的不良內容對少年犯罪之影響」。

鄭惠和現在英文郵報工作，他的英文造詣很深，他說學習英文的方法是盡量利用環境，在講、讀、寫、聽方面多作練習，自會有不斷的進步。

鄭惠和已婚，有一個美滿的家，太太是台大法律系高材生，他們已有一位可愛的小寶寶。

從師大教育系畢業的李毅華，三十歲，山東嶧縣人，他退役時的階級是一位上等兵，這位志願從事教育的學生榮民說：他於卅八年從軍時才讀過初中一年級，因爲在軍中參加演習受傷，於四十二年退伍復學，進入員林實驗中學師範科攻讀，畢業後被派到后里附近的月眉國校當教員，因爲教學認眞，三年考績均列爲優等，四十八年被教育廳保送入師大教育系深造。他說他希望反攻大陸後獻身大陸再教育的工作，以肅清中共對青年的奴化教育。

李毅華現已訂婚，他的未婚妻是在僑委會服務的伍桂華小姐，伍小姐畢業於北商，四十年在金門戰鬥營中認識，訂婚已三年，他們已準備年內結婚，這是李毅華的「雙喜臨門」。

李毅華在大學期間，讀的是公費，輔導會每月還補助他七十元，寒暑假的時候，他再找工作做，賺點錢來購買書籍和平日生活的費用。

還有一位和李毅華同校但不同系畢業的榮民成國鉅，他今年卅三歲，湖南衡山人，他退役時也是一位上等兵，由於他對英語的濃厚興趣，他於四十六年考取了師大英語系，談到他從軍經過時，他說：他是卅七年參加海軍陸戰隊的，從軍前僅讀過一年初中，後來在軍中便靠自修，完成了高中學業，四十八年退伍，便考取了師大英語系，他說他的興趣除英語外，對文學和攝影也具有很大興趣，畢業後他將從事教育工作。

（五十二年七月十五日中華日報）

退役就業問題面面觀

數年以來，成千上萬的國軍退除役官兵，像一股泉水，緩緩地注入了這個社會。今天，在自由中國的每一個角落裡，你都可能發現那些曾經執干戈衛國保民、久歷戎行，而今猶在孜孜不倦的工作者。他們在工廠、在農場、在高山、在海洋，努力為開創另一個生活遠景而奮鬥。他們之中，大都均為國家立過汗馬功勞，來台灣之後，因為年老機障或傷患等種種不能繼續服役的原因，才獲准從部隊退了下來，恢復平民的生活。

為了安置這些退除役官兵的工作，行政院之下設有一個「國軍退除役官兵就業輔導委員會」。輔導會從民國四十三年十一月成立以來，在蔣經國先生的領導之下，排除一切困難，為國軍退除役官兵解決就業、就醫、就養、就學四大問題。歷年來成績卓著。據統計已逾十萬退除役官兵獲得了輔導會的工作安置，輔導總人數佔百分之七八·五六；就醫者佔百分之一三·三二；就養者佔百分之七·六一；就學者佔百分之〇·五一。而且多數經輔導就業的退除役官兵，均已有了他們自己的家，過着安樂的生活。這說明了政府對於退除役制度的推行，有決心也有辦法。所以八年來，把軍中十餘萬老弱機障和傷殘的官兵，統統退了下來，予以妥善安置，空出員額，補充年青的新生力軍，使部隊永遠保持蓬勃的朝氣，對於戰力的增強，有其不可磨滅的貢獻。

政府於民國四十一年五月開始實施假退除役。規定凡合乎：

(1)體質衰弱或病傷不堪服現役，而尚堪服備役者——病傷甄退。

(2)考績連續三年不及格者——考績例退。

(3)屆滿本階停年四倍不能晉任者——限年例退。

(4)因補充及官額等事實之必要而規定退役員額時，考績居後者—依額甄退。

(5)滿現役限齡者——現役限齡退役。現役限齡爲：一級上將六十二歲，二級上將六十歲，中將五十六歲，少將五十二歲，上校四十六歲，中校四十四歲，少校四十二歲，上尉四十歲，中尉三十八歲，少尉三十六歲。

(6)現階上校（含）以上軍官，雖未具有前列條件，但志願退役，經國防部核准者得假退爲備役。

(7)士官兵因年老機障傷病不能繼續服現役時，或因負擔家庭生活所必需；或因入學關係等，均得由其服務部隊報請退除役。

假退除役官兵，無論在身份、權利、義務方面均和退役相同。此外，政府並供給主副食，眷屬配給，和八成薪；同時在假退期間，調查個人志願，按照自謀生活、輔導就業、就醫、就養和就學來分別處理。所以假退是正式退役的一個緩衝。在這個時期，個人有充分的時間去考慮和選擇自己所認爲最適當的途徑。

當奉到退役令和人事命令時，必須攜帶這些證件，前往居住地所屬之團管區報到列管，並塡繳志願書；如果是自謀生活，政府將發給一次退役金。退役金之計算標準，是按個人服務的年資來計算的，服現役實職年資未達二年者，不發一次退役金或退役俸，另酌予補助。服務滿二年半者，支給四個基數，以後每半年增加一個基數，滿十年又另增加二個基數。這樣依此類推，每個基數就是現職的薪餉，職務加給和主副食費的總和；另外加發二年的眷補，並退還保險費，這便是所能領到的一次退役金。等到退役金發下，便算是正式退役了。政府除發給一張正式退役令外，便不再負擔假退時期所享有的待遇了。

如果是屬於就業、就醫、就養，和就學四項範圍內，則統統由各團管區報請行政院國軍退除役官兵就業輔導會處理。輔導會對要求輔導就業的退除役官兵，除將級人員安置於各公營事業機構爲顧問外，校尉級人員則荐任於警界、學校、財稅機構、征收、交通、農、醫等方面；士官兵經訓練後受僱於私營企業。此外，輔導會本身所屬各單位包括各地農場、林場、畜牧場、砂石場、機械廠、工程總隊、海洋資源開發處，以及東部荒地開發處等，均爲退除役官兵就業之良好出路。對於傷殘機障要求就醫者，輔導會在石牌設有最現代化之榮民總醫院，全島各地亦設有分醫院，此包括六個肺病療養院，三個治療慢性病的醫院，以及一個專治心臟病的醫院。這些醫院，都是專供退除役官兵就醫的。至於老弱機障、身體殘廢，合於就養標準者，可進入各地之「榮民之家」，政府並支給其終養金。最後對於就學者，輔導會從民國四十六年開始，每年舉辦資格考試一次，以便那些無學歷證件而擬繼續求學的退除役官兵，協助其投考各級學校，對於已經在學之退除役官兵，則支助其學雜費用。

記者爲了進一步瞭解退除役官兵的生活，曾經訪問過許多在各個不同階層工作的退除役官兵，經發覺由輔導會安置的大多情形良好。例如將級退除役軍官，他們被安置在各公營事業機構充任顧問，每月薪給一千八百元左右，有固定收入，尚可兼差。單身退役將官，輔導會並建有宿舍，供其居住。校尉級和士官兵經訓練或考試後，轉任其他公職，或從事農墾工程等，只有極少數因不好好幹或與僱主起衝突而被解僱的。而目前最成問題的，便是那些自謀生活的；固然有的很成功，但也有不少是失敗的。還有的領得一次退役金後，吃喝玩樂之餘，錢花光了，弄得走頭無路，狼狽不堪，下面便是幾個實例。

第一個例子是陳某的故事。陳某原爲陸軍上校，曾在部隊機關服役廿餘年，隻身在台。退役後曾領到三萬餘元，自謀生活。他原擬與人合夥經營小型農場和養雞，但後來合夥人中途變卦退出，他騎虎難下，遂決定獨自進行。他把所得的退役金，以二萬五千元在南港附近買下一百坪地，在上面搭蓋了一間房子，自行開闢荒地，養小雞；但是他孤零零地一個人，缺乏幫手，處處感到不便。而且所有的錢，均已投資下去，中途週轉不靈時，只得向友人告貸。他把所有希望，寄托在小雞長大生蛋，可以有一筆收入，到後來雞雖已生蛋，但所得無幾。一年之後，他實在維持不下去，在朋友的勸告下，方告放棄。回到台北，住回公家宿舍，半年來，工作非但沒有找到，每月還要自己掏腰包繳伙食錢。

第二個例子是合夥經商上當受騙的故事。被騙的是一個退役的尉級軍官。他領得了一萬餘元，退下來準備找人合夥經商，有一天，他恰巧在報上的分類廣告中發現有個合夥的機會。於是他按址前往，找到了那個人，相談之下，很爲投機。兩人遂開始計劃經營，就在計劃階段，他的一萬元現款就被騙走了。後來他雖報警把騙子捕獲，但錢已被花光。

第三個例子是放高利貸倒掉的故事。一位退役上校錢某，他把退役金五萬餘元，統統放在本市某一公司，按三分五的月息，每月可收利息一千八百元左右。他滿以爲全家生活可靠此月息來維持。不料一年後，這家公司竟惡性倒閉，本利盡失，頓使他全家陷於絕境。

最後是一個相當荒唐的事例。有某退役上尉，隻身在台，於領到一萬多退役金後，頓時闊了起來，每日優哉遊哉，出入茶肆酒樓，花天酒地，每日花去四、五百，一萬多元退役金不到一個多月便全都花光了，最後連包伙的錢都繳不出來。

許多在軍中服務很久的官兵，也許個人對社會生活懷着嚮往，也許因一時鬱鬱不得志而擬轉業改行，也許因年老體弱而想退下來做其他比較輕鬆的工作，不論想法如何，在未作具體決定時，至少應作下列四點考慮：

第一心理準備：軍中與社會是截然不同的兩種生活方式，前者比較單純、有規律，而後者則較複雜緊張，競爭激烈，所以你必須要考慮是否能適應得了這種生活方式。至少在心理上應有此準備。

第二社會關係：通常在軍中過久，特別是從大陸來台的官兵，與社會是脫節了的，所以你必須考慮你的社會關係夠嗎？在社會中你有親友師長可以爲你想辦法嗎？這一點對自謀生活的特別重要。

第三就業把握：這便是你是否爲社會所需要，換句話說你本身的條件如何？有技能嗎？有專長嗎？如果你具備這些條件，這便表示你是有就業把握的。

第四職業選擇：不要去從事你生疏而無把握的事情，儘量照你的志趣和專長去工作，腳踏實地，才不致失敗。

其他如退役戰士下來踏三輪車的，有的因爲找不到門路，只好踏流動三輪車，到處打游擊拉乘客，結果是被有班頭的同業打得車破人傷，不敢露面。以上這種事例，都說明了今日退役官兵所發生問題的都是些自謀生活者。他們事前沒有經過周詳的考慮，把事情看得太容易，結果失敗。有的只是貪得一點退役金，如果這區區有限的錢被不當或無計劃地使用耗盡，那麼他的生活便成問題了。

此外還有種不正確的觀念，認爲只要下來，一切便萬事如意。殊不知今日社會人口激增，就業困難，許多自謀生活的退除役官兵便遭遇到這種失業的痛苦，因而徒使社會增加不安，須知在部隊中服務，不但是爲國效勞，光榮可貴，而且現役軍人樣樣有配給，處處有優待，國家對軍人的照顧，眞是無微不至，比起在社會任何一部門工作，都要有保障得多。

今天，主管當局應該如何來對那些自謀生活者謀求補救辦法，以免發生上述不良後果。記者根據各方面意見，認爲：

第一對單身退除役官兵請求自謀生活者應有所限制。原則上應先調查他的謀生能力及工作計劃，並且是否已獲得工作等情形，然後再作決定。對於一次退役金的發給，亦應視其有否此需要，及其支配應用情形而定，可能時儘量使其將款存入銀行，以免發生揮霍情形。

第二擴大輔導就業範圍，滿足退除役官兵之需要。目前輔導會輔導工作項目，雖已有十餘項之多，但仍不能滿足退除役官兵之需要，所以乃有自謀生活之請求；今後輔導會是否可逐步擴充輔導範圍，例如擬經商者，輔導會可採取集資經營的方式來招募股本，經營商業或較大之企業，或協助其經營小本生意，至於其他方面亦復如此，總之要以集體的力量，來解決個別謀生的問題。

第三舉辦技能訓練，使有謀生能力：多數退除役官兵，因無一技之長，故爲社會所摒棄。輔導會現有之職技訓練班次，在數量與種類上尚嫌不足，應求設法擴充，以適應退除役官兵之需要。

在發展就業機會上，需要配合經濟的開發。換句話說，經濟發達了，就業機會也會隨着增多，就今日台灣海島的經濟環境來看，下列三點，可供我們解決就業與人口問題的參考：

一、發展遠洋漁業：我們今日陸地面積有限，而浩瀚的海洋則是無限的，海洋最可發展的便是漁業，捕魚、製罐、加工業的開發，對經濟、人口與就業問題之解決，幫助甚大。

二、開發台灣東部：農礦、林牧和交通之開發，可以解決西部人口擁擠之現象，當年美國口號是開發西部；我們今天要向東部拓殖。

三、協助對外移民：像日本一樣，每年有五千人移往巴西，我國移民巴西之說，迄尚未到實現階段，但爲求解決人口與就業問題，此事有賴政府之推動與努力。

總之，今日退除役官兵之就業問題，亦就是整個國民的就業問題，有了良好妥善的解決辦法，這一股人力對國家經濟之貢獻與社會的安定是極有幫助的，否則其所引起的不僅是社會問題，而且也是經濟問題和政治問題。

（四十九年十二月二十七日中華日報）

叁·中外時人訪問

最年輕的大人物

——羅伯·甘迺迪

年青而沉着的美國司法部長羅伯·甘迺迪，於昨天在他前往印尼訪問途中，過台在機場停留了三小時，會晤此間中美官員，並舉行一次十五分鐘的記者招待會，他的風度和談吐，充分表露了他的才華，予人以極佳的印象。

台北正當春節剛剛過去的時候，可是昨天松山軍用機場的貴賓室裡，中美佳賓和他們的夫人們，以及採訪這一消息的中外記者群，卻濟濟一室，其盛況僅次於去年美國詹森副總統抵華訪問，然而羅伯·甘迺迪尚非正式來訪，可是慕名前往一睹丰采的竟如此之多，特別是有崇拜狂的美國人。

羅伯·甘迺迪所乘的日航噴射客機，是於昨日下午一時零五分降落於松山國際機場，外交部禮賓司司長顧毓瑞和美國駐華大使莊萊德夫婦迎於停機坪，中國政府派了三部禮車，把他和他的夫人以及隨員三人接到了軍用機場的貴賓室，我外交部長沈昌煥夫婦、司法行政部部長鄭彥棻夫婦、次長查良鑑夫婦、新聞局局長沈劍虹夫婦、美軍台灣協防司令史慕德夫婦，以及美軍顧問團團長戴倫夫婦等中美官員均成一字排列在貴賓室門口歡迎。

羅伯·甘迺迪的外表，看起來和他的哥哥甘迺迪總統長得極爲肖似，瘦瘦的高個子、金黃色的頭髮，微微地蓋住了一些前額，這就是目下在美國青年群中風行的「甘迺迪式」髮型。他有一對深藍的眼睛，直挺起的鼻樑，和略帶尖垂的下顎，穿一套深灰色的西裝，配以灰底帶條紋的領帶，襯托他那紅潤的面孔，愈顯得年青英俊，氣慨非凡，他與一般年青人相異之處，就是沉着與持重，因爲他現在所處的地位以及他所擔負的責任，使他必須如此，記得他於一九六〇年協助他哥哥競選總統擔任競選總幹事，後來甘迺迪做了總統，爲了酬謝他弟弟對他的貢獻，便任命他爲司法部長。羅伯·甘迺迪出任司法部長前後，反對聲風起雲湧，理由有二：一認爲他太年輕（現年卅六歲），一認爲是他的親屬關係。但是就職一年來，讚揚代替了攻擊，支持壓倒了反對，他的老練和大公無私，使他足以擔當這個維護美國憲法和法律的重要職位。

在機場貴賓室的門口，羅伯·甘迺迪和列隊歡迎的中美官員一一熱烈握手，當莊萊德大使和顧司長爲他介紹認識時，他總是含笑而謙誠地說：

「I see, I see」！

羅伯·甘迺迪的夫人昨天穿着一套灰白花呢洋裝，頸上掛着一束白珠項鍊，胸前插了一朵蝴蝶蘭，腳上穿的是一雙白色高跟鞋，是一位嫵媚的金髮美人。她一遇到有中國人向她打招呼，她便用中國話回答：「多謝，好朋友！」記者問她在那裡學得這麼一口好中文，她說：「剛剛在飛機上學會的。」

攝影機在羅伯·甘迺迪面前排成了一道人牆，鎂光燈不停地閃爍着，好不容易才把他夫婦倆人送進了休息室，在沙發上舒了一口氣。外交部長沈昌煥在茶几上拿起了一本「蘇俄在中國」英文本，送給羅伯·甘迺迪，並翻開封面指着蔣總統的親筆簽名說：「這是總統今天上午交我送給閣下的。」

儘管不是正式的訪問，但是我國政府對他這一小時的機場停留，仍表示十分重視，所以在機場安排了一次談話會，與前往歡迎的中國政府官員交換意見，而且還特地把先生和太太們分了開來。據會後羅伯·甘迺迪告訴記者說：「我們交換了一些有關台灣經濟發展的情形。」他同時也問了一些關於金馬外島的情況，對那裡的堅固地位表示欣慰與寄予信心。

許多人總以爲這位年青的司法部長是第一次經過台灣，但是在記者招待會中他宣稱這是他第二次來台了。他說他第一次來台是在一九五一年，他和他哥哥那時還是參議員同來遠東，他哥哥去了韓國，而他本人則到了台灣。在當時，恐怕還無人知道他十年後竟會做了美國的司法部長。根據傳記，他的早年是個不很出道的孩子，讀書成績平平，只會玩玩橄欖球。二次大戰前，他跟父母在紐約就讀於米爾頓公學，戰爭爆發應征入伍，在海軍當一名水兵，駐在加勒比海，戰後進入哈佛大學，後轉入維琴尼亞攻讀法律，獲得了法學士學位，畢業後幹了一時的新聞記者，曾採訪柏林空運消息，後來便協助他哥哥競選參議員，一九五八年他自己也進了參院，擔任調查委員會的法律總顧問，曾揭發全美勞工組織內之黑幕，而揚名於社會，他的政治生命，可說便從那時開始，經過了一年多的司法部長任內的考驗，他不但獲得美國人民的信賴，而且也得到他總統哥哥的器重，慢慢地培養他，使他在將來可能繼承他的衣缽，難怪外界傳說他可能成爲下屆的總統候選人了。

在記者招待會中，他的對答是十分愼重而經過思考的。他在聆聽問題時總是全神貫注，但當被強烈的聚光燈所困擾而中斷，於是他再三要求暫勿開聚光燈，好讓他睜開眼答覆問題，在熱烈的歡迎中，始終保持冷靜，當記者招待會過後，很多人要求簽名，他都照簽了，其中有一位外國同業拿了一張我國的五十元大鈔，請他在上面簽名留念，他看了一看，立刻率直地拒絕了，他嚴正地說：「如果我這樣做，我會被送進監獄去的。」

羅伯·甘迺迪不但第一個爲記者簽了名，而且還送給記者一件紀念物，那是一鍍金的小砲艇，上刻有「Kennedy 60」，可以別在胸前，異常精緻美觀，這是他在一九六〇年助選時搞的小玩意，正如同艾森豪競選時的「我愛艾克」胸章一樣。

出乎意外地，昨天羅伯·甘迺迪原定停留機場一小時，但是在記者招待會進行時，航空公司打來電話，飛香港的班機往後遲延兩小時起飛，這使他有機會到台北市區和陽明山遊覽了一番，他在下午四時臨上機前，表示希望下次能有機會再來台灣，多訪問幾天，他說：「這次我能多停留二個小時，已經是夠幸運的了！」

（五十一年二月十一日中華日報）

夜訪匈前總理納奇

一位傳奇性的反共領袖前匈牙利總理納奇，昨天自東京飛來台北訪問一週。當一九五六年匈牙利抗暴革命發生時，這位匈國反共領袖，他的一言一行，曾爲舉世所矚目。但他終於敵不過蘇俄紅軍的刺刀，而離開了他的國家和人民，流亡到美國，但是他那不屈服的反共意志，他深信他的國家終將會獲得最後的解放與自由。

當記者與這位英雄人物見面時，曾表達此種對他崇敬的意思，但是他謙虛地說：「不，不，我對我的國家和人民做得不夠，因此我的國家迄未恢復自由。」

納奇自幼便孕育着反共思想，而這種反共思想便一直支配了他一生的行動。他說：俄國革命成功後，歐洲被一股共產主義的薰風掃過，而匈牙利因與俄國爲鄰，故其北部深受影響，一九一九年，他的家鄉便被共黨所控制，那時他還是一個孩子，但是他便看不慣共黨份子所作所爲，每天晚上他都去勸說鄉人從事反共活動。

後來，納奇說：「我不幸踏進了政治，組織了一個民主黨，深信只有以組織來對付共黨，才有力量。」他說：「二次大戰時，匈牙利爲德國納粹軍隊所佔，那時，匈國沒有共黨，但是戰後俄軍侵入匈境，莫斯科支持在匈境開始組織共黨和紅軍，那時我不能以武力來反共，只好和我的黨人秘密從事政治活動。一九四五年匈國在盟國管制下，曾舉行一次自由選舉，我的黨在議會獲得了五十八個席次，共黨僅獲得十七個席次，但並非多數黨，可是數年之後，我的黨便成了多數黨，而我亦成了國務總理。」

說到這裡，納奇還講了個共黨所使用的卑劣手段，來逼他辭去國務總理。他回憶說：「當我在瑞士渡假時，共黨便趁機架走了我的男孩，威脅我如果不辭職，男孩便沒命。」納奇在無可奈何下，爲了救自己的孩子，終於答應辭去總理之職，回到國內，便帶着他的家人流亡到美國去了。

他說：從二次大戰後匈國有很多軍人政治家逃亡國外，從事恢復祖國自由的努力。他說：「我們在美國曾組織歐洲流亡份子協會，匈國流亡團體，此次我係以代表歐洲被壓迫國家委員會主席身份，來東京參加亞盟大會。」

一九五六年匈國在俄軍坦克大砲下屈服，納奇總理出亡美國，他說他的反共意志並未受到影響，他曾在美國各報刊著文反共，他的文章在「南方晚郵報」、「生活雜誌」及「讀者文摘」上發表，一九五九年，他還寫了一本「在鐵幕後的斯特勞格」，厚達五百頁，由紐約麥克倫出版公司出版。

這位匈國政治家，他對未來國際局勢的看法深表樂觀，他說：共黨現在正走着下坡路，因爲它們不能履行諾言，在四、五年前，亞非國家相信共黨是歷史革新者，和只有共黨才能走上工業化，但是很不幸中國大陸上當了，中國大陸的陷入共黨是個大不幸。他說：反過來看自由中國成長迅速，生活水準在亞洲佔第二位，僅次於日本，所以現在亞非國家已經覺悟，它們知道共黨不是土地改革者，也不是促進工業化的。納奇說：例如日本，它沒有共黨，但工業化程度之高，實非共黨國家所能望及。因此納奇的結論是「共黨在走下坡」。

但是，納奇認爲現在自由世界很可惜地不能充分利用共黨的弱點，只有少數自由國家堅決反共。他推崇自由中國政府是一個反共最堅決的國家，他說：我們反共，要正式地，有力地反共。消除共黨危險，不僅在思想上要排除毒素，同時還要聯合被壓迫民族，解放蘇俄和中國大陸，才能眞正解救被共黨殖民下的中匈兩國。

（五十一年十月九日中華日報）

丹尼爾談關島遠景

美國駐關島總督丹尼爾（Bill Daniel）昨天和他的夫人從東京飛到台北來作一天的訪問，這位有着政治家的理想、教授的健談、農夫的純樸、牛仔的豪邁、和電影明星的風範的總督，實際上他在關島便是扮演着這麼一個多型的角色，而深深爲當地島民所愛戴。

丹尼爾的老家是在美國南方的德克薩斯州自由城，他是出生在一個望族裡，哥哥是現任德克薩斯州的州長，而他本人則係於一年前被美國政府委任爲駐關島的總督，統治着這個美國在太平洋上的重要戰略島嶼。他現在是島上八萬居民的父母官，爲着關島的繁榮與前途，他曾多方設法要把它從軍事的局面下轉變爲一個人人所嚮往的樂園。

二次大戰中，美國把關島從日本人手中奪了回來，戰爭的痕跡，隨着歲月而消逝，代之而爲美國的經營。目前，它已成爲美國在太平洋的海空基地，停駐有戰略轟炸空軍部隊和各式海軍艦艇，爲太平洋上軍運最繁忙的中心站。

過去，美國軍方把關島是列爲一個「禁地」，除了軍人以外，美國公民是不准到那裡去旅行的。丹尼爾總督到任後，他決心要打破這種局面，除去那些所謂軍事上的限制，他說他曾要求他的屬下永久撤除關島四周的「鐵幕」。現在，這個令人嚮往的島嶼已經沒有那些限制了。丹尼爾總督說：「西太平洋上的關島現正面臨着一個決定的紀元，那裡的人民是樂觀而堅決。」

爲了發展島上的經濟，這位來自德州的總督，先從他的家鄉運來了大批的牛馬羊群，實行交配飼養，以發展島上的畜牧事業。丹尼爾總督還特地把他帶來的照片一張張指給記者看，大部份都是有關牛群的照片，有次他甚至把一頭公牛牽進了辦公室，和牠合照了一張照片。

這些選種的牛馬羊群，都是贈送給當地人民的，亦是他在美國發起的「關島友誼運動」計劃的一部份，他爲了關島的繁榮，曾親自跑到美國去遊說，曾獲得廣大的支持，特別是從他的家鄉，那些牲畜，便是從休斯頓港上船的。經過八千哩路的航程，當這些牛馬羊群抵達關島時，曾引起了當地人民極大的興趣和歡迎。丹尼爾總督說他有意要把關島變成第二個德州，那些牛羊將是當地財富的源泉。

關島有三分之一以上的土地是屬於美國海軍的，丹尼爾總督曾將它收回一部份，並且開墾叢林荒地，以作爲農耕和畜牧之用。目前，島上的新農場已增加到二千六百卅個之多，除了種植稻米之外，其餘各種熱帶氣候的植物，也都予以試植。丹尼爾總督本人對農牧都是內行，他現在還自兼關島學院的農科教授，教當地的學生如何種植農作物。

丹尼爾的總督府是設在關島的首府阿干那，但是他在辦公室的時間不多，大部份時間都化在和人民的交誼上，他和人民一起騎馬，和農夫討論土壤的改良，甚至和兒童一起遊樂。

富有活力的丹尼爾，不但是總督、教授，而且也上銀幕做過電影明星。不久以前，約翰韋恩到關島拍一部片子，他騎着一匹白馬在片中客串演出，三度出現於水銀燈下，他說他和約翰韋恩合作得很好。

關島現正從事各種建設，例如學校的擴建，醫院的成立，道路的修築，都市下水道，郵電、廣播和教育電視的創設，都爲島上帶來了新的面貌。這些建設事業，除了聯邦政府支助外，部份也靠稅收。丹尼爾總督說，不久以前，關島的立法議會，還通過了一項增稅法案，如房地產、汽油、煙、酒等稅均略有增加，以平衡財政收支。

丹尼爾總督說：「目前他所想的，是如何發展關島的觀光事業。」他說：「關島正如同香港一樣，是一個自由港口，我們希望不久便經常有人來到我們這個美麗的島上來觀光。」

爲了配合觀光事業的發展，夏威夷已有一家公司派人到關島商洽建造一家豪華的觀光旅館。此外，泛美航空公司亦已增加赴關島的班機次數。丹尼爾總督說：「我們的人民正大力從事島上的美化運動，例如海灘的改良、公路、和名勝古蹟的吸引等，都將有助於關島觀光事業的前途。」

丹尼爾總督對記者說：「我久聞台灣是個美麗的寶島，這次能有機會來訪問，感到十分愉快。」他此次來台，將會晤周主席和其他中國友人。丹尼爾說周主席和他的哥哥交誼至篤，他的訪華，也是由他事先所安排。他說：「台灣和關島有着兄弟之誼，我們同處於西太平洋上，彼此的瞭解和合作是非常重要的。」

（五十一年五月九日中華日報）

訪奧托大公

在歐洲享有盛譽的名政論家奧托大公，於昨天偕同他的夫人來到台灣訪問，實地考察我國在政治、經濟和軍事方面的情況，以及中華民國在整個世界局勢中所處的重要地位，作為他今年六月在西班牙舉行歐洲情報中心Documentation & Information Center of Europe會議時報告的主題。

現年五十歲的奧托大公，出身於歷史上著名的歐洲哈布斯堡王族，他是奧匈帝國王子查利的長子，如果他的國家當時沒有鬧革命的話，奧托大公便公然地繼承他父親的王位了。然而命運支配着他，使他在早年便開始過顛沛流亡的生活，成為沒落王朝中的一員，先隨父母舉家逃亡葡萄牙，父親逝世後，隨母定居西班牙，後又遷往比利時，在那裡讀完大學，獲得法學博士和政治學博士學位。

他是一位對國際政治具有強烈興趣而且深有素養的學者，思想敏捷，見解正確。在二次大戰時，他們舉家遷往美國，由於他的聲名和才華，很快便被羅斯福總統發現而羅致了。此後他便常常應召前往白宮，為羅斯福總統討論歐洲問題時的諮議。

他說：「羅斯福總統一生可說很幸運，特別在政治上自認是計劃最週密者，但他沒有想到戰爭結束前他會撒手西去，以致讓史達林於戰後在歐洲大獲其利。」他回憶羅斯福總統和他討論戰後歐洲問題時，羅斯福堅信只要把德國打敗了，美國便成爲世界上最強大的國家，縱然略施小惠於俄，亦無礙大局，至戰後必可使俄牽就於美；但問題出在羅斯福未待戰爭結束便去世了。在他生前所出席的數次國際性會議，如德黑蘭及雅爾達會議，羅斯福已經是心神喪失的人；而他的對手史達林則處心積慮，爲達成戰後赤化歐洲佈下圈套，牽着羅斯福走了。

戰後十餘年來，歐洲已渡過重重的危機。他指出過去歐洲內部所存在的弱點是缺乏團結；自從共同市場成立以來，歐洲已走上團結之道，從經濟的結合到政治的結合，最後達到歐洲大一統的局面。他贊成戴高樂和艾德諾最近所宣佈的歐洲統一步驟，即先建立歐洲邦聯制度，進而建立聯邦制度，他說：「政治上的團結應該一步一步地來，欲速則不達。」

今日歐洲存有一個最大的問題，便是中立主義的影響，他說：「中立主義不僅對歐洲，對整個自由世界都有一種不良的影響。共黨將會利用它作爲圈套，讓一些不知情的國家入㲉。」他警告稱：「這是一個危險的傾向，我們必須盡力來阻止它。」

奧托大公認爲：目前柏林的情勢不會引起戰爭。他舉例稱：當去年八月十三日柏林危機開始時，蘇俄卻宣佈派屠涅夫元帥爲駐東柏林俄軍統帥；按屠涅夫爲俄國舊式軍人，對現代戰爭毫無認識，其本身僅具些許威望而已，赫魯雪夫如果決心要打仗，決不會派他來作統帥。

其次當十月四日英國邀請美、法、西德舉行四外長會議，討論赫魯雪夫要求西德退出柏林的最後通牒，但戴高樂總統即堅決反對在赫魔威脅下來舉行這個會議，到十月十三日，赫魔見西方態度堅決，遂自動撤銷了他的最後通牒，這也是說明俄國不會因柏林問題而觸發戰爭的。赫魯雪夫的主要目的是在考驗西方對柏林的決心，並且可能實施一種聲東擊西的戰略，在其他地方下手。

這位歐洲政論家對目前共黨在非洲所從事的宣傳與滲透表示隱憂。他說：「北平共黨每月以三千個小時對非洲國家實施短波廣播，並以邀請訪問和貸款援助爲餌，引誘它們上鉤。」很可惜的，奧托大公說：「許多落後國家不知中共的實際情形。」他舉出此次他到香港所得到有關中國大陸的實況，他說大陸飢荒的嚴重事實，已直接影響到北平政權的動搖和共幹士氣的低落。在大陸，過去工人們受到嚴密的監視，但由於饑荒的影響，現在工人們都可以三五聚在一起表示不滿與批評；在另一方面，由於中國大陸的飢餓，相反地表現了中華民國的重要性，過去所有對我不友好的人士，現在都改變態度而稱頌中華民國的努力成就。

他說：「我從西班牙來台途中，曾訪問過印度、新加坡、泰國和越南等地，我發現中華民國政府的代表和當地的華僑都有良好的表現，他們在國外已爲中華民國增強了影響力和國際地位。」

（五十一年二月二十三日中華日報）

訪「姊妹城」締交使者勃魯斯

台北與休斯頓已於昨日正式締結爲「姊妹城」了，這是我們每一位台北市民都感到光榮而愉快的事。

台北與休斯頓之間，兩地相去萬餘里，中間還隔了一個浩瀚的太平洋，究竟休斯頓是個什麼樣的城市？它怎樣會和台北市結爲「姊妹城」的？以及這位遠自太平洋彼岸冒着溽暑前來的締交使者勃魯斯是個什麼樣的人物？都是我們所想知道的。

一提起德克薩斯州的休斯頓Houston市，美國人沒有不知道它的，而且你準會聽到：「啊！它是一個大城市」。勃魯斯先生像如數家珍似的向記者描述了一個輪廓。他說休斯頓是美國南方的第一大城，在全美的大城市中，它是居於第六位，由於休斯頓濱臨墨西哥灣，所以它也是一個港口，從它歷年呑吐的噸位來講，它是僅次於紐約的第二大港，人口有一百二十萬，是全州石油工業的中心，以全美國來說，那裡所生產的原油約佔百分之二十，所以附近煉油廠林立，同時石油化學工業也很發達，塑膠生產，可供世界各地應用，休斯頓其他的主要出產有棉花、米和家畜。除大量石油外，埋藏地下的資源還有天然煤氣和琉鑛。

勃魯斯說到這裡，停頓了一下，他很習慣地從褲袋裡取出了一條白手帕，把臉上的汗氣抹去，他接着說下去，休斯頓的氣候，就和台北一樣，夏天很熱，冬天也不會冷。

提到當地的市政制度，勃魯斯說：休斯頓市的市長是民選產生的，四年一次，參加市長競選的候選人不需政黨背景，只要他是休斯頓市的公民便可。記者問他有沒有婦女當選過市長？他說在休斯頓的歷史上，從未有過女市長，不過他補充一句：婦女是有當選資格的。

「姊妹城」的觀念是怎樣來的？這是一個很有意義的問題，在美國，過去艾森豪總統曾推行過一種叫「人對人的計劃」（People to People Program），就是透過各種方式，來達到人與人之間的瞭解和合作，直到如今，這個計劃尚在被熱心地推動着。勃魯斯說：「姊妹城」便是「人對人計劃」的一部份，最早提出這個觀念的是台北英文中國日報發行人魏景蒙先生，魏景蒙先生個人便是台北推行「人對人計劃」的委員會成員之一，這個觀念後來獲得台北市黃市長和市議會的同意，並將它作成建議，得到我國駐休斯頓市總領事胡世勳的全力推動，在今年四月間招商局「海上」輪駛抵休斯頓港埠時，偕同該輪船長聯合舉行酒會，招待全市各界名流，酒會中，休斯頓市市長柯楚爾當衆宣佈願與台北結爲「姊妹城」，後來經過雙方市議會的答覆同意書，到昨天台北與休斯頓才正式結爲「姊妹城」了。記者打趣地問他：爲什麼要稱「姊妹城」而不稱「兄弟城」呢？他的答覆很巧妙：也許是人們比較喜歡女孩子的緣故。

「姊妹城」並非徒具其名，在實質上，雙方有很多工作亟待展開，以加強兩市之間的友誼與合作，勃魯斯認為今後雙方可實行交換教授和學生的計劃，以促進文化交流，進而達到互相瞭解。此外在個人方面，可利用通信和集郵方式來建立友誼，並增強圖書館資料服務，彼此調查介紹，在貿易上可增加兩地之間的貿易，這些都是可行的途徑。他並進一步透露此種工作即將開展，他說台北市將參加休斯頓市在九、十月間舉行的國際觀光商品展覽會，同時，台北市市長黃啓瑞亦將於明春訪問休斯頓市，將為兩市帶來更緊密的合作。

勃魯斯先生，這位卅八歲年青英俊的休斯頓市國際貿易觀光事業展覽會總經理，他是休斯頓市派來台北締交「姊妹城」的代表，他帶來了一份休斯頓市簽訂「姊妹城」的同意書，一把休斯頓市鑰和一些德州州花Blue bonnet 的種子。他說他很榮幸能負起這項使命，使台北與休斯頓能結為「姊妹城」。

勃魯斯過去曾擔任過休斯頓一家最大高級汽油公司的雜誌記者，他現在猶是孤家寡人一個，沒有結婚，到台灣來曾見過中國小姐汪麗玲一面，他說她是一位美人兒，在她去邁阿密參加選美，中途將要經過休斯頓市，到那時，汪麗玲小姐將不是「中國小姐」而是「台北小姐」了。

勃魯斯很喜愛中國，尤其喜歡吃中國菜，在休斯頓，他是中國餐館的常座客，他說休斯頓全市有華僑三千人，他們經營各種行業，如餐館主人、洗衣店老闆、律師和醫生等，他們和當地美國人相處融洽，華僑子弟中，很少有犯罪紀錄，他稱讚中國人是一個「眞是了不起的民族」！

（五十一年六月十六日中華日報）

高理耀談新教宗

義大利米蘭區六十五歲的紅衣大主教孟迪尼，已經在數十位候選人中脫穎而出，被選爲梵蒂岡的新教宗，繼若望廿三世而爲世界天主教的領袖了。這位選擇「保祿六世」作爲他聖號的新教宗，將於本月卅日正式加冕。他的一貫目標是團結、合作與反共，他將爲世人帶來了主的福音。

昨天，記者在台北市訪問了教廷的駐華公使高理耀，談談他對教宗的個人的印象。

公元一九四三年到一九四七年，新任教宗正在梵蒂岡教廷擔任助理國務卿的時候，高理耀公使也在國務院的人事室服務，他在那四年中，朝夕與現任的新教宗共事，對新教宗相知頗深，後來高理耀公使奉派來中華民國工作，也是新教宗給他一手提攜的。

高理耀公使說：新教宗與若望廿三世顯著不同的一點，是新教宗外表看起來非常嚴肅，不苟言笑；而若望廿三世則較隨和開懷，言笑自若，可是新教宗內心是和藹的，他尤其喜與貧苦大衆接近，在教廷是最得人望的一位紅衣大主教。

他指出當新教宗在米蘭任內，他訪問所有有工人的地方，包括工廠和他們的家庭，這予共產黨是一項極大的挑戰，因爲米蘭是義大利的工業心臟地區，共產黨活動的中心，他們痛恨新教宗，曾有一次使用炸彈來對付他。

新教宗並沒有被共產黨的威嚇所屈服，他開始激烈地攻擊共產主義，同時他也取得了工人的信仰，他在米蘭的地位堅實而穩固。

由於他過去長時期的從事教廷外交事務，新教宗對世界各國的情形都瞭如指掌。高理耀公使說：因爲教廷派至世界各地的大使公使人數很多，所以新教宗不僅是對各國的教會情形很熟悉，即使每個國家的政治、經濟以及社會等情形，他也十分清楚。

新教宗對中國非常熱愛，所以也一直對中國都非常關心。高理耀公使回憶一九五一年回羅馬教廷述職時，那時中國共產黨正佔據大陸不久，新教宗頻頻垂詢他有關中國大陸的情形，而且問得很詳細。

他說：中國派駐在教廷的謝壽康大使，新教宗對他也很認識，他們之間經常保持密切的連繫。

提到中共在大陸迫害天主教神父的事，高理耀公使說：新教宗很瞭解中國大陸教會被迫害的情形，這種迫害情形現尚繼續存在。

高理耀公使對新教宗極爲推崇，他說：他的當選，是衆望所歸的結果。新教宗不僅在教會中極孚衆望，就是在各國駐教廷的使節中，也是同樣受到普遍的尊敬。

他說：新教宗曾於去年代表教廷至中非洲去過一月，考察非洲的情形，這是新教宗在教廷服務卅年後的第一次出國訪問，他對那片新興的非洲土地，寄以莫大的希望。

一般人對教宗所冠聖號的選擇，多不明白，高理耀公使說：歷任教宗的聖號，都是他們親自選擇的，新任教宗選用「保祿」的意思，是代表團結合作和熱愛世人。他指出保祿是第一位開始傳教的人，由於他的努力，溝通了當時中東和歐洲的感情，使教會趨於統一。

他說：新教宗上任後，仍將本着天主教一貫精神，努力設法取得和基督教的團結與合作。大公會議將繼續討論各項決議，直到圓滿結束爲止。

記者詢問新教宗上任後，公使是否將回教廷述職？高理耀公使說：他原定七月間將返回羅馬教廷一行，現因新教宗剛剛上任不久，他勢必等候教廷訓令後才能作一決定。

他說：爲了慶賀新教宗加冕大典，台北亦將於本月卅日新教宗加冕的同一天，舉行一次彌撒瞻禮慶典，藉表對新教宗的敬意。

（五十二年六月二十二日中華日報）

訪美國癌症專家

當記者叩開了圓山大飯店三〇七號房門時，一位白髮慈祥，面色紅潤的健壯老人迎了出來，他便是奧基納醫生，美國的一位著名癌症專家。

他在紐奧連開了一家私人醫院，這家醫院便是用他的名字來命名的，他同時還是美國空軍的醫藥顧問，這次他是在作環球訪問中來到台灣。

這位研究癌症已四十餘年的專家，回憶他對癌症開始發生興趣，是遠在他讀大學醫學院的時候，那時他學的是外科，當時癌症是被醫藥界認為最感困難的病症，但是這位年青的奧基納，從那時起便決心畢生從事癌症的研究，以為人群解除痛苦。

「差不多已有四十多年了」，他重複地提醒我。

他在紐奧連的醫院裡，經常收容患有各類癌症的病人，為他們診治，藉此以收集各種不同症狀的標本，以作為他研究此一問題的研究報告。

癌症究竟有多少種？這真是一個一時難以答覆的問題。大概說來，人體各部器官，皆可能發生癌症。奧其納醫生說：「最普通常見的癌症，不外肺癌、胃癌、食道癌、肝癌、腎臟癌、乳癌、子宮癌等等。」

導致產生癌症的一種細菌（Cancer Producing Agent）於潛入人體某一部份之後，立即引起的是細胞的毀壞，接着便是產生慢性的變化，如胃癌的初期症狀便是胃壁收縮變厚、腫脹，而致硬化或潰瘍。

在病理上，癌症與腫瘤最大的區別乃是前者有移動性的，故醫學上又稱之爲惡性腫瘤，即使施行手術切去，但又會在他處繼續生長；良性腫瘤則一經切除，即可以痊癒。

奧其納醫生認爲在所有癌症中，以肝癌最難醫治；在手術上，只能把肝切除一部，而不能全部切除。所以一個人生了肝癌，既難治而又危險。

全世界有多少癌症患者，奧其納醫生不敢遽作肯定答覆。他說就以美國來說，便有百萬人患此難治之症，其地位僅次於心臟病，構成美國第二大疾病，這眞是一個可怕的數字。他相信世界其他地區亦復如此，癌症患者歷年的增加，對世界人類形成了一大威脅。

以地區來論，各種癌症因人地而異，例如美國人大多生肺癌，日本人多患肝癌，香港則爲喉癌，而台灣呢？奧其納醫生根據報告加以統計，認爲台灣的癌症患者以胃癌居多。在職業方面，與癌症的產生亦有連帶關係，例如粉筆灰吃多了的人容易得肺癌，勞苦奔波的人易得胃癌。在生活上亦復如此，喜吸煙的最容易得肺癌。奧其納醫生關切地望望我「你吸咽嗎？」我搖搖頭。他說，眞幸運！至少你不會有這個問題。我也打趣地說：「如果有，我會寫信來向你求助的。」

所以奧其納醫生說：癌症是因地區、氣候、職業與生活的不同而異。此外，他補充說：不良的營養，亦容易導致癌症的發生。他勸大家要多注意各種營養的配合。

得了癌症，固然不幸，但醫藥發達到今天，癌症並非不治之疾。他說：自鐳錠療法發明以後，多數癌症患者已經得救。最近，美國更發明了一種化學藥品，這可給患者帶來更大的福音。

談到預防之道，奧其納醫生一再勸大家要戒過量之煙。他舉一個事實來作爲例子，他說：「中國之友陳納德將軍，便是因吸煙過多而患肺癌，最後終於不治而死。」

提到陳納德將軍，奧其納醫生說他也是他的病人之一，後來因爲症狀惡化，才轉到華盛頓的陸軍醫院去。

癌症在發現之初，即行診治，很易痊癒。所以奧其納醫生說最好的辦法是每年到醫院去實施檢查一次，如果發現儘早醫治，可免惡化。所以定期檢查不僅可防癌症，而且也是保持身體健康之道。

（五十一年六月四日中華日報）

三位國際友人暢談訪華觀感

這次國慶，政府邀請了不少國際友人來台觀光，其中兩位來自紐西蘭，一位來自巴西，都是商界中的領導人物，記者在兩次不同的時間，分別會見了他們三個人。

史密斯

史密斯是紐西蘭總商會會長，一口蘇格蘭的土音，要很費點力才能聽得清，他這次是應我政府的邀請，偕同紐西蘭聯邦農會會長麥可姆來台參加國慶盛典，一面並考察我國貿易情況，作為發展中紐兩國貿易的起始。

他說他對台灣各方面的進步，深具印象，特別在工業生產方面，他最感到興趣的是台灣的塑膠、玻璃、地毯、鋁片和糖業生產，將來紐西蘭願意輸入這些工業原料和產品。記者詢以紐西蘭有些什麼產品可以作為交換貿易的呢？這位白髮戴眼鏡的商會會長，馬上聳聳雙肩說：「紐西蘭的生產大都以農牧為主，主要的輸出有乳酪加工品和肉類加工，以及將來我們願以這些生產品來交換……，還有台灣的食米，我們也願意輸入。」他提到紐西蘭不出米，而以小麥生產為大宗，但僅夠國內之需，沒有輸出。

史密斯特別喜愛台灣的地毯，他說他們國內沒有像我們這樣厚的地毯，而且編織得如此美觀結實，他希望將來紐西蘭的羊毛，和台灣的地毯，能夠像兩國的友誼一樣連結起來。

麥可姆

麥可姆一從外面回來，便參加了我們的談話，這位紐西蘭聯邦農會會長，非常健談，他首先便盛讚我國的三軍，他說他在國慶閱兵中所看到的三軍，無論在軍容、紀律、裝備方面，均可與任何歐洲國家的軍隊媲美。

在農業方面，他曾參觀過我國的農村，農業研究機構，土地改革情形以及石門水庫的建築等。他對台灣以有限的耕地面積生產，而能應付千萬人口糧食的需求，而至表欽佩。他說紐西蘭的地理形狀，正和台灣情形相同，同樣都是島國、連山脈、河流都是一樣，麥可姆在國內不但是農民的領袖，而且也是一位農業專家，他預計人口的膨脹，相對的必將使耕地減少和糧食不敷，依照台灣的情況，他建議我政府應多開闢山地和實施深耕。像紐西蘭一樣，可在山地發展畜牧業，這可增加農村經濟的繁榮。

對於台灣農業研究機構如台灣大學農學院、農業改進試驗所等過去所從事的改良研究工作，麥可姆先生頻頻讚譽。記者詢以在他國內是否也有類似的研究機構，從事農業的改良。麥可姆笑着說：「這便是我們要向你們學習的地方了。」

麥可姆是一位健談的老者，難怪史密斯一開始便介紹他代表與記者攀談。這位老人娓娓地報告他訪台經過後，他告訴記者說他們這次應我國政府之邀來台，主要有兩個目的：第一是促進中紐兩國的邦交；第二便是尋求發展兩國貿易的可能性。但他與史密斯同樣感到在發展兩國貿易上唯一的頭痛問題便是船舶運輸了，不過他相信這個問題終究會解決的。

法蘭克爾

巴西的法蘭克爾，高高英俊魁偉的個子，當記者走進他房間時，他正在收拾一切，準備搭上午國泰飛機到香港去了。他指着手提包內一罐罐的茶葉說：「我是最愛喝茶的，特別是這香噴噴的中國茶葉。」在巴西不喝咖啡而喝茶，也唯有他一個人了。

這位巴西青年商會的會長，談話極為謹慎，問一句才答一句，決不多說。他係與他的副會長一同應邀來台參加國慶，但他的副會長已先他而走了。法蘭克爾日前曾蒙總統與夫人召見，他極感興奮，他說他看到台灣反共前線如此進步與繁榮，深信中巴兩國必能在反共鬥爭中密切合作。

談到移民巴西問題，他說：「巴西並不是冒險家的樂團，巴西只歡迎工程師等技術人員前往。至於普通勞工，目前並不需要。」這位巴西青年商會會長，無異是對台灣正在熱衷巴西移民的人們賞以閉門羹。

對於那些技術人員前往巴西，手續非常簡單，只要到當地巴西使館獲得簽證，便可前往，並可在巴西永久居留。

記者詢以他這次來台是否亦負有促進中巴貿易的使命，他說他曾和外交部經濟部等官員交換過意見，但迄無具體結論。他說巴西是出產鐵砂最多的國家，可供台灣之需，但問題是兩國距離過於遙遠，運輸不便，中巴貿易之開展，前途尚有重重困難，有待雙方來共同解決。

（五十一年九月一日中華日報）

與美國主婦閒話聖誕

一年將盡，聖誕節又到臨了人間。

西洋人對於過聖誕的重視，好像中國人過舊曆年一樣。這是中西雙方的一個傳統，世世代代，因循相襲，即使歷史背景各有不同，但是在慶祝的意義上，還是一脈相通的。

記者於聖誕節前夕，特訪幾個美國家庭，和他們的主婦閒話聖誕，並且看看她們家裡是如何準備渡此佳節的。

馬丁太太是記者訪問的第一個對象。她中等身材，配上一副白金框邊的眼鏡，走起路來有點左右搖擺。她像一位歷史教授，給記者講了幾個有關聖誕的小典故。

她說：在古代羅馬帝國的時候，每年從十二月十七日開始，便有一連串的慶祝節目。在那個時期內，人民跳舞，相互贈送禮物，佈置家庭和裝飾樹枝，熱鬧非凡。後來這種過節的風俗，便隨着羅馬人傳入了法國和英國以及歐洲其他各地。最後才帶到了美洲大陸。記者問她爲什麼聖誕節後來又改成爲每年的十二月廿五日了呢？她停頓了一會，似乎在追索着那些歷史的考證。她說：雖然，耶穌誕生的日期，很早便有各種不同的說法，但是有一個歷史事實；在羅馬時代，聖地「耶路撒冷」還是以每年一月六日爲聖誕節，所以西方各國在那個時代，也都是在這一天慶祝耶穌誕辰的。但不久之後，約在公元四百五十年左右才改爲每年十二月廿五日爲聖誕節，一直相傳到今天。

據說，當初英國的清教徒，移民到美洲去的時候，美國是沒有聖誕節的，因爲在清教徒的眼中，聖誕節是異教徒的節日。後來宗教獲得自由，美洲人民才恢復了過聖誕的習俗。

今天，美國人過聖誕，眞可謂多彩多姿。由於美國人多半是歐洲各地移民來的後裔，所以有些地方的居民，依然保有濃厚的歐洲地方習俗的特色。例如賓夕法尼亞洲有三分之一是德國人的後裔，德國人過聖誕是着重家庭慶祝和參加教堂儀式。馬丁太太便是其中之一。她是費城人，她的祖父母便是來自德國的北部，她還告訴記者三年前在家鄉過節的情形。

另一位但尼士中尉太太，她是芝加哥人。她說芝加哥大街上的路燈桿，每逢聖誕都要把它裝飾成一顆顆的聖誕樹，在雪景裡特別顯得葱綠可愛。商店更是大事佈置。多數玻璃櫃中簡直都成了活動佈景的舞台。這位但尼士太太她描述家鄉一幅美麗的銀色聖誕的畫景。她說：走在芝加哥街上，遠遠傳來教堂悅耳的鐘樂，使你會感到上帝正在降福於你，你的心情會感到一片寧靜。

年青的麥考納太太，一提到過聖誕，她便說她在做小女孩的時候，最高興聽到「Christmas」這個字了。這似乎與中國兒童最喜歡過年一樣。她說她那時也和其他小孩一樣，聖誕夜，很早便上床睡覺，希望第二天醒來便能看到放在枕邊的禮物。她說有一次她曾夢見聖誕老人從煙囪裡走下來，手裡抱着一大堆禮物送給她。說完了她還作了一個天眞的微笑。

麥考納太太說：孩子們除了喜歡父母親友所送的禮物外，還特別喜愛吃聖誕大餐。麥考納太太說到這裡，還特別領我到廚房中，打開冰箱，指着裡面一隻又大又肥的凍火雞。她說這是從她加里福尼亞家裡寄來的，準備明天大吃一餐。

記者順便參觀了一下她室內的佈置。一顆大聖誕樹，上面綴有銀絲花卉和無數紅綠小燈泡，像天空閃爍着的星星。客廳的牆壁上，貼有各式各樣親友們寄來的聖誕卡，洋溢着無限的溫馨。當記者臨別時，麥考納太太還祝福了一聲「聖誕快樂」。

（四十九年十二月廿五日中華日報）

訪空中教學巴汀娜女士

從本月十六日起，在每天清晨六點四十分到七時十分之間，你把收音機撥到空軍電台九八〇千週，便可聽到親切的西班牙語教學聲音，這便是曾經得到兩個博士學位的巴汀娜女士。

巴汀娜女士原籍西班牙，她在馬德里大學先後獲得了法學和哲學博士，一九三〇年，她離開西班牙到法國，在巴黎大學研究教育與心理，和她現在的外子當時亦在巴黎大學研究地理、海洋和氣象的中國留學生劉衍淮邂逅，由於彼此學術才華的吸引，這對異國學人，遂由相敬而相愛，終於愛情超越了國界，他們便於一九三三年雙雙在柏林結了婚。

婚後，他們渡過了一段甜蜜的生活，劉衍淮於翌年便先回國來了，他先在北平師範大學任教，民國二十四年，他轉到中央航校擔任氣象教官，他的夫人巴汀娜女士便在那年被接到中國來和她丈夫團聚，他們先在杭州，抗戰後便一直住在四川成都，她外子在那裡主持空軍氣象班的訓練工作，數十年如一日，直到去年退役，現在他是師大史地系教授，所以巴汀娜女士曾經亦是空軍的軍眷，而現在卻成了教授的夫人。

從外表看去，巴汀娜女士一望便知是一位熱心的教育家，她是一個平凡的女子，但有着偉大的樸實氣質，臉上常掛着一絲和藹的微笑，她，五十餘歲，戴着一副眼鏡，和普通的中國婦女，並無任何差異，她除了能說西、德、英三國語言外，中國話也說得很好。有時她的國語裡還夾帶一些她丈夫的山東鄉音，有時她也能說上幾句不太純粹的北平話，不過她在家中和丈夫都是用德語交談的。

巴汀娜女士來到中國後，不久便遇上抗戰，在抗戰期間，他們一家在大後方，生活過得很苦，儘管如此，她在中國生活絲毫沒有不習慣的地方，她學會了做各種各樣的中國菜，還會包餃子，蒸饅頭，做些她丈夫喜歡吃的麵食，她告訴記者說：「在中國一切都很好，我很愉快！」

來到台灣後，巴汀娜女士一直都是在從事西語的教學工作，她曾經先後在高雄的一家補習班，台北的軍官外語學校，外交部的西班牙文補習班擔任西語教授，現在她並且還是私立淡江文理學院的專任教授，擔任西班牙和德語的教學，十餘年來，以她的熱誠和認眞的精神，曾經培育了很多西語人才，在未受聘爲空軍廣播電台播授西語前，她曾經在教育廣播電台擔任同樣的工作，她的西語教學和趙麗蓮博士的英語教學，在台灣有異曲同工之喻。

巴汀娜博士認爲學習一種外國語言。最重要的是要有永恆的興趣和時常的練習，才有成功的可能，她覺得學習西班牙語並不困難，如果英文已有根基的人，學習這種第二外國語只要有二年的時間便可以了，這是因爲西班牙文和英文都源出自拉丁，若干文字均極酷似，只是文法變化不同，但是如果有了高度的興趣，則在學習過程中的若干困難便可以克服，巴汀娜女士亦不諱言電台教學受到空間和時間的限制，使聽衆不易獲得練習的機會，不過她認爲這是次要的問題，許多電台從事英語教學不也受着同樣的限制嗎？但效果依然很高。

爲了使英文程度稍淺的聽衆也能同時學習西班牙文，巴汀娜博士現在已經自己編譯了一本西語教本，用中文註解，這本教本尙在付印中，但已有很多聽衆寫信向她預約了。她說普通教西班牙文，都是用英文註解，這樣使一些英文程度較淺的在學習上感到若干困難，所以她決定改變原來教本，使符合中國人的需要。她說她願意幫助每一位聽衆學好西班牙文。

巴汀娜博士的家人現在南美智利，她父親原來是外交官，後來退休當教授，兼營出版商，巴汀娜博士共有兄弟姐妹六人，他們有的在智利，有的在美國，雖然離開家人已有二、三十年了，但她和劉衍淮結婚後，自己也有個溫暖的家，子女七人，最大的兒子已有廿八歲，現在省府工作，最小的也進中學了，她現在已有較多的時間，來從事語文的教學工作。

巴汀娜博士說她太懷念大陸了，她曾經到過北平、濟南、杭州、昆明、重慶、成都、海南島等地，各地對她都有過很深的印象，她說她希望政府快點反攻大陸。

（五十一年二月二日中華日報）

榮獲總統頒獎的陳維屏牧師

今年已屆八七高齡的中華民國基督教協會理事長陳維屏博士，昨日榮獲國防部彭總長代表總統頒授的一座陸海空軍甲種二等獎章，陳老牧師在過去兩年來，不辭旅途辛勞，不避共軍砲火危險，親自數次組團前往金馬前線勞軍，為孤守第一線的國軍將士帶去了無限的精神鼓勵與安慰。

這位精神矍爍，終身從事教會工作的老牧師，他經常穿一套長袍馬褂，雪白的短鬚，戴一副黑邊眼鏡，待人和藹可親，是一位道地的中國長者。陳老牧師的年齡，如果照中國人的算法，已經是八十八歲，但是他的健康情形，和二、三十歲年輕小伙子比起來，並無遜色，有時那些小伙子還不及他哩！記得去年底他率團赴馬祖勞軍，途中遭遇八級風浪，在搖晃得十分厲害的軍艦上，大部份勞軍團員都嘔吐了，躺在甲板上動彈不得，但是陳老牧師依然飲食如常，並且還時刻去看顧那些暈船的青年聖歌隊。在馬祖山地，他到各基地去勞軍，健步如飛，其熱誠的態度和精神，感動了前線每一位官兵，使他們的心溫暖起來了。

陳老牧師常常對人說：「我今年已經八十七歲了，我還能活幾年呢？趁我有生之年，儘量爲國家出點力，赴前方勞軍只是我的本份罷了。」他說：「我們住在後方能夠安定，能夠有信仰自由，都是第一線將士所賜。我們到前方去表達一點謝意，這算得了什麼？」

愛國的陳老牧師，不但在國內上前線勞軍，他猶恐力量太小，所以還發動了全世界的基督徒慰勞金馬前線三軍將士，在過去兩年中，他以中華民國基督教會暨教會團體聯合慶祝聖誕節籌備會主任委員的名義，寫信給全世界各民主國家的教會，曾經收到很大的效果。他說有位美國老太太，年紀比他還大一歲，雙腿已不能走動，但她每屆聖誕，都要寄來十條她親自繡好的手帕給我們金馬的將士。去年她爲了怕遺失，還特地用掛號信寄來，雖然收到時聖誕已過，但這種熱愛中國軍人的精神，使他永遠難忘。

陳老牧師是北平人，一八九六年畢業於北京滙文大學。一九一○年到一九一五年他到美國留學。先在俄亥俄州衛司連大學得碩士學位，後又在波士頓大學得博士學位。回國後，即在教會服務，宣傳福音，迄今已達六十六年。陳老牧師之獻身宗教，說起來還有一段故事，當時他在北京滙文大學文科畢業後，他的父親要介紹他去替築鐵路的英國工程師當翻譯，月薪三百元大洋，待遇已經很高，但他在面臨抉擇的前一個晚上，突然記起在校作早晨禮拜時所讀過的一篇聖詩，上寫道：「耶路撒冷啊，我若忘記你，情願我的右手忘記技巧，我若不紀念你，情願我的舌頭貼於上膛。」他想：「如果我忘記了神的教誨，舌頭要貼住上膛，還能說英語當翻譯嗎？」所以他決定不當翻譯，而去鄉下小教堂作一名試用傳道，月薪只大洋四元，雖然後來升級加薪，但仍只有幹翻譯月薪的十分之一。在八國聯軍戰亂過後，他買下了一塊價值六元的土地，幾年後，那地附近逐漸繁榮，有人向他出了六千元的高價買他的土地，成交後，他便拿了一小部份去美國進修神學，這也可以說是上帝助他出國的一個奇蹟。

回國後，他最先辦了個教會週刊，後來又在南京金陵神學院當教授，在上海衛理教堂服務的時候，他曾親見江長川牧師爲蔣總司令——即現在總統蔣公受洗。來台後，陳老牧師在士林凱歌堂擔任總統的私人牧師，他推崇總統是位虔誠的基督徒，信仰堅定，每日早晚必作禱告、唸聖經。他說：「記得去年一次可怕的『南茜』颱風，如果來了，它所產生的損害，將使台灣倒退十年，後來『南茜』颱風臨時轉向，便是總統禱告的結果。」

陳老牧師告訴青年人說：「當大困難來臨時，你要堅定信仰，虔誠禱告，便會獲得平安。」他懷着一顆耶穌救世的心靈，平時樂善好施，常常接濟貧困，他說：「我每次這樣做了之後，晚上總是睡得很好。」

他每天早上七時起床，晚上十一時入睡，生活很有規律。他健康的主要原因，他說過去喜歡打網球，現在則以散步作運動，每天總要走二、三里路。

基督教是反共的，陳老牧師的反共信念更是堅定。他批評少數美國教會人士同情共產黨，是一種「把虎豹抱在懷裡」的做法。他說共產黨就和聖經上的魔鬼一樣，是不能把他當兄弟一般來感化的。

如果說要做基督的精兵的話，那麼陳老牧師就是基督的精兵。他爲了反共，天天東跑西奔，非常忙碌，十餘年來我國基督教會各種反共護教活動，均以他個人名義向國內外呼籲，而獲得熱烈的響應及支持。他說：「在廿世紀的教會史上，我們中國教會是最先遭到赤魔最悲慘、最毒辣和空前未有的迫害，我們怎能不痛心疾首要負起推翻中共政權拯救大陸苦難弟兄姊妹的任務呢？」

（五十一年二月十七日中華日報）

美人與博士會面記

「和韓中尉通信三年多來，使我最欽佩的是他崇高的理想和遠大的抱負，因此由尊敬而……」年青而甜美的翁梅藟小姐，昨天在圓山七海新邨首次和學成歸國的海軍中尉韓光渭博士見面，向記者道出她對韓博士通信而認識的印象。

「本來嘛！對女孩子來講，這種方式可以說是一種大膽的嘗試，不過，我們寫信時都把內心要想說的話寫出來，所以在見面前彼此都已有了相當的認識。」

翁梅藟小姐昨天穿了一件黃色的羊毛衣，咖啡色的窄裙，沒有燙過的秀髮，猶是一副女學生的打扮，她和韓博士雙雙坐在沙發上，一種發自心底愉快的微笑，混和着少女特有的嬌羞，浮現在她的臉上。

這位原籍浙江餘姚的小姐，是本市一所「新娘」學校——實踐家政二年級的高材生。實踐家政素有「美人窩」之稱，第一屆中國小姐林靜宜，便是出在她們的學校，現在已是她們的助教，翁小姐寒假終了，昨天她和姐姐兩人從屏東家裡乘「觀光」號趕來台北，一方面到校註冊，一方面要和她從未見面的情郎相會。翁小姐說在安排初次見面時，她的姐姐先來打前站，然後她們才正式見面。

翁小姐有說不出的喜悅。她說：「當韓中尉從美國起程回國時，我本來想趕來台北接他，但是因爲他坐的是軍方專機，不知道確實來到的日期，後來還是從收音機聽到他到了的消息。」

「第一次見面時，韓博士送你一件什麼禮物？」記者問。

「一個可愛的洋娃娃，睡倒時眼睛會自動地閉上。」她得意地回答。

「你們見面後談了些什麼，可否請透露一點。」記者又問。

「告訴你也無用呀！」她嬌羞地低下了頭，和他同時笑了起來。

提起他們倆人認識的經過，翁小姐說：「我和他的認識是老師介紹的，因爲我老師的先生是韓中尉的同學，介紹之後倆人便互相通信。」

「第一次通信是在那一年？」

「四十七年底。」他想了一回，韓博士這時也插上一句：「有照片爲證。」她嫵媚地笑了。

翁小姐是出生在一個新式的家庭中，她父親現在屏東警界服務，家裡只有她和姐姐倆人，姐姐現在台北銘傳商專肄業，父母對她姐妹倆都視如掌上明珠。

「你和韓博士的事，家裡同意嗎？」

「父母對我們的事是聽其自然，但是是非判斷要靠我自己。」她似乎很有主見地回答。

翁小姐原畢業於屏東縣明正中學，現在還有一年便要在實踐家政專科學校畢業了。問到她畢業後的志願時，她說：「我希望畢業後到中學當教師，這樣可以把我在學校裡所學到的教給別人。」

她對現在社會上的戀愛風氣提出她個人寶貴的意見，她勸告青年人要有抱負，多求上進，才能贏得女友的芳心。她說：「一般女孩子總希望男孩子要追求學問，對某方面要有興趣和抱負，並且不斷地努力，這樣才能令人尊敬。」

韓博士在學業上的成就，終能贏得她的傾心，便是一個很好的例子。

「你們將來計劃怎麼樣？」

這個問題可把他們問住了，翁小姐望望韓博士，韓博士也望望翁小姐，彼此都笑了一半，倆人似乎內心都早已有了默契，只是不好意思誰先開口。

「好事近了吧！」還是記者直截了當地問她。

她笑得更甜了。

「不會有大錯！」她俏皮地回答，望了他一眼，他也笑了。

韓博士和翁小姐的喜訊不久當可傳出，韓博士說海軍總部將會配給他一棟眷舍，將來他希望住在北部，他現在的職務已發表爲海軍專科學院的副教授，但是他將以大部份時間在交大研究所工作。

對於韓博士來說，翁小姐將是他的一位極能幹的賢內助，她說：「我對電子雖是外行，但是各有各的生活。」翁小姐學的是家政，她當能爲他佈置一個溫暖而安適的家，使他在研究工作上能獲得更大的成就。

他們之間有個共同的愛好，便是散步。此外，韓博士喜歡打網球和游泳，而她則喜歡閱讀報章雜誌。她說：「報章雜誌上有許多新知識，這是一般書本上找不到的。」總統和夫人日內也將召見韓博士，面予嘉許。韓博士還打趣地說：「我還想請夫人爲我介紹女朋友呢？」現在，他已有了這樣一位美麗的女友，夫人很可能將爲他們證婚哩！

韓博士已準備和他女友，雙雙南下去拜見他未來的岳父母大人了。他說：「那要等到下週以後才能動身了。」

（五十一年二月二十四日中華日報）

訪李旭初博士談未來太空的發展

人類的智慧，創造了時代，也改變了人類的生活環境，今日我們所處的是一個偉大的太空時代，科學家們正在不斷地發掘宇宙的奧秘，從環繞地球的飛行，到月球的探測，以及上週對金星發射的成功，人類征服太空的信心，因而倍增，隨着這個新時代的到來，我們應該怎樣去認識它呢？記者昨天很榮幸，在空軍總部聽到我國權威太空醫學家李旭初博士的一篇有關未來太空發展的專題報告，特加以介紹，以饗讀者。

你也許不會相信，現在的太空醫學家正在從事人類「起死回生」的研究，而且已獲得初步的成功。爲什麼現在要從事「起死回生」的研究呢？這與未來太空發展有關。人類將來旅行太空是不成問題的，從這個星球到那個星球，有的距離較近，例如到月球旅行一趟往返只要兩個星期便夠了，但是有的距離地球很遠，例如土星去一趟要花七十六年的光陰，那麼一個人的一生，最多能去一趟便要死在土星上不能返回地球了。因此科學家們正在研究實驗，如何能把一個人先把他凍死，暫停生機活動，等幾十年後再將他起死回生，如果這件事研究成功，那麼旅行土星以及其他更遙遠星球的問題便可以解決了。對於這件事，據說科學家已發現人類細胞是一種電能活動，心臟亦就是一個蓄電所，如果把這種電能除去，人類便會死去，但只要一充電，人死便可以復生了，這件事已在單細胞的生物上試驗成功。美國科學家曾用蚯蚓來實驗，結果證明這種起死回生的方法是可以行的，現正進一步用冷血生物如魚蝦來作試驗，再進一步到哺乳動物，最後如完全試驗成功，則可應用於人類。到那時，人類便可以起死回生，旅行太空的困難問題便可以解決了。

旅行太空，我們應該知道最基本的常識，便是物體進入太空的幾個原則，亦即是動力與速度的原理，通常物體向上飛行速度每小時不及一萬八千哩時，將被地心吸力所吸回，如達到一萬八千哩的時速，便可進入軌道，自動環繞地球運行，倘速度再快一點，達到每秒七哩的速度時，即可脫離地心吸力而前往星球。例如到月球的速度需二萬五千哩的時速，以上這種速度的產生，都是利用火箭作動力，而且一切都經事先週密計算，才不會「失之絲毫，差之千里」。

到太空去不是件很簡單的事，載人的太空艙更是一種科學的設計，這種與外界隔絕的密封艙，它的形狀很像一只電燈泡，其外殼構造要能承受得起華氏二千度以上的高溫，內部恰好可容一個人側身而進，在火箭發射上昇時，人在太空艙裡是躺着的，但脫離地心吸力後，太空艙自動轉身，人便是坐着。這時人在裡面便可依照地面指示從事各種儀器活動。在返回地球時，只要一按太空艙本身所攜火箭，便可將其射回地面，如果飛行員反應動作稍遲，則降落地點與預定地點便要相差很遠，太空人卡本特的降落誤差，便是一例。

在太空艙設備方面，美國較蘇俄來得完備，尤其是緊急脫離設備，俄國太空艙均付闕如，原因是他們不重視人命。現美國已完成的太空飛行，有謝彼德的弧線飛行，和卡本特的軌道飛行，目前所從事的是「阿波羅」月球探測計劃，預定於兩年內先把探測儀器送上月球，以蒐集月球上的各種資料，三年後阿波羅太空艙將繞月球飛行，六年後把猴子送上去，八年後人類可正式登上月球。

對於月球，人類現在對它有些什麼認識呢？據蘇俄自稱它已攝得月球反面的照片，而且把它在月球上所發現的冠以所謂「莫斯科海」和「列寧大山」等地理名詞，到處宣傳，誇耀成就。就目前月球探測工作尚未展開前，科學家們已知道月球表面無空氣，溫差很大，晝夜很長，約各當地球的兩週，晝間溫度約爲二百一十四度，但晚間則降爲零下二百五十度，且月球無地心吸力，重量很輕，到處瀰漫着有害的放射光、宇宙光，故人類如何才能登上月球，需要事先進行各種科學探測，在年內第一個上月球的將是Range 月球探測儀利用照像電視將資料送回地球，另一種名月震探測儀，還有爬行探測儀，都是爲登陸月球而從事的準備工作。美國用於「阿波羅」月球探測計劃的預算是二百億美元。平均每一美國公民要負擔二百美金以上，將來送「阿波羅」太空艙上月球的是「農神五號」火箭，它可產生七百五十萬磅衝力，到月球需時五天，因爲速度越走越慢，初離地球時爲二萬五千哩時速，但將到達月球時僅爲五千哩時速，於返回地球時則相反，愈走愈快。

由於太空衛星的發展，現已有人考慮利用衛星來供監視突擊之用，便是放一個衛星在敵國上空，其高度高到使該衛星永遠停留在敵國上空，以監視敵人可能的突擊，這在今日按鈕戰爭時代，此一方法被認爲是最有效的警報系統。

究竟今日國際法上對太空範圍如何規定呢？李博士稱：今日國際間均認在本國衛星圈內者爲內太空，在外爲外太空，一國領空權可及於內太空，但須以該國有衛星爲前提。

世界各國均努力於太空的發展，即亞洲的日本在這方面亦急起直追，以便趕上太空時代。李旭初博士於上週始從日本出席遠東航太空醫學會議歸來，他深盼國人能促起對這方面的注意，先求得太空知識的普及，俾能在思想與觀念上有個充分的準備，以迎接這個新時代的到來。

（五十二年十月廿日中華日報）

肆・外島紀行

金門行

當我們一行七人出發到金門之前，蔣副主任頻頻叮囑：「金門天氣比較冷，你們要多帶一點衣服去啊！」

他是懷着這種關切的心情到前線去，作蒞任以來首次實地訪問，他認爲總政治部的工作重點，應該放在多爲部隊解決實際問題，因此他親自訪問部隊，發掘問題，看看部隊究竟有些什麼需要？有些什麼困難？這次他到金門，便是他工作計劃的開始。

金門——從去年「九三」炮戰以來，這塊曾爲舉世矚目的彈丸小島，成爲國際局勢的焦點。事實上，金門就像一把利劍，插在中共的胸膛，有它存在一天，中共就寢食難安，有它存在一天，我們自由中國的反攻便隨時都可實現，凡是最近到過金門的人，唯一的印象是金門已在炮聲中堅強起來，壯大起來。

記得有一次我在「美國新聞與世界報導」雜誌讀到一篇有關瑞典國防往地下走的報導，這次我們至大小金門的工事裡整整鑽了一天，才想起了那篇報導與現在金門的防務有些相似，那便是金門的工事也是深入地下，東轉西彎，四通八達，我們在裡面簡直有如陷入八陣圖，如果沒有人領路的話，那我們很難走得出來，更談不上辨別方向了。

我好奇地向一位陪同的守軍軍官發問：「假使一旦發生情況，你們在隧道中聯絡不是很困難嗎？」

「哈哈！有什麼困難？這些隧道都是我們弟兄一手掘通的，不用燈，我們也可以在裡面行動自如，決不會走錯，如果一旦有情況，各個據點間便用它來當交通壕。」

六年前，胡璉將軍的部隊曾在這裡留下一頁光榮的史蹟——古寧頭大捷，當時俘虜的共軍約有六千餘人，繳獲武器約四千餘件，至今共軍心有餘悸，不敢貿然來犯，因爲守軍正在等待着一個機會——創造二次大捷的光榮紀錄，而且正好趁此反攻大陸，所以他們都等得不耐煩，恨恨地咬咬牙，指着對面罵：「他媽的，有種請過來！」

我們在古寧頭訪問了當地守軍，參觀了工事碉堡，蔣副主任對他們的生活特表關懷，他們的廚房裡粉刷得纖塵不染，一位炊事同志向副主任報告需要一匹豆腐磨，副主任即允許記下照辦，後來他又問起他們的康樂活動及其他方面有些什麼需要，都一一記下以便帶回去辦理，他對我們說：「部隊有什麼需要，我們都要儘力爲他們解決。」

「對面就是大陸……那是廈門，靠這邊是鼓浪嶼……再過來那是紅頭嶼……中共的炮位，一處、二處……那山上有他們的雷達站……」一位守軍部隊長向我們報告當面敵情，我們在靜靜地細聽。

「多麼近啊！」我想，只此一水之隔，將這世界劃分爲自由與奴役，天堂與地獄，光明與黑暗的區域，海的那邊，還有我們的家呢？在魔鬼的蹂躪下，六年了，我們能長期忍受麼？我想着想着，似乎看見千萬同胞在向我們招手，去拯救他們吧！他們是多麼迫切需要我們快些去拯救啊！

我呆呆地望着對面青翠的山巒，使我又想起那首詩：「啊！大陸，我的母親？終會有一天，我會再回到你的身邊……」

從望遠鏡裡，我發現對面一個無人小島上有面鮮艷的青天白日滿地紅國旗在迎風飄揚，我不禁高興得叫起來。

「國旗，我們的國旗！」

「是的，那是我們派人去插上的。」

「那叫什麼島？」

「白嶼——中共看得最清楚了，這亦可以說是我們對中共心理作戰之一。」

那面國旗，它象徵着自由和光明，給被控制下的共軍官兵們一個希望，我想他們爲什麼不派人把它除去呢？可以說他們還是嚮往祖國的，他們現在只不過是等待時機罷了，不久以前，不是有位共幹渡海向此間守軍投誠嗎？

（四十四年十月二十六日青年戰士報）

從金門看海峽情勢

從金門來看海峽情勢，至少到目前爲止，還看不出中共有積極進攻的跡象；即使在預見的將來，從各方面因素和情報來判斷，中共更無能力來進攻金門，這是記者深入金門和大膽前線作三日採訪所得的總印象。

儘管從四月上旬以來，中共即開始在福建沿海重作軍事上的調整與部署，而且地面部隊的兵力較前增加達七個師之衆，然而在海空軍方面，卻並無顯著的增加，同時我方亦未發現共軍有集結大批船舶，以作渡海進攻的舉動。

也許，在華府，在倫敦，甚而是在台北，人們會受到一種緊張情勢氣氛所感染，報紙的聳人聽聞和各種不同來源的報導，事實上也使剛去金門的人增加一些不必要的緊張與不安，但是當你到了金門，住上三五天之後，你會覺得後方人們過去那種緊張與不安，實在有點可笑。

在金門，除了隔日可聞到中共從對岸打來的零星炮聲外，一切都呈現着那麼安謐如恆的景象，七月的金門，其酷暑程度並不減於台灣，你可見到田野之間，三兩農夫，耕作之餘，坐在樹蔭下乘涼，靜聽着陣陣的蟬鳴；望着他們辛苦培植的農作物，面上露着絲絲滿意的微笑。金門街頭更是一片繁榮，商店陳列着各種台灣去的貨品，流行歌曲充耳可聞，還有金門出產的高粱酒，向着每位過往的旅客招手。入夜之後，街上紅綠的霓虹燈，閃耀着誘人的光彩。前線的英勇將士，包括戰地司令官在內，他們都已習慣於在敵人的炮火下生活，在一起戰鬥，也在一起歡笑。

金門可以代表着自由中國勝利的象徵，這不僅是金門當地軍民流血流汗所得到的一份榮譽，而且整個自由世界也因爲金門的屹立與存在而感到無上的驕傲。十年來，這個總面積僅一七八平方公里的金門島群，遭受到共軍近九十萬發砲彈的連續轟擊，非但未能傷它分毫，而且經過千錘百鍊之後，它的堅強，更扭轉了整個海峽的形勢。

金門存在的重要性，是具有雙重的意義，在軍事上，它屏障了台澎的安全，使台灣本島的防禦，向前推進了九十哩的縱深，敵人無論從海上或從空中進攻，均不致立即危害到台灣本島的安全；其次在政治上，金門的存在，也就是大陸上億萬同胞自由希望之所寄，記者曾聽到一位副司令官的報告說，在距離廈門僅四千公尺的大膽山上，有一面飄揚的青天白日滿地紅國旗，中共爲了要摧毀這面自由象徵的旗幟，曾用砲火先後對它轟擊了十五次，才把它打掉，但沒有一會，另一面鮮紅的國旗又換上去了，可見中共對它的恐懼，深恐大陸同胞看了會嚮往自由中國。

十年前，中共口口聲聲喊「解放金門，血洗臺灣」，對金門尤其極盡恐嚇的能事，但是最近，金門對岸中共的廣播和喊話，都以過去國軍在大陸剿共失利的戰史爲主題，說什麼「如果你們要反攻，就會和過去一樣失敗」來壯膽子，從他們這類宣傳來看，也可以看出中共確是恐懼國軍反攻大陸，充分表現出一付色厲內荏的窘相。

記者在金門，根據實地觀察和情報報告，以及中共在大陸上的政治、經濟情勢，深信在可見的將來，中共根本無力進攻金門，即使它敢於作孤注一擲的軍事冒險，結果也是註定了失敗的命運。正如同前線指揮官說：「當他們進攻失敗之時，也便是我們登上大陸的時候。」現在，前線的官兵，戰志昂揚，士氣如虹，「不怕中共叫，不怕中共跳，就怕中共不來打」，如果中共眞的來打，那麼他們的末日便到了。

中共無力進攻金門的因素是很顯然的，第一它無法取得制空權，海峽制空權始終操在我方手裡，今後中共如有行動，它必須先取得空中優勢，但是這一企圖過去已被我空軍全部粉碎。目前，金門對岸四百五十哩半圓內，共機仍維持二百七十架之數，足見它尙無積極進攻的跡象。

第二它無法集結渡海船隻，金門當面可供集結船舶的廈門港，日夜均在我雷達嚴密監視下，同時，我空軍偵察機也經常飛臨沿海上空，實施空中偵察，如共船一旦集中，我砲兵立可將其摧毀。

第三它已遭到先後兩次重大的失敗：第一次是卅九年古寧頭一役，第二次是四十七年「八二三」之役，中共經過這兩次慘敗後，根本已是黔驢技窮，在走下坡路了。

除了以上軍事的因素外，更重要的是它經濟的因素，亦即由於大陸飢荒造成的形勢，中共實無力再發動一次大規模的軍事行動，再加上共軍的不穩和人民反共情緒的高漲，更使它不敢輕於作軍事上的冒險，而最近福建沿海中共兵力的調動和增加，根據種種跡象的判斷，是偏重於防禦性的居多，同時爲此種主觀和客觀的形勢所迫，中共才創造了我們所面臨的所謂「緊張局勢」。

從戰地所獲得的報告中，對岸共軍的構工活動，步砲演習，民兵組訓，陸上運輸，以及高級共幹的出現，都較上月廿日以前爲多，這可說明了他們臨時的慌張與恐懼，才會產生這種現象，而他們這種現象，也就是由於在大陸饑餓情勢下，大批難民的逃亡，和共軍的不穩所伴隨產生對國軍反攻大陸的恐懼而形成的。

（五十一年七月十八日中華日報）

金門建設在猛晉中

金門，今天它是一個多麼響亮的名字，它代表着中華民族一種不屈服的精神，自由世界人士到過金門參觀的，至少有五十個國家以上。

凡是去過金門的，不論中外人士都會讚上一句：「堅強如堡壘，美麗似公園」，而改變了他以前把金門認作荒島的觀念。

的確，金門是在敵人的砲火下成長、茁壯而堅強起來了。在另一方面，政治和經濟的建設，使金門眞正走上三民主義模範縣的大道。

記者在數年前曾到過金門一次，但這次重臨舊地，發覺那裡的一切都改變了。她似乎換上了一套新裝，以優美而綽約的風姿，迎着遠道前往的訪客，而予人一種「新」和「美」的感覺。

金門，如果經過妥善的設計，可以成爲自由中國一個「戰地觀光區」，當可吸引許多慕名前往的遊客。事實上，政府對每一位來華訪問的貴賓們，都安排有參觀金門的節目。當然在正式闢爲觀光區以前，有許多軍事和安全上的因素，必須被考慮到。

金門機場附近的風光像美國西部的阿利桑那州。下了飛機，橫在西面的一系列紅土山崗，好像是人工砌琢而成，蒼綠的矮樹林，密佈其間，東面緊接料羅灣，海浪無力地拍打着白皚皚的沙灘，不時飛起一、二隻白色的海鷗。從機場到金門城，循着平坦的柏油公路，經過坡度不大的丘陵，疏落的農莊，和連綿縱橫的阡陌。公路兩旁，松林夾道，蟬在樹上唱着動聽的歌聲，當你置身其間，簡直忘了你已來到了戰地金門。

但是數年前的金門，是什麼情形呢？島上的公路，全是泥土路面，天晴時車輛過處，塵土飛揚；天雨時泥漿四濺。各處更是光禿禿地一片，沒有樹木，田地荒蕪，農村破落，幾與「荒島」相去無幾，然而現在，金門的改變實在太大了。

由於金門是戰地，所以它的行政組織亦與一般不同。一切置於軍事管理之下。戰地司令官是當地最高軍政首長，在他之下設有金門政務委員會，下轄金門縣政府，縣長由軍方派任，縣以下組織與一般相同。

根據金門王縣長的報告，金門縣政府在過去數年來，集中全力來解決缺水、缺糧、缺燃料和缺人才的四大困難，目前已見成效。例如在解除水荒方面，金門全境已掘有三千餘口井，每村更挖有池塘，可以儲水，現在水荒問題已告解決。

在糧食增產方面，他們開墾了九千畝荒地。並且在農復會和美援會的技術援助下，增加單位面積生產量，多植旱地作物如高粱、西瓜、花生、玉米、蕃薯等，政府並以米穀和人民的高粱交換，原來金門每年生產食糧只夠三個月之需，現在每年尙差三個月，預計四年內可達自給自足。蔬菜年產原僅四十八噸，現已增加到一萬一千餘噸，除了供本島軍民食用外，尚有剩餘輸出澎湖。

植樹也是金門的一大成就，對於水土保養頗有貢獻，現每年島上栽樹量爲四百萬株，已栽的共計二千一百萬株，除了這些防風林外，金門縣府並計劃栽植木材用的林木。

在解決燃料問題方面，除了利用枯枝落葉之外，金門縣府正擬裝設煤氣來解決軍民燃料之需。至於人才缺乏，他們用各種方法向台灣延聘人才，去金門作短期指導，並實施在職訓練。此外他們並謀自行設法訓練農業人才。

在金門，政治風氣和社會風氣都非常良好。賭博是在嚴禁之列，軍公人員如有違背者，一律撤職查辦。老百姓因民風純樸，沒有有閒階級，也沒有賭博情事，這一點對台灣社會是個很大諷刺。此外，金門的冰果店和撞球場，是禁止僱用女服務生的，爲了這件事，王縣長曾遭到地方少數人的反對，但他以保持地方純樸民風爲重，堅持主張，所以當你光顧金門的冰果店時，那裡並沒有年輕漂亮的小姐上前來招呼的。

金門城內街道房屋依然保有大陸小城市的形式，僅有的一條大街，市面也很熱鬧，商店中以賣金門土產較多。城內唯一的一家僑豐出租汽車行，共有兩部車，一大一小，據說生意好得很，台灣的充員兵，放假時荷包都是滿滿的，他們都是喊車上電影院，因此供不應求，乘客還必須排隊等候哩。

在敵人砲火籠罩下的金門，除了每逢單日可以聽到對岸共軍射來的零星炮聲外，一切都顯得非常安詳，他們似乎已習慣於這種砲火下的生活，沒有絲毫驚慌與不安，這會使初到金門的人感到有些意外。而且這個曾經落彈達九十萬發的小島，在表面上竟看不出一點受創痕跡，這也是使人們更感到它偉大的地方。

（五十一年七月十九日中華日報）

馬祖前線巡禮

一、

兵家有言：「善守者藏於九地之下。」這是記者過去三天來訪問馬祖群島所得到的一個總印象。

馬祖位於閩江口外，距基隆約為一二〇浬，為屏障台灣的北門，形勢十分險要，馬祖島群是由南竿、北竿、白犬、大坵、高登及東引等六個島嶼組合而成，總面積二八·四平方公里，歸福建省連江縣管轄，其距大陸的北茭半島，最近者約有八千餘公尺，馬祖現已成為自由中國最北的反共前哨。

在「確保馬祖」的任務提示下，數年來馬祖的防務與建設，由於戰地軍民一致的努力，已有突飛猛晉的進步，今日的馬祖，已非昔日的荒島可比，全島舖有高級水泥路面的公路，四通八達，也有良好的泊港，可供起卸，他如電力、給水系統等公用設備，予戰地軍民生活上莫大的改進。而尤以馬祖防務的鞏固，軍民的團結，軍政的配合，使記者深深感到外島的堅強對於台灣的安定與繁榮有着極重大的貢獻。

在馬祖當面，被我所牽制的共軍估計約有十二萬人，目前共軍活動限於陸上構工，海岸巡邏和空中警戒而已，他們對於日益堅強的馬祖，只有徒增心理的恐懼，和加速他們崩潰的到來。

馬祖島上的防務，是堡壘化、地下化，各守備據點間構成了地下交通系統，記者曾在其中一條主要隧道走了一遍，參觀各作戰指揮部門，發現這項工程的偉大，眞是鬼斧神工，將天下的事變不可能爲可能。原來這些鉅大的防禦工事，都是戰士們用雙手來完成的。

在山坡上，到處可見的是一些堡壘式的房屋，深入山中，但也有些高大堅固的建築，不過都經過地形的選擇，普通的漁村，則散落在沿海的山凹裡。馬祖各島居民百分之九十以上是靠捕魚爲業。

記者在馬祖參觀了一項火力示範演習，這項演習，是顯示全島對空對海火網的構成，爲了便於參觀，特在夜間舉行，當指揮官下達射擊命令後的一霎那，防空砲火在空中佈成了一幅美麗而嚴密的火網，彈道像流星疾點似的交叉穿梭而過，任何敵機都不能對馬祖形成威脅，而只有地面的高射砲火威脅來襲的敵機。

對海面的射擊，守軍還特別發明了數種克難的照明設備，在夜間敵人登陸時使用，以幫助發現目標而一舉殲滅之，這些設備的設計非常巧妙。

馬祖距離大陸平均不到一萬公尺，在雙方對峙狀態下，熱戰未爆發之前，心戰已成爲對共軍打擊的有力戰術之一，並且，我方居地理上的優點，可用汽球空飄傳單到大陸，或用海漂也可以，執行這項任務的是馬祖心戰指揮所，指揮所裡陳列有各種傳單樣品和海漂日用品等。琳瑯滿目。

馬祖對中共心戰最成功的效果，是最近中共福建省某海藻養殖場場長丁道金夫婦等七人駕艇投奔自由，在記者訪問期間，他們尚在馬祖等船前往台灣，接受政府的歡迎。

馬祖地區眞是做到了軍政一體，軍民一家，團結戰鬥的目標。馬祖地區自四十五年實驗戰地政務，其行政編組，略與後方不同，戰地指揮官集軍政民政於一身，以便動員地方民衆，支援軍事作戰。現馬祖設有戰地政務委員會，是戰地最高民政機關，主任委員由戰地指揮官兼任，秘書長則由政治部主任兼任，政委會下轄連江縣政府，推行地方政務，馬祖民衆，現均完全編入民防隊，男子十八歲至四十五歲，女子十六歲至卅五歲，分別編入防護、軍勤、船舶、醫護、婦女等分隊。記者曾參觀了他們婦女隊的一項實彈射擊，發覺那些戰地花木蘭打靶得分之高，可以說明她們訓練的嚴格和本領的高強，不遜於任何鬚眉。

二、

在馬祖島群中，高登是距大陸最近的一個小島，約八千八百公尺，高登島上，沒有居民，據說原來只有一家，四十七年砲戰期間奉令內遷，以後便沒有老百姓居住了。

從馬祖到高登，乘海軍的快艇不到一小時便到了，高登現有一座良好的碼頭，叫「大維港」，是爲崇敬現任國防部長俞大維而命名的，因爲俞部長曾親到高登視察多次，爲高登第一線駐軍解決很多問題，包括建立這座唯一的泊港，現在高登島上有水泥路面的公路，有給水系統，發電系統，並有冷藏庫、電冰箱、電扇和電視機，應有盡有，總統爲關懷守軍辛勞，還例外地加發香煙、水果、維他命和各種罐頭食品，所以高登島上守軍士氣高昂，一位本省籍的充員兵告訴記者說：「他享受到後方軍民所享受不到的待遇，這都是總統和各級長官所賜。」

到了高登，在碼頭乘吉普車，車在極傾斜的坡度往山上爬，一邊是數百尺高的懸崖絕壁，下面便是大海，其驚險情狀蘇花公路實難與之相比，任何人坐在車上，都會提心吊膽。在這個面積二·四平方公里的小島上，交通工具除了汽車外，還有纜車和輕便鐵道，交通眞是方便。使高登成爲一座現代化的堡壘。

記者在高登的一個瞭望台上，用四十倍的大望遠鏡對中共大陸眺望，在天氣晴朗能見度十分良好情況下，對面黃岐共軍砲兵的陣地和沿海的山巒，歷歷在目。北茭半島的尖端上還有一座中共人民公社的三層建築，近海處則是漁帆點點，然而這一水之隔，卻成了天堂與地獄之分，大陸同胞在中共暴政統治下，饑餓呼號，他們正在迫切等待我們去拯救呢？

馬祖的進步是驚人的，不僅是外貌的改觀，島上居民生活的改善，也是有目共睹的事實。十年前，百分之九十五的居民都是以地瓜爲主食，現在大家都吃米了，至於服裝，也比以前講究多了，從穿着方面，馬祖居民無論男女都保留着純樸的大陸裝飾，大有使人觸發「故國深思」之感。

馬祖現有國民學校八所，中學一所，學齡兒童入學率已達百分之九十八，馬祖中學現有初中三班，每年招收一班約五十人，現有學生一五二人，完全公費，歷年來選送赴台灣就讀中等以上專科學校者共達八十一名，其中包括師大三人。

爲逐步實現民生主義理想的樂園，馬祖現設有養老院一所，凡年在六十以上無親人或無生產能力者均可收容入院，現有老人十二人，年紀最大的是七十六歲的王及及，該院預定今年再增收十二人，俾使他們「老有所終」。

除了地方建設外，馬祖經濟的開發也是成效卓著的。在漁業方面，馬祖的蝦皮、淡菜、丁香魚是三大名產，蝦皮產量現尙有剩餘，去年漁獲達一百五十萬公斤的最高紀錄，收入達二千一百萬元，目前馬祖民間儲蓄額達八百萬元以上，可見人民生活已隨着財富的累積而改善，除了漁業外，馬祖現設有酒廠一所，生產大麯、黃酒及其他飲料調味品之類，銷路亦十分良好。

軍方在馬祖，爲了滿足當地軍民的精神食糧，設有馬祖日報和馬祖廣播電台各一所，馬祖日報是於四十五年「九一」創刊，現每日發行四開一張三千份，爲馬祖唯一的精神食糧，因爲交通不便，台灣去的報紙都要半月左右才能到，所以馬祖日報在消息的供應上有着很重要的貢獻。

在馬祖廣播電台裡，有兩位活潑美麗的「馬祖之鶯」，她們是王治同、和任芝蘭小姐，王小姐是遼北開原人，芳齡廿三歲，淡江外文系肄業，她是去年十月應聘來馬祖服務的。她說：「她在淡江辦了一年休學，而來馬祖服務，希望能增加一些人生經驗。」她們每日播音三次，計十三小時，至晚上十一點半休息，記者問她們工作辛苦麼？她倆都表示非常愉快，尤其不在乎身在前線，現代女性，都有些鬚眉氣慨。

在馬祖，還有兩位傑出的女性，一位是婦聯分會總幹事田伯鏞，精明能幹，在馬祖服務已經三年，另一位是連江縣婦女隊總幹事馮芝仙，她是當地馬中畢業，當年是馬中的校花，今年才畢業，她負責指揮島上的婦女隊員，可謂娘子軍隊長，她倆對馬祖婦運工作有很大的貢獻。

生活在馬祖戰地的軍民，人人都說馬祖好，就是派在那裡服務的美軍顧問也都異口同聲如此說，首席顧問張積德少校（Maj. Richard Corsa），他用國語對記者說：「太好了，我不願意說出來，這是個秘密，如果說出來，他們（指台灣的美軍顧問）都想要來了。」

馬祖不僅是個戰地樂園，而且還有它革命史上的光榮，在「三二九」黃花崗之役中，七十二位烈士壯烈成仁，其中有十位便是與馬祖同縣的連江人，在馬祖館中，便陳列有他們的史蹟。這十位烈士是陳清疇、卓狄元、羅乃琳、胡應昇、黃忠柄、王燦登、林西惠、陳發炎、魏金龍、劉六符，他們是民族精英，馬祖之光，在未來反攻大陸中興大業中，馬祖軍民將會繼承這十位先烈的遺志，寫下革命史上更輝煌的一頁。

（五十二年七月二十五日中華日報）

馬祖漁業新貌

馬祖列島位於閩江口外，四面環海，島民多以海爲田，現有漁民佔全島總人口約百分之七十左右，故馬祖地方經濟，亦以漁業爲主。以上會計年度全年漁獲量而論，即達三百廿五萬八千公斤之多，總値達新台幣約二千萬元以上。

馬祖沿海因處於陸棚地帶，底棲和中層性的魚類蘊藏量相當豐富。馬祖漁場位於東經一二〇度，北緯二六點二度，爲遠東著名的高級漁區，盛產黃魚、鯧魚、鰻魚、鯷魚、白巾魚、帶魚、丁香魚、蝦皮、螃蟹等魚類。自大陸陷共後，政府對馬祖漁業極力扶植，悉心策劃，農復會亦不斷予以補助，使漁業發展突飛猛進，近年來馬祖戰地政務委員會更進行漁者有其船；漁者有其網的民生主義經濟政策，並改良漁船網具，頗具成效，使漁民生活日有改善，漁村經濟逐漸繁榮。

馬祖漁業以前由於漁船漁網自然發展與漁業產品自由運銷，以致造成魚賤傷漁，爲求維護漁民生產利益，馬祖戰地政委會在今年漁汛期以前即策訂方案，力求革新，在漁產銷售市場未擴大爭取前，先實施了下述五項措施：⑴鼓勵漁民直接出海作業，增加生產；⑵爲求產銷平衡，保障漁產價値，實施管制蝦皮網、鯧魚網定置數量；⑶輔導漁民推選代表，組織漁具採購小組，實施漁具統一採購；(4)組織漁產品質鑑定小組，統一鑑定品質，以提高品質，爭取外銷信譽，拓展外銷市場，邁向現代化商業途徑；(5)招商承包，統一運銷，以求穩定漁價。

五十二年漁業生產，即本着上項措施實施，其成效截至上月底止，已外銷蝦皮一百卅九萬五千八百七十二公斤，總值達新台幣一千八百四十三萬九千四百餘元，每公斤平均價格十三元二角，較上年度自由運銷每公斤平均價格十一元六角，增加漁民總收益三百餘萬元，漁民生活與地方經濟俱有改善，其他鯧魚外銷亦達廿五萬一千四百卅一公斤，總值達九十五萬五千四百餘元，帶魚、黃魚、丁香魚、淡菜等運銷數亦相當可觀。

在漁業設施方面，馬祖地區於四十六年至四十八年間先後興建漁寮十二座，四十八年興建晒魚場二百坪，去年並完成東犬防波堤一處，漁鹽倉庫一棟，原設冷凍廠一座，於今年五月充實設備，改裝冷凍機，以提高製冰能量，現情況極爲良好，此外新建一座漁船機器修理廠，預定將於本年九月間完成。

馬祖漁民所用漁船，現都全部汰舊換新，機動漁船自四十六年的十九艘，增加到現有的一三四艘之多，而原所使用的帆船卻從四十六年的一三四艘，減到尚不到廿五艘，記者在高登遠眺大陸沿海漁民出海作業者全部皆爲帆船，由此可知政府於改進漁具方面所作的努力。

還有對漁網的改良，以前馬祖漁民均使用舊式苧蔴棉質漁網，經過七年來不斷改良，現均大都替換了新式合成纖維漁網，各種新式漁網現有五千三百餘張，唯舊式漁網尚存有三千張左右，不久的將來當可全部改良，蓋新式漁網不僅成本較低，且漁獲量增加，對漁民收益幫助很大。

不過，馬祖漁民由於技術知識不足，現仍多操單一漁業，未能配合魚汛長年生產，所以頗不經濟，爲使漁民具備各種漁撈技能，馬祖當地已向農復會申請補助高級漁網多種。現在分配漁民進行試驗中，將來運用熟練後，即可推廣，更進一步實施漁船多角生產計劃。

在實施漁業改進中，馬祖漁會的貢獻也是値得一提的，該會現有甲類會員（直接下海作業者）一千三百三十人，乙類會員（岸勤作業）九百八十三人，合計二千三百十三人，平均每年增加九十三人。

漁會在促進漁民福利方面，訂有漁民災害救濟辦法，每年編列預算，凡受災漁民均由該會適時發給救濟金或實物予以救助，使受災漁民獲得生活保障，恢復生產能力，對漁民子女就學，設有獎學金制度，歷年來接受獎助學生廿一人，共發獎學金七萬八千四百元，其中包括赴台灣就讀水產學校之學生。現該會爲便利外島漁民住宿，並計劃在馬祖本島興建漁民招待所一所，預定本年底前完成。

馬祖漁業的進步固然很大，但今後尚待努力之處仍多，例如漁撈技術之改進，應設法造就與吸收漁撈人才，發展魚產加工事業，漁港之興建與設備之加強等，而最主要的，則爲市場的開闢，以打開銷路，目前單以馬祖蝦皮一項，滯銷貨即甚多，因僅靠本省市場有限，故應由政府進一步設法開闢國外市場，才能解決馬祖漁業發展的最大困難。

（五十二年七月二十六日中華日報）

大膽·二担巡禮

自由世界的最前哨——大膽和二担，它好像是金門的兩根觸鬚，長長地伸入廈門灣口，監視着中共的一切行動。在那裡，你可清晰地眺望大陸的錦繡河山，從南面的梧嶼、青嶼、港頭嶼、尾仔嶼，往西到象山、鼓浪嶼、廈門大學、白石炮台、黃厝和石冒頭等地，都是中共的據點，在地理上對大膽島形成一個三面包圍的態勢，其中尤以廈門灣的白石炮台距離最近，相隔僅三千公尺，中共與我活動，均可用肉眼看到，而中共在上述各據點所配置的各型大砲，即達三百門之多，白石炮台更是中共砲兵的一個主要陣地。

記者於十六日上午，從金門乘一艘海軍的LCM登陸艇，越過小金門，面對着中共的炮口，乘風破浪駛向大膽島。時間一分一分地過去，大陸的海岸也愈來愈近，同船的人都不免屏住氣息，數十隻眼睛都朝向前方，像要去發現什麼似的，這一段緊張而又全屬冒險性的在敵人砲口下的航行，事後想起來，那簡直是在和敵人開玩笑。那天雖然是雙日，照例中共是停火的，但是殘暴成性的中共，那裡會肯定地遵守它自己的諾言，大膽島上的一位國軍官員對記者說了個故事，即在前年有一個勞軍團冒險要到大膽來勞軍，但船行到半途，對岸中共忽然廣播說它要開始射擊了，害得該團急急折返，最後中共卻未射擊，只開了這麼個玩笑罷了。

大膽的地形，就好像一根扁擔一樣，島上的南北兩山，互相對峙，就像扁擔兩頭所置的東西。船靠碼頭之後，上岸抬頭一望，便是「自由屏障」四個大字，刻在一塊大石上，左右寫着「大胆担大膽，島孤人不孤」一副對聯式的標語，兩旁站着一名雄糾糾戴着面具的戰士，充分表示着大膽島的英勇精神。

這個亂石峥嶸的島上，由人工開闢了一條登山公路，蜿蜒而上，在這些巨大的亂石中，許多石室、石洞和地下通道，眞是嘆爲觀止，這便是島上的防禦工事，堅強無比。當民國四十七年「八二三」砲戰期間，這個面積僅零點九七平方公里的蕞薾小島，平均每方尺落彈卅發之多，可見當時戰況的激烈。

在距離上，大膽離金門約爲八千公尺，但離大陸只有四千公尺。因此一旦有事，他們就必須獨立作戰的。大膽島的官兵有四句響亮的口號：「生活戰鬥化，戰鬥獨立化，工事地下化，火網連鎖化。」指揮官並且告訴記者說：「島上糧彈儲存充足，地下水源供應亦無問題，作戰時即使後援斷絕，我們也可以支持到六個月以上。」

由於大膽是最前線，所以軍方高級首長對它十分重視，一切補給都是列爲第一優先，還有些享受那是其他地區所沒有的電氣化設備，如冰箱、電唱機、收音機、電扇等一應俱全，吃的有魚、肉罐頭、豆製品以及島上自己生產的蔬菜。國防部長俞大維和國防會議副秘書長蔣經國，更是經常親臨島上慰問官兵，爲他們解決問題，高級首長們都一致稱讚島上官兵個個都是英雄，他們有一句話便是「唯有最大膽的人才敢到大膽來！」

長得有點像美國電影明星湯尼寇蒂斯的高雄籍戰士郭日出，結實的個子，被太陽曬得有點黝黑的臉，他一見到記者去訪問，連忙遞煙倒水，親切得有如家人一樣，還有宜蘭籍的戰士蔡勝一，屏東籍的呂能宜和台南籍的洪文禮，他們都是才調到大膽島不久，一致表示過得很好，洪文禮戰士更告訴記者，他晚上捉水鬼的故事，聽來十分生動有趣。

誰也沒有想到，在這個最前線的島上，還會有兩名年輕美麗的女性，原來她們是負責對中共廣播的「心戰小姐」。高高的一位長着兩顆烏黑而又明亮的眸子，她名叫孫星華，山東萊陽人，她的父母兄妹一家人都住在台北中和鄉。孫小姐是藝專國劇科首屆畢業的高材生，這是她第二度到大膽來服務。另一位嬌小活潑的廣東中山籍的小妹妹名叫譚梧英，她家住在士林，是台北育達商職的畢業生，兩位都是自願應聘來前線服務的，她們每天要工作十五小時，執行對中共心戰喊話廣播的任務，頗得上級賞識，國防部長俞大維每次到大膽，都要去看看她們，還為她倆做「綠衣人」，帶信到台北。

下面是大膽指揮官告訴記者的一個心戰故事：當去年過舊曆年的晚上，廈門全市燈火忽告熄滅，我即廣播稱廈門電廠已遭反共義士破壞，希望廈門市民起來響應等語，中共十分懼怕立刻於第二天晚上，便把燈火全部復明。

記者從廣播站轉到觀察站。這是島上的最高點，從望遠鏡裡眺望大陸，猶如身歷其境一般，廈門大學羅馬式的建築，紅瓦白牆，夾置於翠綠樹蔭之間；鼓浪嶼的別墅小洋房，以及白石砲台的砲位與工事，均一目瞭然，但在「紅朝」統治之下，大陸沿岸卻是一片死寂，了無生色，正是中共覆亡的徵兆。

（五十一年七月二十一日中華日報）

大陳島去來

大陳，這個屹立在浙江臺州灣海面上的小島，今天它已成爲我們堅強的游擊基地。如果說臺灣是復興堡壘，那麼大陳便是這堡壘上的展望臺，它監視着敵人的一切行動，同樣的它又好像一把利刃，插進中共的心臟，控制住長江以南浙閩兩省出海的咽喉，使中共感受莫大的威脅，今天的大陳，它已成爲中共的眼中釘，這個釘，它不可能拔去，也沒有能力拔去，結果只有制中共於死命。

這次是我們慶幸能有這麼一個機會去訪問大陳，看看前方軍民的生活情形，也是給我們青年在大時代中的一種考驗，同時還可以採取一部份難得的資料，介給給我們後方的軍民，好讓大家明瞭一下前方是怎樣地在過着一種堅苦的，戰鬥的生活。

十一月十七日，剛是大颱風過後的日子，我們踏上了這次訪問的旅途，經過了廿六小時的海上行程，終於平安地到達了目的地，船剛下錨，好像他們已預先知道我們到來的消息，岸上早已排滿歡迎的行列，遠遠望去，人頭攢動，山腰上也東站幾個人，西站一堆人，都向着我們船上眺望，這時雙槍女傑黃八妹率領她的婦聯分會女同志坐着一艘小艇首先來接，並表示歡迎之意，我們下船後，接受當地軍民熱烈的歡迎，場面至爲令人感動，一個個游擊戰士的臉上，都被晒得像古銅色一般，顯得沉着堅定的神色，他們睜大着眼睛，興奮地望着我們，像遇見家人一樣地親切，我們踏上大陳島，眼見這裡的一切，似乎都濃重地放射着家鄉的氣息，我們這一群眞像剛從海外歸來的遊子。

大陳係由上大陳，下大陳兩島的合稱，隸屬浙江溫嶺縣，它的對面便是臨海，距海門乘船只須二小時便可到達，因此它距大陸最近。上下大陳之間每日均有船隻來往，下大陳是一個比較繁華的商業市區，溫嶺縣政府便駐在這裡，此外還有一個補習中學，和二所國民小學，行政區域暫劃分爲二個鄉，上大陳名爲復興鄉，下大陳名成功鄉，在下大陳的街上，你同樣可以看到維持治安的警察，店裡的商品均來自臺灣，物價比臺灣稍貴，一包新樂園香煙在那邊的售價是四元臺幣，但海蜇和墨魚則較賤，因爲那是大陳的特產。島民均靠捕魚爲生，他們平日主要食糧是蕃薯，至於米大都是由當地政府按期配給，島上駐軍也常以米麵去賑濟他們，他們雖苦，但都能生活得過去。

這裡的軍民，水乳交溶得如同自家人一樣，民衆組訓工作也辦得相當成功，島上無論男女老幼都已納入組織，而且經過軍事訓練，動員起來十分便利，他們都是爲着保衛自己的家鄉，即使是一個老太婆，她也是一個戰鬥中的有用份子，甚至當你初去時，也許會感到奇怪，一個年僅十歲的孩子他會對你用手指着對面的大陸說：「只要他（指中共）敢來，我保險要他死！」

只要你站在這裡的山岡上，眼前便是大陸，迎面山巒起伏，只有一水之隔的彼岸，俯視海水滔滔，會使你勾起無限鄉思，那錦繡的大陸河山，它像正在向你作無力地招手，海水的嗚咽，像故鄉的家人在頻頻地向你作痛苦的呼喚，當你神思飄越過海水時，你一定會忘身你竟是站在這大陸邊緣的海島上，而當你猛省過來的時候，你一定又是淚眼滿眶，痛憤着是誰不讓我們回去？是誰在宰割我們大陸的父兄姊妹？

一位友邦人士於大陳參觀歸去後，他曾讚揚大陳的工事是世界上最堅固的構築。的確，二年來，大陳島已經堅強地站起來了，它不僅已牽制住當面一二十萬的共軍，同時它也已是我們未來反攻大陸的跳板，現在，大陳不僅已有足夠的防衛力量，而且這裡的游擊隊，更經常突擊沿海共軍防地，使其窮於應付而毫無還擊之力。這些勇敢刻苦的游擊戰士，他們日常生活在戰鬥中，每當他們凱旋歸來的時候，島上軍民立刻響起如雷的歡呼，游擊戰士們的臉上，永遠是那麼年青，露着一層勝利的微笑，他們與中共作起戰來，勇猛得像頭獅子一樣。

那是國慶的前夕，一個堪與南日大捷媲美的雞冠山戰役，游擊隊發揮了以一當十的大無畏精神，解決了共軍一個加強營的兵力，虜獲其全部輕重武器，像這樣的勝仗，他們已記不清打了多少次，但他們都不願向外宣佈，他們只是在默默地埋頭苦幹，以期有更大戰果的收獲報效國家。一位身經百戰的游擊老戰士親口笑着對我說：「這些小勝仗算得了什麼！等我們打到南京北平，這才算數呢」？

現在大陳僅有一家報紙——江浙日報，係一四開油印報，它的前身是大陳新聞報，本年七月才改組出刊的。江浙日報它今天已負起大陳文化堡壘的責任，數月來孤軍苦戰，已奠定其雄厚基礎，該報社址現在下大陳，社內員工約有廿餘名，並曾置有無線電設備，抄收國內外新聞及發佈當地消息，目前發行數約五百餘份，已達油印報的最高飽和點，他們雖係油印報，但仍有鉛印報的風格，同樣以民營姿態出現，接受訂戶和廣告，業務蒸蒸日上，經營亦頗得手，將在日後中國報界爭一雌雄。

在一個小營帳篷裡，筆者經趙參謀介紹，會見了這位名震浙海的王相義將軍，他和他的部隊就是苦守本島的一支游擊勁旅。當舟山撤退時，王將軍便堅決表示要死守大陳，直到今天。大陳之所以有今天這樣重要的地位，可說完全是他一手奠定的。在過去抗戰時期他就在這裡制伏過日本鬼子，他常常以寡敵衆出奇制勝，現在的共軍還是很怕他，一聽到王相義的部隊來時，便嚇得抱頭鼠竄，如卅九年突擊松門之役，他雖腿部負傷，但仍英勇指揮，直到最後才和他部隊一同撤出來。最近雞冠山一役所虜獲的武器，足可裝備兩個連，可見他們戰果之一斑，當筆者看到這位名將時，內心實有無限感奮，在外表看來他完全是一副士兵裝束，毫無架子，小帳篷陳設極爲簡陋，辦公睡覺都在一起，與筆者談話時，他面上時時浮上一股笑容，使人覺得倍加親切。他說：「許多人對游擊部隊有種不好的觀感，其實游擊隊才是眞正最高尚的，不計待遇，不圖升官，無論上面待我們怎麼樣，我們都毫無怨言。」他頓了一頓接着說：「在今天，只要稍有血氣的人，都曉得反共抗俄，過去打日本也是一樣，因爲我們都是爲了人民。」說到這裡他舉了一個故事，他說：「小時候我看到戲臺上王孫公子搶親的事情，我就覺得要打抱不平，何況今天……。」最後他又說：「我們游擊隊不怕苦，過去無衣無糧，但我們依舊要和中共拼到底！」何況現在有了政府的裝備補給呢？

遠在六十年前，大陳還是一個無人的荒島，當第一個從海門踏上大陳島從事開闢的人，這人名叫金通法，今猶健在，他是一個老漁民，金老先生現已屆八十二的高齡，刻攜其老妻居住於下大陳力行村，膝下猶虛，生活無依至為清苦，當我們去訪問時，他很高興地敘及他當年的一段歷史。他說：大陳自他進入後，始逐漸有浙籍漁民遷入，其後乃為海盜時常出沒之處，街上均可公開賭博、吸鴉片……，誰知道，幾十年後的大陳，已變成保衛臺灣的前哨反攻大陸的重要基地呢？說話時神情極為愉快，並充滿着無限信心與希望。這一位老人，他眞是大陳的開山老人呢？

一位年輕的游擊戰士告訴我一些可笑的故事，他說他們有次突擊××島，在一個伸手不見五指的黑夜裡，悄悄地登上了這個島，當他們進入該島搜索時，迎面恰也來了一隊共軍，大家碰上了還搞不清是敵是我，正在這時，我們有機警的同志先上去摸了一個共軍士兵的帽子，因為中共的五角星帽花是凸出的，我們的國徽是平滑的，只須用手一摸便極易分辨，結果一摸不對，知道對面來的盡是共軍，於是他便巧妙的做了一個手勢，後面我們的隊伍便立即散開，一陣密集槍聲過後，這卅多個共軍便這樣糊里糊塗地結束了他們的生命。

又有一次，他們去突擊某地區，深夜登陸滲入了中共民兵防線後，遂以一部兵力佔領高地，掩護其餘部隊深入內部搜索，中途俘獲中共民兵二人，經審問後，我游擊隊即派出幹練隊員一人偽裝共幹，佯言調集民兵婦女開會，結果當場誘捕中共民兵廿餘人及婦女會會員二人，繼而他們的村長及民兵隊長各一人也趕來開會，一聽情況不對，即圖逃脫被我當場擊斃，我軍則毫無損傷得勝而返。

像這類無數戰鬥中的小插曲，他告訴我很多，這會是奇蹟嗎？

在大陳海面艟影櫛比的船舶中，我像發現異寶似的獲得了一對姊妹輪的不平凡的歷史，那便是「漁粵」號和「漁蘇」號的故事，筆者從他們船員的口中，獲知了該兩船的身世和她的一切。

「漁粵」號本是共軍的一艘漁輪，隸屬於中共浙江省漁管處，卅九年十一月十七日夜在嵊泗列島海面上被我游擊健兒所捕獲。事情的經過約略是這樣的，我海上某部隊游擊健兒於是晚途經嵊泗列島海面時，發現靠近大陸邊緣停有中共船一艘，在星光昏暗的海上，中共船上似乎一點動靜都沒有，這時我游擊隊健兒決心要把這艘中共船捕獲過來，於是先把自己的帆船也停了下來，馬上派了二位精幹同志泅水過去探察虛實，其餘的便在船上候待接應，那二位同志很膽大勇敢，他們悄悄地泅近了中共船，見艙面上僅有一個守衛的士兵，似乎正打瞌睡，他們便上去先秘密把他解決了，取得武器之後，進入艙內，把艙內的武器也都收集起來，一面再打訊號招呼那邊候待接應的夥伴過來，這時中共船上的人員還正睡得好酣，待他們驚醒時業已動彈不得了。該船遂為我游擊健兒捕獲駛回大陳，是役計斃中共一人，俘中共十二人，虜獲步槍兩枝，衝鋒槍一枝，自後該船便改裝武裝砲艇為我方執行巡邏任務，同年十二月十一日該艇首次出擊，又在嵊泗海面捕獲中共「漁蘇」號一艘，這一對姊妹輪，現在都已站在戰鬥的最前哨，和其他艦艇一樣負起反共抗俄的神聖任務，驕傲地監視着中共海上的一切行動。

這次從前線訪問歸來，在大陳，我們跑遍了每個角落，廣泛的接觸和深切的體驗中，使我感到前線生活的偉大與珍貴。在那裡，一切都是眞善美的境界，而你也會感到自己生命的火花在跳躍，熱血在沸騰，你的身體，意志將會更結實堅強起來，你對人生也會有更眞切的認識。

游擊隊的戰士們，他們櫛風沐雨苦守在前線戰壕裡，沒有親臨其境的人是不會知道的。他們都是一批富有血性有爲的青年，爲反抗中共的殘暴統治，歷盡無數艱危才從大陸上逃了出來的。他們投入游擊隊的懷抱，完全是一種愛祖國，愛同胞的表現，他們有最大忍苦克難的精神和誓必消滅中共的決心。在這裡，大學生當兵是司空見慣的事，因爲他們正是智識青年，所以他們的求知慾和水準普遍都相當高。生活在前方的人，亟需要大批精神食糧的供應，同樣地，他們更希望後方軍民能更多的賜給他們同情和溫暖，使他們得到安慰與鼓勵。在今天反共抗俄的大時代裡，我們必須要捐獻一切，儘可能的來支援前方，尤其是他們！

（四十二年一月幹校校刊）

神話普陀

記得小時候，祖母常常談起南海普陀山的種種神蹟，頗令人咄咄稱怪，遂使心嚮往之。三十八年中共渡江，那時我在浙東服務，以情勢緊急，奉命撤退到普陀山，使我得有機會一見廬山眞面目，同時確也聽到不少關於她的傳奇式的神話故事。

普陀山孤懸於舟山本島的東南海中，全島長約五里，寬一里餘，樹蔭蔽天，寺廟林立，眞不愧爲四大名山之一的佛教聖地。在太平盛世，從各地來的香客如過江之鯽，均下榻各寺，有的更在那裡渡過酷暑，因爲身居其間，每日但聞晨鐘暮鼓與潮聲起落，使人大有脫離塵世之感。

名山必有神蹟，尤其是佛地普陀，更不例外，下面僅就個人記憶所及，寫出來以饜讀者。

佛頂山彩樓：這故事見於總理普陀遊記中，敘述當時目擊情形，爲總理親筆所撰，略謂民初總理曾偕胡漢民等趁視察舟山軍港之便，順訪普陀，步登佛山，見山頂大寺前築有彩色牌樓一座，前立有數十着奇裝異服的僧道，似爲歡迎者，並見有一大輪盤，旋轉甚速，及抵山頂，皆化烏有，總理以素不信迷信，但爲之記焉！

梵音洞觀音現身：在梵音洞兩削壁之間，縱深黝黑，據說要見觀音菩薩者，必須心正意誠，先行跪拜，而後向兩側壁間的夾縫處，凝視良久，必有所見云云。

前寺萬人殿：前寺爲普陀兩大寺之一，內有一中殿，雖不及杭州靈隱寺的高大，但亦僅稍次於靈隱，相傳此殿容量無限，最多時曾站過一萬人，但仍不見擁擠，亦稱神蹟。

後寺活旗杆：後寺大門前兩根大旗杆，靠右一根栩栩欲生，破其木表皮有汁水滲出，但並無枝葉，足稱怪事。

死和尚成佛：相傳此一和尚臨終時尚打坐於蒲團之上，死後其徒遵囑將之置於龕中，歷久並未腐爛，遂供爲佛像。將其全身塗金，曾一度被人偷至滬上，後被尋獲具資取回，迄仍放於原處。細視佛像兩手之筋脈尚約可見，不過身材乾縮僅及常人之一半大小。

蚌殼羅漢：俗稱「十八羅漢」，但此一大蚌殼中的羅漢僅有十七，和尚將它置於一小箱中，視同珍寶。據稱此十七羅漢俱係天生，並非人工琢磨而成。並謂原來確有十八個，不知什麼時候去其一，此蚌殼筆者曾親見過，但亦不能斷定其中羅漢究係天生抑人工琢磨而成。

海上神燈：相傳民國三十三年，日軍駐紮島上的時候，有一夜，某哨兵忽發現海上有一盞明燈，遠遠駛來，日兵以爲盟艦來襲，乃急發砲制之，不意一砲射出，那盞明燈立時化爲無數小燈仍繼續駛來，日兵群見大惶，他們遂信爲觀音顯靈，於是跪拜祈禱，不久，群燈消逝，海上復歸平靜。

以上爲普陀山染有神話色彩的故事，下面復有島上勝境數處：

天福寺：位於島上東南端，爲一獨立幽靜的小寺院，爲總統特別下榻處，因而聞名。

朝陽洞：突出於島之東部，晨起可觀日出，故名。

千步沙：爲島上唯一平坦的海灘，漫步其間看海浪起伏，怡然自樂，夏天並可作海浴之處。

一線天：於島之西端，一巨石附着一隅，搖搖欲墜，但上面仍可站人，從下面夾縫處可見一線天，即以此名。

兩龜石：於一線天附近，從遠處望兩龜昂首似剛自海中爬起，但近視之實兩頑石也。

寫到這裡，回憶普陀歷歷如昨，但今天這一塊清淨佛地已處於中共屠刀蹂躪之下，益增懷念不已，我相信未來反攻大陸一定會舊地重遊的。

（四十四年五月四日精忠報）

伍·大陸實況

竹幕低垂話大陸

譯自紐約美國人雜誌
澳記者 陸 克著

一、「新中國」恐怖統治六億人民

假使共黨中國是個不可逃避的事實，那便是一個六億人民爲恐怖所統治的地方。

是恐怖；敲響了共黨政權的喪鐘。

是恐怖；連自己的兒子也難逃一死。

是恐怖；使傳統獨立的中國人完全聽命於共黨。

恐怖迫使中國人在工人面前站着，承認他從不知道的罪名。

他們知道在今日的中國，被指控即爲宣判，而認罪是惟一可能減輕刑責的方法。

上海一家工廠工人的女兒告訴我，她向廠主檢舉她的父親是「反革命」，接着在一個晚上，她的父親便不見了，後來一直下落不明。

有些能說英語的中國人，他們會把他們的名字，工作和孩子統統告訴我，但當我問起他們是否知道最近政治逮捕的事，他們皆說「不知道」。

從廣州到漢口的火車上，我遇見一個打鍋的，我們談到天氣，旅行和風景，從他的回答裡，顯示他完全明瞭我所問的問題。接着我問：

「你認爲台灣一定會解放嗎？」

「是的。」

「和平或解放台灣，那個重要？」

「我不知道。」

「你姓什麼？」

「我不知道。」

「你村莊裡有多少人？」

「我不知道。」

事後我毫無辦法。

不過，共黨還是需要透露一點選定的有關政治逮捕、行刑和獄中情況的消息，他們需要人民知道僅僅一點兒，但不能太多，由於不明內情而產生了更多的恐怖。

一位在中國一直是「自由」的歐洲商人，描寫他在上海足球場所見到公審與行刑的情形。

那位遭難者，是前國民黨的一位領袖，雙手被銬着，跪在群衆面前，警察宣讀控詞。在群衆中一些小女孩，便跟着叫了起來：「他強姦我。」檢察官問群衆：「我們把他怎麼處置？」

黨員便叫了起來：「殺他……殺他。」「殺他……殺他。」群衆也跟着響應。

結果一顆子彈穿進了他的頭，死者的家屬准許去收屍，但要付出所用四顆子彈的代價，每顆約三塊錢。

其他的情形是共黨秘密抓人，幾天後把他們幹掉，血淋淋的死屍堆在卡車上，拿來遊街示衆。

此種集體屠殺，估計約達二千萬人，其影響亦頗明顯，上海的歐洲僑民告訴我，在那些日子裡跳樓自殺者，有如羅伯士庇爾斷頭台上掉下來的頭一樣。

對國外朋友寫：「天氣很好……物價上漲」之類，亦被視爲賣國。

顧客在街上被抓了去爲的是批評物價和缺貨，他們的罪名是：「散播謠言危害國家。」

公開的自我批評是唯一能找出人民犯罪的方法，一個工會會員被請起來作自我批評，他滔滔不絕一直談到使共黨領袖完全知道爲止。

我獲准訪問過那些曾被「洗腦」的監犯。有些說他們將會被判一個較長的時期。

三分之二的監犯都是政治犯或宗教犯。

假使你依照共黨的要求，在中國大陸信教是自由的。

很多基督教徒一直堅信不移，他們告訴我，他們要做殉教者，像耶穌在尼羅時所作的一樣。

二、老監犯揭發中共獄中暴行

「共黨獄卒命令我們把手伸出欄柵讓他們打，或者有時把我們的手綁了一天。」

一位名叫朱偉諾的中國籍意大利人在上海告訴我，他是個羅馬天主教徒，關於中共監獄和奴工營的情形，他幾乎瞭如指掌，他曾經在裡面過了四年之久。

此後朱偉諾重獲自由，共黨並准許他離開大陸。

在一九五一年，共黨控訴他私藏八件未經登記的軍火，和未依海事法規定登記他的漁船。一位四十歲的上海居民說他曾在國民政府時登記過他的武器和船隻，但當共黨來了之後，他疏於未去從新登記。

朱偉諾告訴我一些獄中的經驗：

「每天早上他們送來了半盆冷水，讓我們八個人洗用，我們大家只有一個尿桶，放在一間四尺見方的房子內。」

「每天有二個鐘頭，我們必須畢正坐着反省我們的罪行，假使我們走動的話，獄卒便會打我們的手，或者把我們的手反綁起來，一直到我們討饒爲止。」

朱偉諾的故事，把我的想法打了個折扣，那便是我認爲我所見的北京市立「模範」監獄的情形和其他監獄的情形是一樣的，這顯示共黨如何只花一點點配給，而維持奴工人力的無限供應。

朱偉諾的坦白談話，也透露了共黨是如何迫使一個人在釋放後，還留在奴工營裡做工，即用延長刑期，或乾脆說他不願回到社會去。

在獄中二年後，朱偉諾被送到上海以北的一個奴工營去。

他說那個營內有十二個營地，每個佔地一百英畝，關了一萬個政治犯、婚姻犯、偷竊犯、韓戰逃犯、吸毒犯、詐欺犯和中國牧師。

監犯都住在破漏的小茅屋內，六十個人擠在一間寬廿尺長六十尺的屋子內，他們都睡地舖。

每天主食爲廿八兩，早上稀飯八兩，中午乾飯十四兩和帶一點青菜，晚上稀飯六兩，朱偉諾說：這些定量的配給，他和他的同犯都必需做完比附近鄉下農人更多的工作才能得到。一個體力弱的或者是「不進步」的犯人，不能完成他的工作量時，他便首先遭到剝奪吸煙的權利，假使他還不糾正的話，他的雙腳便會被銬起來，這樣他便不能走動。

朱偉諾描述有關「不進步」犯人被審訊時的情形，獄卒大聲怒吼：「我們怎樣把他處置？」

其餘的犯人，爲了他們自己的前途，不得不喊：「殺了他……殺了他！」

此時獄卒故意假作慈悲，說：「我們不能那樣做，我們要把他銬起來！」

朱偉諾解釋如果犯人連銬起來還無反應的話，那麼次一步便把他剝光衣服，綁在門外樹桿上，讓他活活受凍。

朱偉諾說他和他的同犯都十分清楚，一個不能或不願完成工作量時他所受的極刑，他們將被集體驅送到四周擺着機槍的野地去。

這種審訊常常像耍猴子一樣，因爲犯人的命運早已決定，他不准說話，也沒有人去爲他說話，朱偉諾繼稱：「第一次我見到一個被控以造謠說國民黨打回來了，這個犯人被士兵抓去槍斃，腦漿迸裂，慘不忍睹。」

三、中共培養青年仇恨心理

第一件事是當我把一本筆記本交給一位廣州青年時，他在上面畫了個山姆叔叔的帽子被打掉的畫。

北京一個年青的女郎告訴我說，艾森豪總統發狂似的想組織強有力的軍隊來侵略中國大陸。

一個靠農業合作社爲生的十二歲小學生，他對美國除了知道在韓戰中使用過細菌戰外，其餘一概不知。

在六億中國人民中，有很多都懷着這種複雜的心情，這也可以證明共黨頭子內心所含毒計的表現。

在中國大陸一個月的旅行中，無論我到那裡，與我談天的男人女人和小孩，我都聽到說是美國想藉韓戰來侵略中國，和美國的生活水準趕不上中國。

這種教條不僅影響了學生，今天中國每一個人差不多都如此。此「路線」從共黨中央直到小組，和從小組到每一個人「志願」所加入的組織，如工會、主婦委員會、街道委員會、讀報團體、商會和知識份子會社等。

這些組織都像章魚的觸鬚一樣，仰承共黨意旨以他們所信仰的歪曲事實，來扭轉中國人的思想，因爲除此之外，再也沒有別的可信仰了，而且捨此之外，便是「反革命」。

我訪問過的小孩和大人——職員、技工、店主、農民和主婦——很少知道美國在那裡？不過他們只知道美國軍人個個都在蹂躪台灣姑娘。

我問一個名叫徐其傑的學生，是否中國一定要解放台灣？他囁囁地答道：「是的，因爲台灣是中國的，而且美國正在統治它。」

一位新婚不久的北京新娘梅淑蘭說：「她之所以痛恨美國政府是因爲美國想從韓國來侵略中國。」她說她在報上看過很多次關於這類報導。

陳青生，一個十五歲的孩子，唸過七年書，他說美國政府壓迫他的人民。

「你怎樣知道的？」我問他。

「在美國有罷工，但中國則無。」他答道。

「但是你想中國工人有罷工的自由嗎？」

「是的，」他答道。

「英國人和美國人生活得怎麼樣？」

「他們生活過得很苦，是因爲資本家剝削的緣故。」

四、商家被迫與中共合營

中共在最後六個月內威嚇誘使了三億飢餓的農民去參加農業合作社，使他們重又變成耕地的勞動者。

在竹幕內的城市，商人連夜排隊去申請他們的廠商與政府合營。

他們爲何那樣做？在我一個月的中國大陸旅行中，我想從商人和農民口裡找到答案。

很多人似乎都怕談這件事，但有一個勇敢的照相商人他回答我的問題。他說：

「我把我的營業交給政府，因爲我知道如果不那樣做的話，他們會停止供應，把我的店拿去或者命令我做些負擔不起的事。」

他補充地說，幾乎全身顫抖着。

「或者他們可能稱我是反革命，把我關起來，甚至槍斃我。」

這位商人解釋稱他的同業工會召開了一次會議。

「共產黨提出那件公私合營的事，」他說：「共產黨提出什麼，中國人就得去做。」

共幹在會上告訴一位照相商人說，過去事情是多麼的糟，但是假使他們「志願」與政府合夥的話，什麼事都可獲得解決。

張釗和王輔，教育人員同業工會國家委員會的會員，給我一官方的報導。

據說對小學生或高一以下的中學生均無政治課程，其餘的每週有一二小時。

關於課餘會議一事如何？這兩位均未作置評。

不過，非共份子告訴我這些課餘會議，才是施教的眞正工具，他們被稱爲「志願」，但此種所謂「志願」與課稅無異。

如果說今天中國有特權階級存在的話，那便是青年人。對他們的強調重要性是肯定的，但此種表揚青年的主要目的，並非是使他們成爲健康，智慧，和受教育的青年，而是使他們永遠痛恨西方和資本主義，以及相信政府所抉擇的每一件事都是好的，因爲政府一直對他們都這樣好。

「我們知道如果我們不志願把營業交出來的話，共產黨將會怎樣對付我們。」他補充地說。

看起來監禁和殺戮是最近對餘下的私人企業和農莊置於政府控制下的兩個最重要的因素。

聯營於一九五〇年在較爲「進步的城市」中開始，到去年年底前，有數個城市百分之六十到七十的營業均已交出，共黨並計劃最遲到今年要全部完成。

不過到最後幾個月，共黨加速進行，大城市的所有營業均於一月底歸到政府手中。

沒有人可以說這個過程全國何時才能完成，但僅有少數營業在小市鎮中還保留在私人手中。

聯營是共黨計劃控制全部貿易的第二階段，第一階段是合作社，小販一直是在這個階段中，有些手工業則爲合作社。

在聯營階段中所得到之利潤，由政府、原主、店員和營業擴展數方面來平分。

有時候原主作經理，有時候他是副手，但常常一起被一筆勾銷。

聯營之後，便是第三階段，全由政府控制，於是政府也來收集工人的利潤所得。

去年七月卅一日，中共領袖毛澤東發起一項「大躍進運動」，以期於一九六〇年把所有農民們納入合作社組織，第一階段是要在今年初把六十五萬農業合作社增加一倍。即使是此一運動的擁護者也大叫那是不可能的，但這與其他共黨計劃不同，較原定日期提早完成，一月份原定一百卅萬的目標已達到二百萬。

這個計劃是把中國的五億農民，在今年年底併入農業合作社——較毛酋之期限提早三年——及在一年內全部進入社會化集體農場。

今天中國最難答覆的問題是農民如何這樣快去志願參加農業合作社的？

在中國我問一些歐洲僑民，相信毛酋運動之成功，是經由宣傳和恐怖來達成的。他們告訴我，眞正擁護合作社的農民，他們是被一次從未見過的最大宣傳運動所支配。他們相信他們交出田地，是因爲共黨告訴他們這樣，或用更大生產，更好農具和更多利潤的保證去說服他們。

其餘的，他們像世界上所有的農民一樣，把土地看得比什麼都値錢，但也不得不「志願」聽從共黨，免得最後被切成數塊。

他們知道假使他們加入，將可得到一些利潤——如化學肥料農具等。

農民在農村會議中，掙扎於生產數字的深淵中，不管任何理由，社會化不社會化，增加生產第一。

顯然地，共黨正利用此一良好時機，逐步展開其土地社會化計劃。不過，農民也有他們自己巧妙的武器，他們知道共產黨和城市居民都要靠他們這塊見方土地來得到食物和東西。

現在，合作社耕作在這一批洩氣的農民手裡，那還有什麼好結果呢？中國常常就生活在飢餓線上。

五、中共以配給來控制人民生活

在中國去理一次髮要花三倍的錢，等於去吃一次大餐。

在中國館子裡吃一頓，很簡單而普通，也要花八分美金，一片英國刀片要花一角四分美金，一瓶進口的刮面膏幾乎要花二角五分美金。

中共的頭子希望看到人民有便宜的食物，但結果是徒勞無功。

如果食物不夠的話，共產黨有一套把戲，便是把米浸在水裡使它脹大起來。

從「革命」以來，物價還算穩定，它是被固定在一個活動的基礎上，根據多數人民的收入，以及共黨認爲必需的程度如何而定。

在北方，普通男女老少冬天所穿的一件棉襖，要值四塊美金，一件棉褲要二塊美金，一雙鞋差不多要四塊美金。

進口的奢侈品如照相機，是普通人買不起的。米、油和糖則爲配給，而配給則根據每人的工作量，例如在上海的一個公務員，每月配給食米廿七磅五兩，和十三兩油。

我在中國會見的非共人士中，包括中國人在內，他們說這點配給根本不夠，老百姓必需要靠馬鈴薯和麵包來補充。

商業工會的職員錢子明、谷大青和王榮告訴我說工資經常是零星付給，婦女可得同等待遇。

工廠工人的工資分爲八級，視其工作的重要性、經驗和技能而定，一級工人月入三十到五十塊人民幣（約美金十到十二塊）。八級工人月入九十到九十五塊人民幣。那幾位職員說：「他們到一九五二年的工資較一九五〇提高百分之六十六」。「一九五七年第一個五年計劃完成至少可再提高百分之卅三。」

與我交談的歐洲人，他對此均不願有所爭論，但是他們告訴我很多關於共黨的商業工會。工會是共產黨的工具，它們主要的目的是增加生產，及其爲共產黨員緊緊所控制。工會與政府管理部門之間爲調解糾紛所開之會議，簡直是一齣笑劇，因爲雙方只有一個目的——討好政府。

我曾五度問全國商聯會的職員，是否中國工人能有罷工的權利，五次他們均避免回答。最後他們說沒有防止罷工的法律，但從一九五〇年以來沒有發生過罷工。當中共侵佔之初，根本沒有每週工作四十小時及薪資等明文規定。

工人很少有給假和餘暇的機會。

中共在上海扼殺了幾家歐洲大店家，把法國俱樂部改爲工人文化中心，阿根廷夜總會改爲學校，及跑狗場改爲一座附有一萬五千人講堂的文化廣場。

不過高樓大廈，和那些著名而喧囂的英國商店的陳跡，以及貧富相鄰的記憶猶新。六家歐洲商店和二家毛織廠現雖照常營業，但獲利甚鮮。其餘的廿家只等共產黨答應讓他們走，他們便想儘快地關門大吉。
大多數歐洲僑民開的商家，都必須照着共產黨的「壓榨」運動來行事：規定各種改良如果不執行的話，便會招來共幹的麻煩，和以後的罰款。繳稅的命令，是不能抗拒的，有的稅還是戰前的，但也得追繳。除非開銷大，規定員工不得解僱，及薪資不得降扣。規定不須向帝國主義的資本家地主繳付租稅。規定商家的銀行存款予以凍結。
歐洲人告訴我，其目的是迫使商家帶進外幣，以供中共貿易之需。
當中共初來時，上海共有四千歐洲僑民，但現在只剩下一百左右了，這個數字還在逐步減少中，因爲共黨把每一商家的負債弄得資產相等，於是便將其接收，最後准其管理人員離開中國。

六、紅朝新貴喜愛美國小汽車

冒充的美國煙、牛仔衣，美國造的玩具手槍和雪亮的美國小汽車——這些都在「新中國」見到。
從上面看起來，世界上物質最文明的國家與這個反美政府之間似乎並沒有什麼裂隙，而這個政府曾經想把一個在結婚時燒紙錢，和把屋簷朝上以嚇走魔鬼的社會改造成功。
中國房子一直都有朝上的屋簷，和結婚時都要燒紙錢，中共對這個世界上最古老而文明的國家的習俗，也充分感到不易一時除去。

他們加速地去摧毀近代有勢力的歐洲人所遺留下來的一些習慣，但是紅朝新貴們自己則偏愛那些美國小汽車，對於蘇俄及東歐所生產的小汽車反無興趣，所以很多政府的小汽車，都是來自美國最好和最新的。

那些東西是從那裡來的，沒有人能有把握地知道，當我問到紅朝新貴們，他們都避而不談。

有很多事是頗爲可笑的，這個政權一邊殺了它的資本家，但在另一邊則請進來很多所謂遊客。

遊客們麕集在資本家的旅館裡，吃的是粗糙的西餐，還派了些能說半吊子英語的服務生，在那裡招待。

上海有家十四層樓的政府賓館，現叫「金剛」，爲什麼取這個名字，無人能知道，但所使用的毛巾上一直還印着「國泰大旅社」的藍字。

在北京的北京飯店裡，我把美國爵士樂唱片放在印尼學生的唱機上播放，我在幾家歐洲僑民家裡收聽美國之音，聽到郎蒂在澳洲電台的節目。

舊書攤是資本主義最後的堡壘，那些書都是離去的歐洲僑民零星留下來的，從老闆們沮喪的眼光中可以看出書價的低廉，幾乎和白報紙的價格不相上下。

口香糖上都印有美國招牌，中國人會想起在中共以前的日子來，在街上，你可以買到英國香煙，美國別針和鞋油，以及便宜的玩具手槍。

世界上很少國家控制古董的價格，但中共則係其中之一，我是經常買古董的顧客，其價格高出香港數倍，但外國人總是喜歡買古董的。

人力車載着資本家們，在中國有如買古董的一樣多，中共政府曾經騙了很多人力車夫「志願」到人力缺乏的東北去。

人力車夫和沿街叫賣的小販是中共政府最難予以社會化的一批份子，無數小販，一直還是靠賣鞋帶、花捲、梳子、氣球、絲帶、針、鉛筆和日曆過活。

陳舊時代的遺跡還可看到，如纏足的老太婆現在還有，但中共對於政治犯，把他們的腳纏得更緊。

中國人，在西方人士未來之前，是世界上富有色彩和迷信的民族之一。雖然西方的勢力仍在，但它從未眞正地左右過他們，現在，中共想革除迷信而變爲唯物主義，使中國再往前走，但中國人能輕易摔掉他們的傳統嗎？

（載於四十六年九月份「大陸實況」月刊）

毛澤東的控制工具

——人民公社

億萬的中國人民現正在吃一服「全部共產主義」的藥。毛澤東的命令：打破家庭，廢止私有財產，而以營房、社會、廚房、飯廳、托兒所來替換傳統的家庭生活。全力推動全國，實行共產運動，妄圖建立一個工業的巨國。

毛澤東準備迫使「六億五千萬」中國人進入一個共同的模型，在這個過程中，他希望能緊緊地控制住農民的努力，驅使數量龐大的婦女勞力，把這一股巨大的蘊藏潛力應用於其他的工作上，他希望從他的新政策所得到的全部勞力，以從事其對外侵略的陰謀。

從表面看起來，對金門的軍事冒險行動，似乎與此一鉅大之實驗有關。毛澤東藉戰爭與危機的叫囂來動員全國，在動員的名義下，他正加速將中國人民組成他所稱的「人民公社」。

公社便是單位，它和美國的市鎮差不多大小，每一個公社，將數千家農戶結合在一個完全集體的共產式的生活制度裡，私有財產的最後遺跡，統統都被掃除得一乾二淨，因此家庭單位及所有其他親族均按共產主義的方式而行。

譯自「美國新聞與世界報導」

四十六年十月十七日

中共第一個實驗公社是在今年三月裡成立的，接着，毛澤東在九月命令全面推進，將中國七十五萬個農業合作社合併成爲十萬個公社。此一運動到十一月將達到最高潮，待秋收過後到今年年底，全中國的農村均將被組成公社。

在河南省，「衛星公社」的規章可以給你一個概念，這個新制度究竟是什麼樣子？

這個公社共有農民社員四萬三千名，當他們入社時，這些農民放棄了他們私有的土地、房屋、農具、牲畜，只准他們保留少數家禽。

公社不僅要從事農業生產，如建造鍊鐵製鋼廠、水電廠，以及其他重工業等。

公社亦同時進行一項「民兵制度」，全部中年以下的社員均被組成民兵單位，他們「接受正規軍訓和執行國家分派的工作」。不過，中共並沒有計劃把武器交到這批老一代的社員手裡，因爲他們並不像年青的一代受過完整的思想訓練。

公社社員都被編成「生產隊」，來從事農工生產。起初，社員們得根據各人所作之「勞動天數」，享有他們所生產的一份。但不久的將來，將變爲與國營事業相似之工資制度。「工作努力和表現良好」的社員將可獲得口頭上的獎勵——而繼續榨取其勞力，至於「工作怠惰和不能完成他們所分派的工作者」，將受到罰薪的處分。

每一個生產隊，都有它自己的飯廳、托兒所，爲社員們縫製衣服的「裁縫小組」，此外，不能工作的老年人有他們「快樂的家」，可是，「快樂」祇是一個招牌，實際上，老年人在精神與物質方面均得不到慰藉，而感到十分苦惱。另外設立了「公墓」，這樣，社員們從出生到進墳墓，都受到公社的「照顧」和「監督」。

公社「應在群衆中促進文化、娛樂和體育活動」，這樣可使得共產人民得到身心的健康。

屬於公社社員的現有房屋，得許志願拆除，其磚瓦木材則由公社用來蓋大營房。

公社是在政府機關的指導和監督下經營的，所有公社的重要決定，都得經政府通過才行。對於公社的計劃，章程規定在實施前，必須報請國家計劃機構及其他有關部門審核認可。

公社社員都得到保證，等到糧食生產充足，他們便可以免費獲得食物，「依據國家所訂標準，不論其家庭工作人數之多寡。」

事實上，中共中央委員會業已特別聲明公社是爲全部共產式的社會舖路，在那個社會，人民將在「各盡所能」的原則下貢獻一切。

但是在消費方面，中共沒有充分的消費物品，起碼在表面上看起來差得很遠。同時，公社制度是爲了使中共的設計人員易於編組中國的農民，和把消費限制到最低限度——爲了加速工業化的利益，最近，中共糧食部特別命令集體農場交出足夠的小麥，俾使其社員得能渡過此一青黃不接之時期，但結果絲毫沒有。

在公社制度下，農民將失去其所有的土地、房屋及牲畜。並且視需要情形，把他們從農場調到工廠，再由工廠調回農場。在傳統的意義上，他們不再是農民了，這樣，毛澤東希望他們會消除對土地的依存性，因爲土地一直是他們獨立精神之所寄。

毛澤東希望透過公社來使得中國人口半數的婦女——，免除她們傳統的家事累贅。如此她們可以從事生產工作，在過去，官方的路線還把家事當作和其他工作一樣的光榮，可是現在，此一路線業已轉變，家事已被中共的宣傳人員描寫爲「平凡而無聊」的。

婦女已在家庭外面擔任各種職業——從洗衣到築路，同時公共食堂、公共托兒所，及「裁縫小組」——其設立是爲免除婦女炊飯，育兒及爲家庭縫衣等，現均在發展中。

這種情勢的發展，造成了家庭——古老中國的主體——的破裂，究竟對家庭產生了些什麼情形，從人們的口述中透露出來——此即開始實行所謂「星期六夜晚」制度，在這個制度之下，平日住在宿舍裡結過婚的女工，到星期六晚上，可以有一個准許外宿，這樣每週輪流一個，她可以跟丈夫私會。

爲了誘導群衆勒緊他們的褲帶，同意作較少的消費和較多的投資，一項全國性的運動正在推行中，到處召開群衆「辯論會」，目的在糾正那些具有「右派觀念」的人。因爲那些右派份子，他們希望工業化的結果，能產生較高的生活水準，中共作了種種努力，企圖延長每週工作到五十四小時。

全部家產都國有化了，每家的戶長必須去登記——並準備放棄——他們庭園的鐵門，家中剩餘的金屬品，甚至磚瓦也在內。

以上這些政策，都是爲了要降低生活水準，而這種生活水準，在世界上已經是低得不能再低了。

在北京的一個典型工人，每月還賺不到二元八毛美金來維持他個人及其家庭。在湖南，一個六口之家的農民，據最近調查所得一年才不過美金廿二元。

一個中國人每人每月得到的配給是廿磅米（或卅磅麵粉），半磅糖，全家每月才准許買四角美金的豬肉，每人每年給予九尺粗棉布。

除了基本必需之外，其他東西都對一般中國人沒有意義，一雙皮鞋要價美金十元，在國營商店裡買一套呢衣服要美金十多塊，一只普通手錶要賣到美金五十元。

現在，由於全面推動建立國家的工業及軍事力量，人民正迫不得已作進一步地抽緊他們的褲帶，對金門的軍事行動，造成了戰時緊張的氣氛，而予毛澤東用來迫使億萬中國人民進入一個共同的模型，並將他們改造成為中共的機械人。

（載於同年十月份「大陸實況」月刊）

糧荒與救濟

譯自大陸研究月刊

去年農地遭天災損毀者總達二億二千萬畝之多，其中八千萬畝無顆粒收成，但北京政府依舊厚着臉皮報導說全國主要糧食之生產，較前年尙有少數增加。

中共國務院於去年八月廿五日曾撥了一億七千萬元人民幣作爲救濟之用，去年一年中的救濟撥款總共增至二億八千三百萬元，這批款子用來作爲災民購置食物、房舍、冬衣、醫藥和生產所需等費用。由農業合作社負起運用與分配該批救濟款項的責任，此外各地方政府亦同樣撥款救濟，並爲災民籌募衣服。

不過，中共光明日報於去年九月十日指出：救濟工作的重心在指導災區的人民恢復生產和實行自救。

遭受水災的災民，其住屋已成一大問題。由於住屋之被大水沖毀，河北省八個縣的農業合作社的五萬三千家住屋於八月底始行修補，此外還搭了些臨時木棚來收容災民。據九月二日透露：天津特別行政區數逾九萬的水災災民，部份被安置在三千座木棚中，另部份災民則寄居於他人家中。

河北省缺糧情形十分嚴重，據去年八月卅一日中共所發表的公告稱：「倘必要時，樹葉和野草亦將予以收集作爲水災災民的補充糧食。」顯然的，河北省的缺糧情形迄今仍甚嚴重。

據今年六月廿七日北京政府電台報導稱：數逾卅億五千五百萬斤糧食，分別從廿四個省市和自治區運到河北省災區救濟。該報稱「外來的救濟糧食，已能使河北一千五百萬災民成功地克服了災患，並幫助他們自立和穩定貨物食品的價格，同時，這種救濟行動否定了那些不相信糧食統銷制度的作用」。

去年和前年，廣西省先後遭受水災和旱災。今年六月十五日中共已透露該省饑荒情形，周恩來於六月五日全國人代大會第七十三屆常務會議開會時，提出報告關於處理廣西省亨羅縣（譯音）人民因災患餓死的事件。

二天後，北京政府供出較詳細的內幕，在廣西上述地區，因前年的水旱災而無收成，及去年春天糧荒又甚嚴重，中共國務院及共黨中央曾發出警告，但當地首長未予置理，他們未能將中央從外省送去的食糧，予以適當的運輸與供應，因此雖大部份地區獲救，但少數地區是失敗了，結果該省有五百五十人，因不救而活活餓死。

於是，中共國務院與共黨中央委員會聯合進行調查此事，根據調查報告及與監察部長簡英（譯音）之商討，中共中央將命令廣西省副主席侯中時、蕭一舟（譯音）二人，及廣西省人民委員會委員兼共黨廣西省第一書記陳邁榮（譯音）的職位革除，侯蕭二人亦同時被革除其在廣西省共黨委員會書記的職務，其他尚有八個地方政府及共黨的幹部，受到免職與懲處。

另一遭受嚴重糧荒的省份是陝西。據今年四月卅日來自西安的報導稱：由於共幹對於若干地區缺糧情形忽視事實，因此可能引起暴亂，不幸得很，此種情形並未被國家糧食供應機構所注意，結果，若干農民前往他們的州縣人代委員會要求供應糧食，若干人代委員會的共幹們，非但不予協助解決他們的問題，反而避不見面。

雖然上述皆係個別事例，可能還有很多類似事件之發生。毛澤東在今年二月廿七日全國最高會議「矛盾」的演詞中曾提到農民中的「動亂」。

在大陸各城市處理救濟金是一片黑暗。今年三月廿四日中共光明日報要求改進此項工作時稱：「在某些城市，有些支出根本與救濟無關，但仍出在救濟金上……最要不得的，還有任意挪用和貪污情事之出現。」該報建議應成立一特別機構來處理救濟款項，窮人應予組織起來參加生產工作，使其能自謀生計，再進一步嚴格地規定和設立制度，以確保適當地使用救濟款項。

中共內政部長於今年三月十九日發出呼籲防止災區饑餓的蔓延，和幫助農民解決糧荒，不使他們盲目地湧進城市。同時，中共中央又撥了一大筆款子，特別作爲救濟之用，中共內政部長並要求浪費和貪污必須遏止，以及救濟金的平均分配應予完成。

對此，大陸光明日報於今年二月十日指出：「今春政府將再發放一大批救濟金予人民……不過。我們必須瞭解，在我們國家財政現況之下，我們政府是不易花這麼一批款子來作爲災害的救濟工作。」這篇社論同時提及措施的需要：「防止農民無目的地流入其他地方，像那些已經遷入其他地方的農民，他們沒有辦法可以謀生，所以應派員將他們帶回，他們應予適當的安置，以免他們到處流離。」

雖然如此，農民仍「盲目地流入」城市，據來自哈爾濱今年五月廿二日的報導稱：「很多很多的農民盲目地從鄉下湧進了哈爾濱。據最近統計數逾二萬農民已經進入市區……哈爾濱市人代委員會訓示民政局和勞工局聯合成立機構來處理此事。」

此新機構已開始調查登記這些目的從鄉下來到哈爾濱的農民。他們舉行數次會談，要求他們回到原來的地區，如實在有困難，該機構將組織他們在黑龍江省其他各縣參加農業生產。該報導繼稱：「目前已有一千五百名以上農民被分發到黑龍江其他地方參加農業生產，同時三百名以上已分別回到他們原來的地方」。

從今春其他所發表的報告，顯然地，農民流入市區自有其充分理由，今年三月廿一日中共人民日報社論稱：「因爲數個地區的農業合作社不合理的分配糧食，所以有些農民手頭沒有充分的糧食，同時很多糧食已被浪費，有剩餘糧食的合作社不照顧他們自己缺糧的社員……。」

事實上，根據光明日報本年二月十日的「長期春荒——從現在到新穀收成——將是災區所有農民最危急和困難的時期」。該報作此語時，將目前情況與去年水災、旱災和風災相提並論，謂若干地區不僅缺乏糧食，連播種的種子亦無着落。

大陸地區連年災荒頻仍，災民所能得到的「救濟」，眞是可憐已極，農民紛紛流入城市，中共的糧荒將會愈來愈嚴重了。

（載於四十六年八月「大陸實況」月刊）

整風運動中的解放軍

節譯自大陸研究月刊

當一九五四年中共將其軍隊置於中央控制之下，大多數軍頭亦同時被安置在國防委員會裡，國務院下成立了一個國防部，接着便實施徵兵，中共當局並着手改編其游擊隊，使成爲一支有力的武裝工具，來支持它的對內壓制和對外侵略。

但是，最大的一個障礙便是中國人民對共軍的嫌惡，中共爲了克服這個障礙，不惜大做宣傳以提高其官兵的地位，此外在經濟方面亦予彼等及其眷屬以優惠，正因爲如此，導致了共軍的腐化，而引起人民極度的不滿。一九五六年，中共當局似乎已警覺到其軍隊與人民及其官兵關係之惡化，於是中共總政治部命令共軍軍官們研究馬列主義，在共軍師級以上單位成立了政治及思想夜間訓練班，自少校以迄上校級共軍軍官均須參加此一短期之思想訓練。

過去共軍參加所謂「三反」「五反」等運動，僅是徒有其名，但今年四月廿七日中共中央指示發出後，解放軍中黨部立刻展開討論如何貫徹此一指示，據五月七日報告稱：「很多高階層同志完全與指示中所稱的軍中實際情況相符，他們變成了官僚主義、主觀主義、宗派主義，以及脫離士兵群衆暨人民；有些幹部更染上了國民黨的工作作風。」

共軍總政治部主任譚政，於本年五月上旬一連舉行了八天的軍中代表大會，討論整風事項，決定採取自上而下的方式，並且實施「鳴放」政策，在軍中內部展開。

共軍的腐化以及與人民關係之不和，可從下述情形看出：

一、中共軍官亂找愛人

當中共軍官婚姻條例限制放寬後，在過去一年裡，便有很多中共軍官和中小學的女學生亂談戀愛，在富寧第一中學內和中共軍人談戀愛的女學生，其中有卌八位已經結婚，在去年六月的兩天內，便有七十多封信係從軍郵發出來的，故凡是與中共軍官談戀愛或結過婚的女學生，他們大都是不愛讀書，或半途輟學，乾脆便成了「軍眷」。有些因爲早婚的關係，以致影響身心的發育，據報河南東安第一中學，有一個十六歲的女學生和一個中共軍官談戀愛，去年十二月，那位中共軍官請另一位上尉同事將他的女友帶走，以致引起該生家長的憤怒，由於那些女生特殊的生活方式，影響了她們同學自己的感情，學校方面以及民衆均不滿此種現象，有些教師只是敢怒不敢言。

二、中共軍官亂鬧離婚

根據中共全國民主婦女協會反映，它們接到很多控告中共軍官要求離婚的信，過去一年來，法院也處理了很多中共軍官離婚案件，而他們的離婚理由均不充分。舉例來說，在公共安全學校有一位教官，其請求離婚的理由是他太太不善管家，因而常常打她，學校當局不但不糾正他的錯誤，反而將他太太監禁了七天之久，並支持他將本案移送法院，因此他太太到處訴冤，引起了社會不良影響。

又有一例便是一位中共海軍某部的副政委，當他出現法庭時，有一個警衛陪着，可以隨便請求調換法官。有的更在法庭上當衆宣讀其黨部准予離婚的文件，強迫法院同意。

三、中共軍官生活腐化

在北京，很多中共軍官都坐着他們的小包車，帶着太太上街買東西，在一個日貨展覽會裡，有一個中共軍官買了一大堆東西，心猶不足，當時有人請他少買一點，這樣可以讓別人也買一點，他便大肆咆哮說：「我是一個軍官，老子有錢，你管不着！」

有些人民都喜歡到共軍駐紮的地方去，因爲在那裡你可在垃圾箱裡撿到很多值錢的東西，例如鞋子、襪子、衣服、煤炭等等。

一個中共國家建設委員會黨部的秘書說，那些在那裡服務的高級軍官太太，大家都不得不恭維她們。有一個女職員，原來在那裡工作得很好，但後來她嫁了一個少將，便怠職而享樂了，因此大家對她印象很壞。

還有一個北京共軍單位裡的政委的太太，她在一個國家機關服務，常常不到辦公，每月只是坐領乾薪，此外還有一個公安部隊高級幹部的太太，她手上所戴的手錶便值二千人民幣之多，但她還不滿意，有些中共軍官的孩子，也是一樣奢侈，所以老百姓便說：「他們是無產階級出身，卻享受資產階級的生活。」

四、中共軍隊官兵之間的矛盾

根據譚政說：「從去冬及今春實施民主視察所得的結果，很多單位的官兵都保持着一種和諧的關係，但也有很多單位所提出的問題，顯示着他們官兵之間關係所存在的缺點，我們有些幹部在領導工作上，不善於採取說服和教育的方法來管理部隊及處理思想問題。有些幹部則染上國民黨的工作作風，不問情由的對戰士施用體罰，以致使他們人格蒙羞。在有些連級單位裡，戰士被逼得暴行犯上……因此不用諱言在上下級之間存在許多矛盾，以及農工出身的戰士與書香世家的戰士間，黨與非黨之間，個人與團體之間，均存在着矛盾。」

為了改善共軍官兵間的關係，包括派遣幹部去營級單位聽取士兵反映意見，據今年六月四日報告，約有二百餘幹部與士兵生活在一起，虛心聽取士兵意見。又據七月十三日北京中共廣播稱已採取其他行動以改善共軍官兵關係，中共海軍及廣州守備部聯合發表了一項營舍規則，原先為中共高級軍官所佔用的房子，現在也讓出來給共軍士兵們住了。

五、共軍與民衆間之關係

共軍與民間之關係，其不和情形可從今年五月廿一日「解放軍報」發表之批評稱：「民衆皆希望軍隊撤離學校與名勝處，縮小禁區，以及對農地之關注。」

共軍單位駐紮在青島、杭州、北京等名勝處，如在西湖沿湖建造了很多軍醫院，其他許多名勝處則被劃為禁區。又如北京西山八景，即有兩處為共軍部隊所佔，普通民衆不得進入。其他軍隊有的佔住學校，特別是在東北地區，根據遼寧省教育局去年七月統計，有九十八所學校為共軍佔駐，其中六十九所位於旅順大連。在青島，中共海軍所劃禁區大得嚇人，而且限制得很嚴格，在杭州，中共警備部隊演習時，經常踐踏農地稻穀，引起民衆極度不滿。

由於民衆的種種抱怨，共軍當局不得不發出指示，藉以改善其軍民關係。北京廣播於本年七月十三日宣佈指揮官不得因私事使用汽車，除指揮官外，共軍官兵不得在娛樂場所預訂座位，不論指揮官及其官兵，均不得無票入場，此外中共爲了改善軍民關係，規定官兵均須參加國家建設工作，據今年五月廿七日報導謂廣州某共軍單位軍官六百人，他們均與當地農民在一起工作食宿。

六、結　語

從整風運動中，我們看出了共軍內部的不和，包括共軍官兵之間，政委與技術人員之間，特別值得重視的中共軍民關係之不和。

由於中共採取之政策，對其官兵及眷屬予以經濟利益之特權，結果相反地影響了軍民關係，此外，共軍佔住學校、民房、名勝地、設立禁區，以及演習時不顧人民利益。中共軍官和中小學女學生亂談戀愛以及亂鬧離婚，其眷屬生活之腐化等，均在在顯示其內部危機之嚴重。

（載於四十六年十月份「大陸實況」月刊）

烽火鴛鴦話辛酸

在六百四十七位首批歸國的反共義民中，鄭有能和他的太太王素珍是唯一的一對夫妻。昨天被中外記者追尋之下，終於在成功嶺營房中找到了他倆。記者群如獲至寶，在鎂光燈閃爍中包圍着他倆，細話被中共壓迫逃出大陸而參加反共游擊隊的故事。

原來鄭有能和他太太都是昆明寶山人。鄭有能今年才二十六歲，他太太比他小一歲。兩人都是在大陸家裡結的婚。當時他家裡還有幾畝薄田，種點米穀，足可維持生活。他倆婚後，曾生過三個小孩，可惜老大和老二都病死了，僅剩下老三（男孩）一人。四十六年逃出大陸時，便臨時交給他們的叔叔領養。

鄭有能，矮矮的個子，昨天穿着一身新發的草綠軍便服，顯得容光煥發，和他太太坐在一起，不時交換答覆記者的問話。他太太亦是個矮小的女人，穿着一身藍陰丹士林的短布裝，腳上穿着一雙白襪和一雙帶扣的黑布鞋，純粹是一派大陸上鄉婦的打扮。和她先生一副純樸的農人模樣比起來，是一對很恰當的配偶。他倆在回答記者所提問題時，臉部常常浮起一絲愉快的笑容，表示回到自己祖國所見到的安定與繁榮，正是他們家庭在數年顛沛流離之後所憧憬的一幅幸福生活的遠景。難怪他太太說，除非反攻大陸打回家鄉，否則她不想再回到那瘴氣瀰漫的叢林去。

鄭有能在回憶他被中共迫害的經過說：中共來到他們家鄉不久，他的田地便被沒收光了。他不得已，只好做苦工來養活自己。等到中共實行人民公社後，情形更慘了。夫妻被迫分開，他自己被編入生產隊，每天出去種田要到深更半夜才能回來，睡不到二、三個鐘頭，天不亮又要起身出去種田了。

提到人民公社的生活，鄭有能告訴記者說：每天每人的定量配給只有二兩半米。所以他在公社食堂裡一天只能吃到一頓乾飯和兩頓稀飯，而稀飯中寥寥可數的幾顆米，等於喝米湯罷了。除了一頓乾飯有點蔬菜吃吃之外，吃稀飯只有幾點鹽來當菜了。記者問他，如果每天吃兩頓稀飯，會有力氣種田嗎？他笑着說：沒有力氣的時候，大家便坐在地上休息不做，中共幹部見了也沒有辦法。記者又問他在人民公社裡，是不是要常常參加開會？他說他們只是去種田，沒有參加過什麼會。

鄭有能說他在人民公社中只有廿多天，便逃走了。他首先協助他太太逃到緬北，後來他自己也逃到那裡。他說剛到緬北的時候，因爲人地生疏，生活很困難，靠他太太去幫人來維持。他自己後來開墾了一塊地，種點稻子和土煙，這樣過了一年多，才參加當地反共游擊隊的。

王素珍對記者說，她丈夫在游擊隊裡當一等兵，隊伍開到那裡，她便跟到那裡，幾年來一直在巔沛流浪之中。她似乎已習慣了那種生活，她說她還不以爲苦。

這位游擊夫人，有着類似一般四川人說話的口音，說話很明快，不懂時還不時拉她丈夫的衣服，要他來解答。當記者要她和她丈夫站在一起照個相時，她似乎還低了頭怕難爲情呢！

鄭有能從參加游擊隊以來，已有過四、五次與共軍作戰的經驗，他記得在去年十二月，中共有千餘人來包圍他們數百人，但是相持數日以後，中共見不能攻取，便自動撤去了。

記者昨天想不透爲什麼她能單獨和她丈夫一起來呢？而其他義民的眷屬又未能隨來？她曾說過她一直都是跟在丈夫身邊患難與共，生死相從。這眞可說是一對烽火鴛鴦。亦可能是她昨天成爲歸國義民中唯一的一名眷屬的原因吧？

（五十年七月一日中華日報）

饑餓的控訴

「中共佔領大陸後，我們浙江人無時不在想着政府早點打回去。」昨天抵台的一批難胞中，有七位是籍隸浙江的，他和她們幾乎是異口同聲地對記者這麼說。

這七位浙籍難胞，其中有五位是女性，兩位男性，年紀最大的是六十八歲的魏太太，最小的是十二歲的周小妹妹，兩位男性一位是卅一歲的陳君直，他是浙江諸暨人，但是他在大陸淪陷前便已離開了家鄉，前往上海求學，後來被中共派到東北去工作。還有一位是廿一歲的年輕小伙子吳招回，浙江遂昌人，曾經做過中共的「生產幹部」，但他不忍見到成千成萬工人的飢餓慘狀，思想上轉了變，先是想打游擊，以後便作了三次連續的逃亡，最後一次終於獲得了自由，他便是昨天記者所訪問七個浙江人中的主要對象。

吳招回的家庭被中共戴上了一頂「地主」的帽子，根據他說，他的家不過是一個普通的中等農家而已，每年的收成，除了可供他一家十餘口的吃食外，還有少數糧食的剩餘，但是中共來了之後，他家的田產便被全部清算了。一個地主的兒子，在中共那裡本來是抬不起頭來的，好在吳招回那時才不過是一個十歲的小孩子，只唸過兩年小學，成分上沒有什麼問題，中共來了之後，繼續唸了兩年，但是懷疑成性的中共，對這樣一個孩子依然不放心，強迫把他送去勞動改造了一年，才放他回家，吳招回讀不成書，便做起燒木炭的生意，把燒好的木炭，運到杭州上海去賣，賺一點錢過日子，然而日子卻愈來愈艱難，人口流動性也愈來愈大，鄉下人往城裡走，小城市的人則移向大都市，吳招回便在這人口流動浪潮的衝擊下，眼看着可愛的家鄉再也呆不下去了。一九五三年，他便離開遂昌沿着浙贛路跑到了江西南昌，當時他找不到工作做，變成了無業游民，整天在街上遊蕩，晚上則露宿街頭，結果被中共公安局抓進了收容所，一天發五兩米，既無油又無菜，三餐喝點稀粥，還要去挑土勞動，不到一年，他便逃回浙江原籍，仍舊幹他的燒炭生意。

由於他的燒炭技術漸漸受到了中共的賞識，一九五七年，他被調到江西南昌附近一所燒炭工廠裡做起了中共的生產管理幹部，月薪是人民幣卅六元。這個工作，使他有更多機會瞭解下層工人的生活，他說：「工人連飯都吃不飽，那裡還能做工呢？」

「一般老百姓的生活怎樣呢？」記者問。

「不分男女，每天從早到晚都要生產勞動，才能得到一點配給，糧食的配給按等級區分，小口約十五斤，大口廿五斤，大口裡面勞動者可得到卅餘斤，重工業機械工人每人則可得到四十餘斤，配給的糧食中，雜糧要搭配百分之卅，遇到青黃不接的時候，人民得不到配糧，便只好以一種『苦葉草』來充飢了。此外公家的配給中，每人每月可得到油二兩，布一尺八寸到三四尺不等，冬天的時候，還可以配到半斤棉花。」

在浙江西南一帶，人民都以務農爲生，中共來了之後，先是每個縣裡成立了所謂「互助組」，從「互助組」升到「農業縣」，再由「農業縣」升到「高級縣」，吳招回說：「所謂『高級縣』，便是該縣的全部土地和生產工具都完全歸公，而具備了實行社會主義的條件的意思。」他繼稱：「一九五七年，遂昌及其附近各縣均已進展到了『高級縣』的階段，人民公社便是在第二年即一九五八年成立的。」

「浙江各地的人民公社，在形式上還是比較鬆懈的，除了社員必須集體勞動生產外，他們尚可和他們的家人吃住在一起，人民公社雖辦有公共食堂，但伙食壞，吃不飽，再加上中共幹部的剋扣，所以人民都不願參加。」

「在舉辦人民公社後，人民的生產情緒很壞，因爲勞動的結果，自己享受不到，所以『鬆動』，『退坡』現象很普遍。中共眼見如此，曾於一九六〇年開始實施「自由開荒」，以作爲鼓勵，但是效果不大，因爲人民在吃不飽的情況下，那裡再有餘力來從事開荒工作呢？」

吳招回的反共思想是萌芽於他當「生產幹部」的階段裡，他曾和幾位要好的同事，暗地裡計劃組織反共的工作，後來鑑於糧食接濟不易而作罷。但就在那時，他打聽到在南昌附近的波陽縣，有一個反共的組織名叫「反共救國團」，參加的份子有工人、農人、教師、學生和下級中共幹部，活動範圍很廣，他曾經去試探連絡過，但因人地生疏，沒有結果，以後他便決心要到台灣來，直接獻身反共工作，當時他決沒想到今日這個夢竟會實現，但是他那時確是在等待和尋找機會。

他開始逃亡是在一九六一年的八月，這也是他第一次的逃亡，目標是馬祖，但他到了福建蒲田、王縣和樟林沿海一帶觀察之後，橫在他面前的是一片大海，連一隻船影都看不見，他失望地重回到浙江，幹起了黑市買賣，從杭州買毛線到江西出賣，想多積蓄點錢，好作長遠打算。

去年底，他隻身到了廣州，希圖逃往香港，但是結果未成被捕，被送往廣州附近勞改了半個月，逃出後仍留在邊境一帶做工等待機會，到今年五月才隨着大批難民越過邊境進入了香港，他那最後一次逃亡便成功了。

他說：「我到台灣來並非僅僅爲了選擇自由，我的志願是要到馬祖前線去參加國軍，以便在蔣總統領導下，打回大陸，解救千千萬萬飢餓痛苦的同胞。」

（五十二年七月十二日中華日報）

陸·國際問題論述

分析蘇聯陰謀

前言

當第二次世界大戰結束後，人類遭受此一空前浩劫，急需長期蘇息，故各國在大戰後，均在埋首建設，對未來戰爭之恐怖，都想極力避免它。而亦有一般樂觀者，對未來前途充滿希望，更憧憬着美麗的「和平之夢」。殊不知蘇聯已在步法西斯後塵，有席捲世界之野心，故不惜製造大量赤色毒菌，散佈在全世界的每個角落裡。先後被其納入鐵幕之中的東歐各國，如波蘭、南斯拉夫、羅馬尼亞、保加利亞、匈牙利、捷克斯拉夫等與北韓及中國之外蒙古、東北等地。而中國又係受中共禍害最烈之國家，蓋因西方各國「軍隊國家化」之民主制度早已確立，同時政黨競爭，只能爭取選民，不能利用軍隊，只能爭之於議會，不能爭之於疆場，遂使共產黨未能取得軍隊，否則中國之戰亂，亦早已表現於歐洲。由於中國共產黨之背叛祖國，認賊作父，且毛澤東並公開承認蘇聯是他們的祖國，故不惜擴大戰亂，以遂其赤化中國之迷夢。此其中固完全受蘇聯「第三國際」之操縱，與暗中支援，致造成中國今日之局面。

然溯本追源，乃由於一九四五年之「雅爾達」協定，英美竟置我政府於不顧，秘密將我東北主權出讓蘇聯，遂使彼在東北得到許多優越權利，使侵略者之魔掌，重又伸張到中國來，故英美應擔負此一責任之全部，不容推諉也。

「雅爾達」秘密協定之影響

一九四五年二月間，當德國無條件投降後，英美欲使蘇聯出兵東北，加速日寇之崩潰，遂與蘇聯簽訂「雅爾達」秘密協約，該文於一九四六年始行發表，特錄其全文於後：

蘇美英三強領袖，業已議定，蘇聯於德國投降之二、三個月及歐洲戰爭結束時，將協助中國，對日宣戰，其條件如下：

（子）外蒙古人民共和國之現狀，應加以保存。

（丑）蘇聯應恢復以前俄羅斯帝國之權利，此權利因一九四〇年日本詭秘攻擊，而受破壞者。

甲、南庫頁島及其毗連之各島，應歸還蘇聯。

乙、大連商港應闢為國際港，蘇聯在該港之優越權利，應獲保障，旅順仍復為蘇聯所租用之海軍基地。

丙、中東鐵路以及通往大連之南滿鐵路，應由中蘇雙方合組之公司聯合經營，蘇聯之優越權應獲保障，中國對滿洲，應保持全部主權。

（寅）千島群島應割與蘇聯。

惟上述外蒙古、旅順、大連以及中東、南滿二鐵路諸點，必須徵得中國蔣主席之同意，羅斯福總統，將依據史大林元帥之意見，採取措施，以獲得蔣主席之同意，三強領袖業已議決蘇聯所提要求，於日本擊敗後，必予實現，蘇聯則準備與中國國民政府，締結中蘇友好同盟條約，俾以其武裝部隊，協助中國，解放中國所受日本之束縛，一九四五年二月十一日史大林、羅斯福、邱吉爾（簽字）。

此一協約之決定，乃爲我不平等條約廢除後之一大奇恥，而大西洋憲章，又係英美所親訂者，墨跡未乾，竟自食言。此一協訂無異於二次大戰將起之時，使對捷克最不名譽之「慕尼黑」協訂，於二次大戰將終之時，又令重現中國，殊堪痛心。此種雖係於戰事緊張時權宜之計，然不論在何種環境所造成，而其影響，則不能限於戰爭時期之內，使中國重披不平等條約之鎖枷，茲就我國立場，申述東北之重要，以促起世人之注意。

東北之天然富源，與地位之重要，固不待言，而旅順乃爲我國北方不凍港之一，形勢險要，前曾爲日軍港，雄視中國北部，扼渤海之咽喉，既可控制華北諸海岸，復可威脅平津之安全，使我北部軍事佈署，形同虛設，實爲我國防上之致命打擊。今又淪於蘇俄之手，作爲侵略遠東之跳板，使我國更見岌岌可危；而南庫頁島之割讓，更使其進入北海之心臟，並使旅順、北韓、海參威、南庫頁島以迄北極附近之阿那的爾灣等軍事要地，連貫一氣，既可作爲併吞中國，又可作進攻西半球之堡壘。以英美兩賢明之領袖，竟出此損人害己之措施，殊感遺憾耳！

如前者所言，由於「雅爾達」協定所影響之中國內部的嚴重問題及世界危機，英美固屬失策，然從此俄國共產黨之眞面目，亦已赤裸裸地暴露出來，再不是幾個好聽之標語與動人的理論所能掩飾得了的，世界各國對它都已有了深切之認識，由於蘇聯極力外侵，北歐，中歐，東歐及巴爾幹遠東方面幾全入其掌握中。遂使英美不得不設法防禦，於是援助中國、伊朗、土耳其、希臘、南斯拉夫，並培養日本、德國、意大利、支撑南韓、拉攏法國，泛美聯盟等以至最近簽訂之大西洋公約，和在進行的太平洋公約，都旨在阻止赤色帝國主義的侵入，以鞏固民主集團之安全。

共產主義之陰謀

誰都知道，在十九世紀末葉，俄羅斯民族中產生了一位不可一世的梟雄——列寧，他利用「馬克斯」學說，爲落後的俄羅斯打出一條出路。並同時也爲它製造了一個征服世界的工具。列寧看清了二十世紀的國際局勢的發展，於是決定了以「階級鬥爭」與「世界革命」作爲唯一的武器。用以強大俄羅斯去削弱其他國家。第一步便發動「國內革命」，使俄國共產黨取得政權，建立無產階級委員制的社會主義國家。第二步便發動「世界革命」，着手組織「第三國際」，當一九一七年「第三國際」成立後，歐洲各國在共產黨策動下暴動，層見迭出，一九二七年以後，中國在共產黨武裝叛亂之下，眞正統一，迄未完成。甚至在抗戰期間，它們還在勾結敵國，背叛國家，勝利後復大肆進攻各地，破壞政府統一。故全世界各國（除蘇聯外）幾乎沒有一個國家，不有共產黨在搗亂暴動，由此所招致的物質與精神上之損失，實不可以數計。而蘇聯則在俄國共產黨控制之下，不但沒有暴動，一方面他們也不敢暴動。於是一連串的的五年計劃陸續實現了，在此期間，蘇聯也相對地強大了，而其他各國亦相對地弱小了。但是各國如果沒有共產黨的叛亂，其整個國力，當然會較強大，所以蘇聯在俄國共產黨控制之下，企圖使全世界各民族皆受其統治，則無異蘇聯在統治全世界！不是如出一轍嗎？

所以各國的共產黨，無不在莫斯科領導之下進行着出賣他們自己祖國的罪行，甘作蘇聯對世界的侵略工具，而逞其赤化之陰謀。尤以中國共產黨，乃出賣國家民族利益與破壞建國大業之叛徒，人人得而誅之。然中共若無蘇聯之支援，則無今日之猖獗。過去如東北之接收問題，新疆之民族問題，以及外蒙古自治問題等，無不由蘇聯之唆使與支援，而致事態嚴重。故中共之叛亂，不獨欲置我國家民族於萬劫不復之境，甚至進而威脅世界和平，當可斷言。

結論

縱觀世界目前情勢而論，美蘇已暗中作三次大戰之準備，而今日東西兩個對立的壁壘既已顯明，蘇聯的眞面目，亦已認清，赤色種子已隱伏着三次大戰的危機。凡是愛好民主自由的人們，你們不要再在憧憬着「和平之夢」吧！因爲這赤色的帝國主義，已不容許有和平之存在。要來攫取整個世界納入彼之鐵幕之中，他們的野心，又何異於納粹法西斯呢？

（三十八年九月十四日浙海日報）

剖析貝里亞被黜事件之始末

一、馬林可夫手下的祭品

貝里亞被整肅垮台了，這是自史大林死後，俄共內部權力鬥爭發展的必然現象，蘇俄目前的「三巨頭」政權將因此而恢復由馬林可夫「一人統治」之獨裁局面。根據各方報導：俄共宣佈貝里亞被黜之罪狀，主要有下列五項：

㈠受帝國主義勢力利用。

㈡陰謀奪取政權。

㈢企圖將彼所主持之內政部來支配共產黨及政府。

㈣阻礙農業發展及破壞糧食供應。

㈤鼓勵中產階級之民族主義及企圖破壞蘇俄各種族間的友誼關係。

我們固不論其他眞象如何，即從以上五項「罪狀」看來，便可獲知俄帝內部現況不安之一斑，就其第一項「罪狀」而言，所謂受「帝國主義」勢力之利用，這顯然是馬酋強迫給他戴上一頂大帽子，因爲在蘇俄，誰與「外國帝國主義」相勾結，那他無疑地便要以「叛國」罪來處死，這下和中共在大陸上給人亂冠以「國特」名義是一樣的，故貝里亞之被黜，我們如果稍爲留心時事的，不難有蛛絲馬跡可尋。

「三巨頭」執政局面，此三巨頭即爲馬林可夫、莫洛托夫與貝里亞，而馬林可夫無論就黨齡與聲望都不及他們兩人，然而史大林卻偏偏看中了他，要他出來繼承他的衣鉢，馬林可夫繼承了史大林，這當然深爲莫洛托夫與貝里亞所不滿，其中尤以貝里亞，他是俄國保安部隊與特務的頭子，爪牙遍佈國內外，是最具有實力的一個，關於這一點，馬林可夫自然也看得很清楚，故他在上台之初，即佈置了一着棋，這着棋完全是用來對付貝里亞的，他把駐在東歐的朱可夫元帥調回莫斯科，捧以高位，因朱可夫元帥是二次大戰時的名將，在紅軍中聲望卓著，具有最大號召力，這樣便註定了日後貝里亞被整肅的命運。

二、離奇的猶太醫生案

猶太醫生的事件，這是貝里亞與馬林可夫鬥爭中的一段插曲，那是發生在本年一月間的事，眞理報宣佈九個猶太籍醫生，其中包括史大林的御醫，被蘇俄當局假以罪名逮捕下獄，據說他們提供曾毒害前政治局委員日丹諾夫及紅軍政治部長西赫巴科夫，並擬謀害瓦西列夫斯基、哥瓦羅夫、柯內夫等元帥，眞理報並攻擊貝里亞缺乏保安警覺，此事在蘇俄曾轟傳一時，並掀起了反猶太的民族運動，俄政府正式宣佈與以色列斷絕邦交，此時世人皆注意於俄猶問題之發展，而未注意此事實以貝里亞及其特務警察爲主要對象，到二月間，事態遂趨冷淡，不久史酋病斃，四月間醫生案忽告突變，內政部（部長即貝里亞）發出公報，將全案整個予以推翻，說九個醫生是冤枉的，是受前國家安全部人員的罔誣，結果便把經辦人員全部下獄（注意這些經辦人員都不是貝里亞系統的），這樣貝里亞和醫生同時獲得了「昭雪」，馬林可夫卻不置一詞，可見雙方鬥爭之明顯。

猶太醫生案過後，貝里亞似乎又銷聲匿跡了，敏感的路透社記者陶拉斯，就在本月一日，從貝里亞未隨同其他十一位俄共領袖出席國家劇院欣賞「十二月黨」歌劇，而聯想到貝里亞不是生病便是失事，直到十天後莫斯科正式宣佈貝里亞被黜罪狀，全部眞象始大白於世，事後據說遠在上月廿七日，莫斯科開到數個裝甲師，貝里亞可能也就在那天被捕，馬林可夫顯然獲得了紅軍的支持，貝里亞便這樣倒下去了。

三、貝里亞其人其事

貝里亞這個特務頭子，他是史大林的同鄉喬治亞人，一個陰險、狡詐、殘酷的特務劊子手，他生於一八九九年，官方說他是一個貧農的子弟，一九一七年三月加入共產黨，兩年後畢業於巴庫政治技術學院，一九二一年進入「切卡」（即特務名稱）服役，以後逐步升至全高加索「格別烏」（切卡後來名稱）主任，一九三四年選爲黨的中央委員，二次大戰後因功升任政治局委員並爲副總理，馬林可夫上台他是第一副總理與內政部長，坐上俄共的第二把交椅。

在貝里亞的一生中，充滿了恐怖的氣氛，當他出任秘密警察頭子時，他曾一改大吹大擂的審判方法，而一切採用秘密執行，他的細胞滲進了蘇俄社會各階層中，使人民日處於恐怖中。在他的指揮下，蘇俄及附庸國人民不知枉死了多少，到現在尚有一千三百萬人被迫在西伯利亞奴工營裡做着苦工，他不但是個劊子手，而且長於審訊，一個犯人在他不斷施以疲勞審問之下，終於屈服供認了。

在蘇俄歷任的特務頭子中，幾乎沒有一個不是被殺或者是失蹤的，如今貝里亞也將走上死亡之途，眞是惡貫滿盈罪有所得了。

四、未來的發展

誠如名政論家陶希聖所說：「貝里亞被黜事件僅是馬林可夫發動整肅的開始。」未來將有一次更大的流血鬥爭，因爲貝里亞雖被整肅，但他尚擁有下列各種勢力：普通警察、秘密警察、奴工和國際保安隊與邊界衞隊，此外國際情報局也在他的領導下，故其黨羽遍佈國內外，勢力相當浩大，如今貝里亞被整肅垮台，他的徒子徒孫亦勢將不保，故大流血與大暴動在所難免，由此益增加克里姆林宮的危機，如東歐各附庸國人民的反暴運動，傳說與貝里亞事件有關，目前雖暫時被鎮壓下來，但極權統治決不能順服人心，群衆革命將會隨時爆發，到那時俄帝便不能維持目前的局面了，而它的極權統治亦將因此而解體。

貝里亞是被黜了，他成爲馬酋上台後第一個被開刀的「巨頭」，說不定次一步驟便會落到莫洛托夫與布加寧兩個的身上，因爲前者掌握憲政大權，後者統率軍政大權，都是馬酋最顧忌的人物，如馬酋不能制於彼等，則必受彼等所制，因爲在俄共的歷史裡，獨裁專制是沒有幾個領袖同等並立的，對立只有一個消滅一個，或一個消滅多個，多個中只能容一個存在，按照俄共鬥爭理論，像這類事件並不爲異，如列寧推翻克倫斯基政府，一面更嚴厲監視同黨，列寧死後，史大林與托洛斯基之鬥爭，結果托派完全被消滅，史大林始獨攬大權，現馬林可夫亦是循着此一鬥爭途徑來收復並鞏固其一人獨裁之局面，故未來俄帝內鬨更趨劇烈，當可斷言。

五、解放鐵幕此其時矣

總之，貝里亞被黜事件之發生，證明了俄共內部鬥爭正在積極展開，其國內政權及其所控制的附庸國顯然呈現極度的不安，這是俄共自史達林死後的一個大動亂時期，亦正是民主國家解放鐵幕的良好時機，我們再不可對蘇俄存有任何幻想了，要知道在馬林可夫開始大整肅的後面，尚隱藏着二個大陰謀，一：是加緊對民主國家發動和平攻勢，以分化自由世界之團結，達其兵不血刃而赤化世界的陰謀。二：是加強對國內及附庸國之控制，以圖發動三次大戰，作爲軍事上的冒險。故我們應特別提高警覺，來防範此種毒辣陰謀，更應加緊戰備，隨時配合國際形勢之有利發展，來完成我們反攻大陸復國建國之任務。

（四十二年七月廿三日精忠報）

分析伊朗政變之影響

在上週短短幾天之內，伊朗政局的突變，令人有莫測高深之感，而事態的演變，更具有戲劇性的發展，然我們決不能以尋常眼光去觀察此一事件，因為此次伊朗政變的成敗結局，輕則關於伊朗本身，重則牽涉整個自由世界的安危，故吾人有重視此一問題之必要。

伊朗的政變，發生在本月十六日，先是勤王的禁衛軍發難企圖壓迫莫沙德總理下台，但旋即反為莫沙德所敉平，伊王柏拉維攜后倉促出亡羅馬，此時莫沙德遂掌握伊朗大權，正欲準備組織攝政會以結束王朝，但事隔不到三天，忽傳伊朗陸軍又推翻莫沙德政權，要求國王返國理政，現莫沙德已被拘，德黑蘭情勢亦漸趨穩定，伊王正首途返國，擁王之查赫迪少將已被任命為新總理，伊朗之政變，至此告一段落。

這不是具有戲劇性的政變嗎？究竟莫沙德又怎麼會失敗的呢？我們要知道：莫沙德是個極端的民族主義份子，他藉「石油國有」而起家，去年七月，因國王不同意他自兼陸軍部長而辭職，於是國王任命傾向西方的元老政治家蓋凡姆為總理，恢復對英石油談判，此時莫沙德即勾結杜德黨（即伊共）及鼓動民族主義份子起而逼走蓋凡姆，莫沙德於是重掌大權，至本年三月，莫沙德又受埃及王法魯克被逐的鼓勵，正圖如法泡製，但爲國內陸軍及議會之反對而未敢下手，然莫沙德獨裁之心未死，他進一步擬解散國會，控制陸軍以遂其願望，當他這個願望尚未實現之前，這次政變的事件便發生了，這證明伊朗軍民並不滿意莫沙德之措施，尤其他那對內勾結杜德、對外結好俄帝，無異將伊朗送入虎口，而陸軍中傾向伊朗王的亦佔大多數，爲莫沙德所利用的僅極少數而已。故十六日之政變，亦爲國王反擊莫沙德而事先計劃所發動的，當時亦因事機不密，莫沙德聞訊已有準備，且主持政變之兵力太少，遂爲莫沙德制伏，伊朗王事先任命之總理查赫迪少將則在德黑蘭近郊經與陸軍取得連絡之後，故十九日陸軍進入伊京德黑蘭、莫沙德遂成階下囚，這證明陸軍是支持國王的。至於伊朗的人民，也是擁護國王的，雖然十七日那天伊京國會廣場上有十萬民衆高呼「殺死國王」及擁護莫沙德等口號，但那只是杜德黨人驅使鼓動的，不足以反映民意，事實上這次政變據美聯社十九日羅馬電：正在旅途中的伊王，於接得反政變勝利的消息後稱：「除共黨外，我相信百分之九十的人民都是效忠於我的。」又據同日德黑蘭電：勤王的臣民，正到處和共黨發生衝突，勤王的軍警，正舉行絕食以促請國王的歸來。以上這兩項消息，與前一消息相對照，便可看出伊朗人民畢竟是擁護國王的。

伊朗這次政變，究竟有些什麼影響呢？我們分析起來，有下面三點：

一、伊朗在中東的戰略地位：伊朗毗鄰俄帝，距俄帝心臟最近，如以伊朗作空軍基地，可以直接威脅俄帝並以致命的打擊，而轟炸半徑更可包括莫斯科及其以南之富庶地區，因俄帝橫跨歐亞兩大陸，但如來自伊朗之攻擊，則俄帝之內陸防禦將極脆弱、實爲民主國家攻擊蘇俄最理想之戰略要地。反之伊朗爲俄帝所控制，則歐亞非三洲局面自不堪設想矣！

二、伊朗石油的戰略價值：石油爲近代戰爭極重要之戰略物資，而伊朗即具有世界最大之油田，阿巴丹爲世界最大之鍊油廠所在地。它的產量，佔全世界百分之四十二，每年產量三千二百餘萬噸，大部均由英伊石油公司開採，它供給英美法及中東其他諸國的需要，如英美的地中海艦隊所需油料便完全仰給於它。由於伊朗石油的豐富遂成爲列強所覬覦，俄帝對伊朗早存囊括野心，遂利用石油問題，鼓動伊朗國內民族主義份子反英反美，而英國亦不明大義，一副帝國主義嘴臉，致形成英伊之間莫大裂痕使莫沙德及共黨勢力得以崛起，造成前所未有的惡劣局面。

三、政變與伊朗前途：前面已講過，伊朗在莫沙德執政期間，爲了鞏固其既得權位，滿足一般國民對「石油國有」的要求，不惜勾結共黨勢力，與俄帝頻頻交往，大有羊入虎口之勢；此次反政變之獲得勝利，不啻爲伊朗本身一新轉機，亦爲自由世界額手稱慶，蓋伊朗若爲俄帝所控制，其惡劣後果至難料想，然目前伊朗新政府是否能安定其國內政治並改善國內經濟現狀，則端視美英等西方各國之支援，而美國尤應即把握此一良機，主動負起伊朗經濟復興暨安定伊朗之責任，如此非但阻遏伊共勢力之抬頭，縱使俄帝暗中鼓動叛亂，亦發生不了多大作用，而依目前情勢觀察，此次伊朗之政變，顯係共黨失勢，然而俄帝未作任何表示，其中必有奧秘，根據俄伊一九二一年所訂條約，俄可藉口保護伊朗而出兵干涉，如此將一變而爲國際干涉，則伊朗問題勢將擴大，惟一般預測，俄極可能支持伊共發動再一次政變，以循內戰方式控制伊朗，故美國應及早防範伊朗可能事件之發生，以扶植新政府安定其國內之情勢。

總之，伊朗之政變結局，對自由世界總是一個好消息，在今天中東這樣一個混亂的局面中，將是一線光明的希望，對今後自由世界抵抗極權侵略中，實具有舉足輕重的影響。

（四十二年八月廿六日精忠報）

關於義南的港之爭

讓我們打開世界地圖，把你的視線往西移到歐洲，先在地中海找着了義大利和南斯拉夫，介於他們兩國之間有一條海峽名叫亞得里亞海（Adriatic Sea），在亞得里亞海頂北端有個港口名叫的里亞斯德（Trieste），通稱「的港」，便是目前義南兩國所僵持的地方。

這個問題的發生，如果我們要進一步去瞭解的港問題的由來，就應該把時間拉得更長一點。因爲國際上任何一個問題的發生，都有其遠因近果，和錯綜複雜的關係存在，不能把它看得太單純，這是我們研究國際問題所必須持有的一種看法。

現在我們先從問題本身說起：上月二十九日，由於南斯拉夫官方通訊社傳出之消息，謂南國擬併吞的港B區同時，南斯拉夫許多報紙亦一致聲稱：「南國必須重提其一九四五年的合併整個的里亞斯德區的原有要求。」再加上若干行動顯示，南國確有此種意圖，於是立刻激起義大利全國之強烈反應，尤其義國輿論一致要求政府以武力對付，義大利陸軍亦迅速出動，調赴義南邊境，準備應援的港，同時義國政府即循外交途徑，一面通知其北大西洋同盟國，一面向南國政府提出照會，警告南國不可採取「無理及不負責任之行動」。但南國電台仍引述其官方之「政治」報稱「的港仍爲南斯拉夫不可分離領土之一部份」。其後雙方即展開外交上的冷戰，而南國亦陳兵邊界，表示「被迫採取同樣措施。」此時美、英、法三國見事態嚴重，乃分別照會兩國政府，促雙方保持「冷靜及審慎」，美國各報社論均謂：的港局勢可能引起事件甚或衝突，西方三國應盡力使義南維持和平，因該兩國爲西方防衛之一部。國務院更令駐義大使魯斯夫人負起調停兩國紛爭的責任，據目前消息報導，美、英、法三國表示支持並同情義大利立場，重申三國在一九四八年三月所發表宣言將的港交還義大利，但南國則認爲上項宣言無效。蓋當時西方三國發表此項宣言時，南斯拉夫尚未脫離蘇俄，西方爲防範俄帝攫得此一通往地中海之海口，並支持義大利國內之競選，乃聲明將此一國際自由港交還義國，唯當時遭蘇俄反對，而南國則提出以的港北部的戈里齊亞作爲交換條件，但又遭義國拒絕，的港問題就成了一個僵持局面，以迄於今。

但是，僅僅瞭解以上還是不夠的，我們必須從其歷史背景去看，才能瞭解問題的全貌。

的港在第一次世界大戰前，原是奧地利領土之一部份，大戰後，奧國因戰敗，其領土被分割，的港及其附近地區遂成了義南兩國爭執之地，唯當時由於義大利正值強盛之時，新興的南斯拉夫終告屈服，在一九二〇年兩國締結的拉巴羅協定，南斯拉夫承認該地區歸義國管轄，迄二次大戰期間，因義大利參加軸心國作戰，一九四五年春該地爲美英及南斯拉夫三國軍隊攻佔，戰後南斯拉夫要求接管該區，而爲義大利所堅決反對，雙方爭持不下，時法國出面斡旋，於一九四七年二月十日四強外長中成立協議，決定將的港置於聯合國管轄下而成爲國際自由港，而其附近地區則歸南國統治。但由於派遣的港行政長官問題，聯合國意見不一，故此事未能成立，同時南斯拉夫亦堅決反對，因此的港在實際上遂成爲美英南三國共管，港的北部稱爲「A區」，由美英軍隊共管，港的南部稱爲「B區」，由南斯拉夫代管，唯名義上不屬於南斯拉夫，此次爭執之引起，爲狄托企圖正式宣佈併吞的港B區，故爲義大利所不忍，因美英法三國宣言在先，同時的港區居民，百分之八十五爲義大利人，按照民族自決而言，的港理應歸義大利，唯目前該區實際上爲南國軍隊所佔領，狄托只不過想找個機會來「正名」罷了，現在的問題是：「的港究應誰屬？」這個問題如何才能獲得合理的解決？如不影響巴爾幹防務，這是民主國家很感辣手的一個問題，根據本月六日狄托演說的建議，渠稱「的港問題已陷僵局，除將該區造成國際港，並將的港後方區域附屬南國領土外並無其他解決辦法」。據他解釋：的港成爲國際港後，此一地區始能和平，其他解決辦法難免終成泡影。他繼稱：「但望義國接受此一計劃，南義兩國不難頓成友邦，吾人倘以A區歸併義國，而以B區歸併南國，實屬後患無窮之解決辦法」。他並明告世界人士：的港問題非徒關係南義兩國自己，其與世界和平實有莫大影響，故亟應善爲解決，以免招致不幸災禍。狄托這篇演說是在他蒞臨阿克羅格里加主持該地慶祝南國佔領十週年紀念會上所發表，雖是對當地人民所說，但實係對義大利和西方三國的聲明而表示南國對的港問題的立場，但義大利政府立即拒絕狄托所提的港國際化及內陸歸併南國的建議，並堅持履行西方三國一九四八年之宣言將的港歸還義大利之要求，據最近消息透露：義大利可能在數日內撤回其軍隊，並設法勸使西方國家與狄托出面交涉，使的港問題能獲致「可以接受的解決」。故現在的港的問題不在羅馬和伯爾格來德，而在華盛頓、倫敦和巴黎如何去解決了。

（四十二年九月十三日精忠報）

日本建軍問題

日本原是世界列強之一，其武備並不亞於歐美，遠自明治維新後，日本國力蒸蒸日上，一戰勝清，再戰勝俄，於是奠定其在亞洲強不可拔之地位。惟由於日本國內受軍閥之操縱以及侵略的帝國主義思想之作祟；遂甘冒發動二次大戰的危機，走上自取滅亡的途徑。戰後由於日本無條件投降，其軍備悉被解除，國內完全由美軍佔領，時麥克阿瑟元帥即爲美駐日最高軍事兼行政長官；美國爲欲徹底根除日本軍國主義思想，防其重蹈戰前覆轍起見，故在其國家根本大法——憲法上明白規定日本永遠不再建軍，並否認國家的交戰權。因此日本便成了完全無軍備的國家。

但事實告訴我們，戰後不到三年，國際形勢便告急趨轉變，侵略的影子重又出現在世人的面前，蘇俄帝國主義在東西方的迅速擴展，使國際間不得不提高警惕，尤以中國大陸陷於俄共鐵幕之後，這一東西敵對形勢愈趨顯明，一方是俄共控制下的極權附庸，另一方則是以美國領導的民主自由世界，兩個集團暗中進行冷戰已非一日，直至一九五〇年六月二十五日韓戰爆發，美國始感此時遠東局勢之嚴重，遂決定積極扶植日本建軍，以使其擔負遠東抗共有力的一環。

韓戰促使日本從速加緊重整軍備。因爲俄共發動韓戰，其目標即欲攫取日本，但史大林決沒有想到美國竟如此迅速出兵援韓，其陰謀顯然是失敗了。但它既已發動韓戰，便不得不硬着頭皮打下去，韓共吃不消，再要朱毛參戰，終算把韓戰局面維持下來，於是再逞故技，恢復停戰談判，以挽回他在韓戰中損失慘重的悲哀命運，現在韓戰雖已成立停戰協定，但美國由於此次韓戰的教訓，他已警覺在遠東非建立一支強大的亞洲人自己的軍隊，不足以抵抗俄共的侵略，於是日本建軍便勢在必行了。

日本有先天優良的工業基礎，再加上美國積極扶植的結果，日本如果恢復建軍，在條件上並不感到如何困難的，依現在日本的人口，一旦戰事爆發，至少可動員五百萬人而無虞，至其軍火生產更無問題，這當然不是一蹴即就的，但日本建軍，至少可減輕美國在遠東兵力的負擔，未來的日本防務，將由日本人自己去防衛，這樣美國可以抽出更多的機動部隊，以應援遠東其他被侵略的地區。

日本的建軍問題，因杜勒斯及諾蘭的相繼訪日，暨美援談判的順利進展，吉田首相已提出一個日本防衛五年計劃，其目標在五年內，日本能充分自衛抗共，根據其計劃內容：日本陸上部隊自明年度起自十一萬增至十五萬人，以後逐年增加，五年內增至二十一萬人。海軍五年內增至艦艇一百七十隻，十四萬五千噸。空軍五年內增至一千四百架，內三百餘架係噴射機。該計劃後添了一條附註：即在十年以後，擬將上述數額再增加一倍。

但這個五年防衛計劃，我們看起來是並不積極的，這不過是日本爲了獲得美援被迫這麼做的，在日本國內，一般黨派及人民認爲建軍在目前形勢上是必需的，反對建軍僅極少數而已。唯由於受憲法的限制，日本建軍只能以志願方式招募保安隊的名義來進行，有些黨派認爲要達到建軍的目的，不惜修改現行憲法，但吉田對這方面的態度尚不夠鮮明，而美國對上項計劃亦不盡滿意，日本五年防衛計劃可能尚有局部修改，陸上部隊在五年內將增至二十五萬至二十八萬人。

日本現有的保安部隊僅有十一萬人，分駐四個管區，如在明年起開始建軍，即使在五年內達成陸上部隊二十五萬人，海上艦艇一百七十艘，空軍一千四百架之譜，以俄共目前在遠東兵力之優勢，亦不足以言自衛，故日本的防衛力量仍是微薄的。但有一點值得我們欣慰的，便是至少日本在提出公開的建軍計劃後，他無論是在那一方面都顯示一個巨大的轉變，因爲過去日本政府對建軍始終是拖着拖延的態度，對俄共亦尚存有若干幻想，但於此次防衛計劃正式提出後，日本將眞正擔負起自由世界防衛的一部份責任，據最近消息報導，日本政府將於短期內派遣專使訪美，商談美援及建軍問題，這顯示日本由模稜兩可的政策，走向正式反共的大道了。

（四十二年九月十九日精忠報）

「大亞洲主義」讀後感

一個具有遠見的政治家，他的警世言論在當時常常爲人所忽略，但當經過一次慘痛教訓後，再回頭來讀它，才覺得它眞實價値之所在。

國父於民國十三年十一月十八日北上經神戶對日本所發表的「大亞洲主義」演說，便是一個實際的例子，可惜後來日本人沒有照着國父的話去做一個「東方王道的干城」，卻做了「西方霸道的鷹犬」，發動侵略戰爭，終於自尋覆滅。並且給後來俄共在東方以可乘之機，而造成了今日整個亞洲的危機，這個責任是應該由日本人自己來負起的。我們在紀念國父逝世三十週年的今天，特別要指出這篇遺訓的價値和它的時代意義。

首先讓我們來溫習一下歷史，日本自明治維新後，拚命吸取西方的物質文明，而摒棄我們東方仁義道德的文化，他們只圖堅甲利兵，形成一種武力的文化，這種武力的文化，也就是「霸道」。霸道是要去征服別人，因此連續對我國進行侵略，首先便滅琉球，侵台灣，接着便是韓國，東北，最後引起了蘆溝橋「七七」事變，這可以說日本是完全學了歐洲帝國主義，所以才會接受後來原子彈轟炸的教訓，無異自食其果。日本經過了這一次慘痛的歷史教訓，應該是徹底覺悟了，倘使日本從今能繼承王道的精神，把今天的眞正敵人——俄帝認識清楚，而能負起繼絕世興廢國和治亂持危的責任來，則今天遠東乃至全世界的形勢必爲之改觀。

自我國大陸陷於中共後，俄共魔掌已漸伸入太平洋，日本今日所處的地位，乃是亞洲抗共的一扇大門，可惜日本當局並沒有認清她本身所負的時代使命，我們看到鳩山政府的兩面外交，充分表露了日本復興前途之可悲，這也代表了日本缺乏一種深厚的民族文化基礎，所以一經打擊之後，便不容易站立起來，而我們中國雖一亡於元，再亡於清，以及其他無數次的外患內亂，而仍能屹立不移，再接再厲者，這正表示我們民族文化的力量，不是鎗砲飛機所能征服得了的！八年抗戰；我們所憑藉的便是這個力量，今天反共抗俄亦是如此。

此外，國父曾經在這篇演講中，提到日俄之戰日本打敗俄國爲亞洲民族揚眉吐氣的事，今天很有意義來值得重提一下，我們知道，俄帝爲了要尋出海口，企圖南下太平洋，但被日本打得縮回了頭，這算是日本眞正爲亞洲民族伸張正義的一次，如果今天日本能將那種精神應用到目前他們所處的環境，勇敢地擔當起反共抗俄的使命，否則如仍圖與虎謀皮，俄帝是不會忘記日俄之戰那場奇恥大辱的。所以日本此時應該及時猛省，驅逐國內共黨，迅速重建軍備，而與民主國家一致抗共，這才是日本眞正復興之道。

今天我們必須強調，唯有中日密切團結，亞洲才有和平可言，亦唯有亞洲所有不願被奴役的民族一致聯合起來，才能撲滅俄共侵略的兇燄，維持世界和平。這是我們今天來重讀國父的「大亞洲主義」所感到的迫切的期望。

（四十四年三月十二日精忠報）

分析越南戰局

越戰由來已久

在俄共實施其赤化世界的計劃中，亞洲是唯一通往歐洲的捷徑，因此它的侵略政策，恰和過去美國「重歐輕亞」的政策相反。俄共認定要征服世界，必先征服亞洲：故它在歐洲使用冷戰，在亞洲卻進行着熱戰。

越戰從一九四六年十二月十九日「河內事變」發生以後，到現在已快進入第八年了，這長期拉鋸戰便從未休止，從它的形式來說：越戰由點而線，由線而面，由越北而全越，由越南而高棉、寮國。從其本質而言：越戰是俄共爲了奪取東南亞的一種軍事行動，故越戰無論就形式及其本質而言，都不是一個單純的軍事叛亂行動，而是國際共產黨爲了實現其侵略世界所撒下的一把燎原之火。

當越戰自一九四六年到一九四九年之間，因戰爭範圍不大，同時中國大陸紅禍猖獗，國際間皆集中注意於中國問題，而忽視越南問題的未來發展。但到一九五〇年中國大陸失陷後，越盟共軍獲得朱毛共幫的大量支援，於是越戰形勢每況愈下，法軍於諒山老街等戰略要地失陷後，更處處陷於被動，困守若干點線，一蹶不振。迄今年四五月間，越共更入侵寮國，一時越南三邦情勢均極危殆，此一中南半島幾欲陷爲中國大陸第二。其後經法軍大量增援，越共亦告後撤，寮國之戰暫時終止，法越當局纔算鬆了口氣。

現時越南戰局

越南戰局並不因此和緩下來，相反地自寮國戰事暫告終止後，越共一面整補自己，一面更準備發動一次大規模的秋季攻勢，企圖一舉而下河內，這些跡象顯示在韓國停戰後，越南很可能變成韓戰場第二，據各方報導證實越共在紅河三角洲夾石山嶺之天然屏障，已完成戰鬥佈署，一俟下月雨季屆滿，越共可能發動攻勢，現法國已急調其本土及海外屬地援軍東來，韓國作戰部隊亦準備調到越南作戰，以期應付此一秋季攻勢，故雙方均劍拔弩張，大戰有一觸即發之勢。

目前越南戰局的態勢如何？我們再就雙方兵力來作一比較：法軍方面，據法國防部公佈：其在越南戰場法聯邦軍總兵力爲二十三萬五千人，並且尚有正在訓練中的法聯邦軍十八萬人，亦已完成裝備，再加上其他增援部隊，實力已相當可觀。現法軍配備重點在河內地區，此一地區由法軍葛義將軍統率約有十五萬兵力，用以應付越共攻勢，當可勝任無疑。至越共方面，據估計其全部兵力約在十五萬至二十萬之間，故法越聯軍無論就數量與質量上皆較佔優勢，但由於越共採取游擊戰術，避實就虛，法軍亦感難於應付，故現法軍亟欲爭取主動，運用機動突擊方式，予越共以有效打擊，如七月間法傘兵突擊諒山之役，摧毀越共後方補給基地，其後法軍更不斷出擊，使越共迭遭重創，同時一面更加強空軍力量，故未來越共即使發動攻勢，亦頗難得逞。

美對越戰態度

在另一方面，自韓國停戰後，外電迭傳中共可能公開出兵援越，而目前集結在中越邊境伺機而動的共軍兵力約爲十五萬人，且近月以來，中共不斷以大量軍火物資供應越共，證明俄共亟欲攫取中南半島的陰謀，美國對此，亦加密切注意，國務院除一面警告中共不得武裝干預越戰，否則將招致擴大戰爭的嚴重後果。一面則積極援越，以期結束越戰。故現美國已負起支付越戰戰費的重擔，美國爲什麼要幫助法國去援助越南呢？我們分析起來有下面三點：

一、越南是東南亞的門戶，如果越南失守，東南亞其他地區亦將不保，且此一世界穀倉，若爲共黨所得，其後果更不堪設想。

二、七年越南戰費的負擔，已使法國財政瀕於破產，如美國不加援助，越戰即無法再支持下去，那麼法軍亦只好退出越南。東南亞拱手讓敵，那是美國所不能忍受的。

三、法國已保證予越南三邦以完全獨立自主之權，這才是眞正解決越戰之道，美國見法國如此誠意，方許以三億八千五百萬美元的大量援助。蓋過去越南問題之癥結即在法國不肯放棄其殖民地統治權，這對越南人民自然是一種反感，故越戰拖到現在，也是以這爲主要原因。

戰局前途展望

根據以上所述，未來越南戰局前途的展望，我們可以看出一個輪廓，作爲本文的結尾：

第一：從雙方兵力來說，法軍是比較優勢，且擁有空軍優勢，在戰術上已由被動改爲主動，故未來如無中共軍隊加入作戰，法越聯軍當可握取勝算。

第二：從美國對越戰態度來說，美國已一再聲明警告中共不得在越南製造第二戰場，不以大量軍火物資援越，以消滅越共勢力，因此美國業已完成負起越南安全的責任，當然不容越南淪入鐵幕了。

第三：從越南人民態度來看，現法國已保證予越南三邦以獨立自主之權，這是挽回越南人心的最好辦法，越南人民過去痛恨共黨，同時也痛恨法國，所以對越戰不表關切，現在法國既已予獨立，越南人民自然會起來反抗共黨，這才是眞正結束越戰之道。

（四十二年九月廿八日精忠報）

越局的三種可能性

越戰的結局可能有下列三種方式出現：

一、在法國或在越共一方面的軍事勝利。

二、法國以及越南三邦和越共的和談。

三、由國際來作廣泛的解決，不僅牽涉到法越和西方各盟國，而且把北京莫斯科也包括在內。

軍事勝利

不論越共和法國那一方面，在目前看不出誰能先得到軍事上的勝利。越共雖然已發動了一個大規模的攻勢，越過西北的東京灣進窺寮北，以一種游擊戰的方式滲透到寮中寮南，而以另一支吸住越南中心平原地區的法軍，再配合當地民兵和政治行動，在東京三角洲及越南南部地區，這些攻勢並無遠大的軍事目標，然則他們爲便於全面的政治目的，卻打了一個重要的心理戰。

越共的戰略，是迫使法軍司令部分散他們的兵力，但越共軍也同樣要被分散和有着佔據任何法國據點的極大困難。事實上，越共的目的在這時期可能只是單純地去擴大戰爭和共黨的影響，因此他們避免在法軍基地遭受危險的攻擊，如最近他們在奠邊府，拒絕作正面的接觸，似乎是反映了這個概念。

在任何情況之下，越共不可能得到決定性的軍事勝利，當六月以前的乾季裡，除非他們眞能抓住一連串的法軍戰術上的錯誤。

在法軍一方面，目前被限定在一個防禦的性質，在奠邊府趕築機場和堡壘，看來大規模的法軍勝利，在這一季內是不可能的。

和平談判

法國想要越南三邦和越共，在越南由他們自己去安排結束越戰的可能性是遙不可期的。越共方面一直以民族主義相號召，但是年來它已慢慢變成依附北京和莫斯科了，其結果則可想而知。

倘使越共軍面臨失敗，胡志明或可能來一個戰術上的轉變而促成和平，或不受北京和莫斯科的指使，但北京和莫斯科另有一有力的手段，即通過軍事補給而對胡加以控制，但現在看越共方面此種希望甚爲微渺和在環境上中共和蘇聯也不可能允許越共去促成和平，除非從西方得到若干讓步。

此外，法國國內反戰情緒的高漲，最後可能迫使法國政府去放棄越南，或在法越之間成立協議，去撤出她的軍隊，這樣無異早日導致越共控制全越。

國際解決

一個廣泛解決越戰的條件已在柏林四外長會上被討論過，西方要求莫斯科和北京停止以戰略物資支援越共，作爲對法國在越南的任何讓步。莫洛托夫曾提出五十年和平公約在蘇聯和歐洲各國之間，這種說法即等於：「放棄你與美國的合作而轉向我們。」

我對越南的注意不僅爲愛好和平者所關切，是否他們同意調停越戰將依賴這些因素：中共和蘇聯內部的困難以及他們能得到什麼較多的利益。

以上越戰三種可能結局的方式，隨着第三種方式的出現，是極其可能的，法國曾表示她急於通過談判來解決越戰，但明顯的必需以實力來談判，爲了這個理由，希望的焦點，尚在越南新軍身上，和未來的冬季將被認爲有什麼好的前途？

（四十三年三月三日譯自紐約時報）

美希完成軍事協定

在積極建立全球抗共陣線的今天，美國繼美西協定之後，又宣佈她與希臘已完成一項純軍事性的協定，這個協定的內容，包括美國得根據北大西洋公約防衛計劃；使用及發展希臘公路及鐵路作爲軍事上的需用；美軍得駐於希臘並有權自由出入希臘領土及領海，美軍設備與希臘武裝部隊有同樣的便利。此協定係依據北大西洋公約組織條約第三條的原則完成，當一九四九年四月四日在華盛頓簽訂的北大西洋公約的第三條規定，在集中管理及指揮之下，成立一羣完整的軍隊。美、希協定的有效期間係與北大西洋公約相同，將至一九六九年期滿。

我們先從她的地理形勢來看，希臘是巴爾幹半島唯一未染共產色彩的國家，環繞在她周圍的，如南斯拉夫、保加利亞、阿爾巴尼亞都直接與她相比鄰，而且常受其威脅，其中南斯拉夫雖已擺脫俄帝控制，但仍爲一獨立的共產國家，本質上仍和蘇俄一樣。觀諸最近南斯拉夫對的港的態度，西方國家對她實懷隱憂，故爲防範未然，正當義南二國因的港之爭而呈緊急之際，美國突宣佈與希臘成立軍事協定，這是爲了防範南斯拉夫一旦與西方決裂，美國仍可利用希臘來阻擋共產勢力伸入地中海，而確保此一地區之安全。今天，她與土耳其同扼達達尼爾海峽咽喉，更可收相互呼應之效，爲抵抗俄共南侵的兩扇鐵門。

在另一方面來說，希臘與西方國家更具有不可分割的關係，當一九四五年二次大戰終了，俄帝即挾其暴力陰謀，一舉而席捲東歐各國，如羅馬尼亞、保加利亞、匈牙利、波蘭、捷克、阿爾巴尼亞及德、奧之一部，當時的南斯拉夫亦爲俄共附庸國，（按南斯拉夫係於一九四八年七月脫離蘇俄而獨立）所以那時唯一未被俄共宰割的便是希臘，但俄共未始不覬覦這塊巴爾幹戰略要地，特別是一九四五年雅典暴動之一幕，乃是希臘的生死關頭，當時因希臘政府擺脫納粹統治未久，政府力量猶未建立，希共在俄帝支使之下，發動武裝叛亂，雅典城的三分之二，皆被希共所佔領，當時，希臘政府已是岌岌可危，後幸賴駐防英軍負隅抵抗，並將共黨叛亂份子擊退，希臘始得免於被征服，其後美國杜魯門總統即開始全力援助希臘政府肅清境內共黨勢力，著名的馬歇爾援助計劃即從希臘爲實施的開始。希臘於獲得大量美援後，國內政治、經濟、軍事始漸趨穩定，故希臘受過這一次的慘痛經驗與教訓，在過去一直便與美英密切合作，一九五一年十月，希臘與土耳其並同時加入北大西洋公約，成爲自由世界反抗俄共侵略重要的一環。

希臘既已加入北大西洋公約，爲什麼美國又要單獨與她訂立一個雙邊協定呢？這其中自有道理存在，最近南斯拉夫對的港強蠻態度已解答了一半，同時美希協定的簽訂，使兩國關係作更進一步的密切合作抗共。據兩國聯合公報稱：「希臘與美國政府爲履行北大西洋公約第三條條約責任起見，訂立雙邊協定，規定美國得與希臘政府聯合改良及使用希臘若干機場及海軍設備。協定之目的係便利將希臘防衛併入北大西洋公約組織的防衛網，因而加強北大西洋一帶的安全及維持國際的和平與安全。這種改良及加強集體力量以抵抗武裝侵略的合作努力，反映希、美兩國間的合作及友誼之緊密聯繫。」

我們知道，蘇俄是個陸權國家，但一到濱海地區，它即成了強弩之末，而美國即挾其海空強大力量以包圍蘇俄，這已是今天很顯然的事實。希臘群島交錯，尤爲海空之優良基地，她既能確保地中海不落入俄共勢力，且更能伸入俄共內陸，故美、希軍事協定的完成，在打擊俄共侵略擴張的今天，其意義至爲重大。

（四十三年五月十日精忠報）

論中美共同防禦條約

從近百年的歷史來看，中美兩國所負安定世界的比重是相等的，其息息相關已經歷史證明，兩國合則強，分則弱，對整個世界安全的影響，實有舉足輕重之感，而尤以中華民國在亞洲所處的地位，可說是牽一髮動全身，第二次世界大戰即爲一現實教訓，幸賴中美密切合作，抵抗侵略，終於獲得最後勝利。

國際共黨深知中美團結將是他們侵略亞洲的一個阻擋，所以他們千方百計，在友邦面前散播惡毒宣傳來孤立我們，因此造成大陸赤化，俄共氣燄不可一世的局面。今天，中美條約的簽訂，這是美國所得慘痛教訓的一個覺悟，也是我們從大陸失陷五年來的一個轉捩點。這五年來，美國對華政策，以白皮書發表到韓戰爆發這個階段最爲黑暗，美國似乎完全放棄中國，聽任國際共黨的侵略宰割，即自韓戰爆發美國宣佈第七艦隊協防台灣，亦僅基於韓國安全爲背景的一種臨時消極政策，而韓戰停後，國際間又進行着出賣台灣的陰謀，此時美國對華政策，仍處於游移不定狀態，迄中美條約簽訂，兩國關係才趨於明朗化。而使「美國決心不將台灣置於國際談判中論價的籌碼」，和「明白表示台灣在國際外交中的地位，爲中華民國唯一合法政府」。亦等於間接表示美國決不承認中共政權，給大陸同胞一個無限的希望與鼓勵。

其次談到我們的切身問題——反攻大陸。本約適用範圍，不僅限於台灣澎湖兩地，而且規定「經雙方之協議，將包括締約國所轄其他領土。」因此無論任何意義上，均不妨礙我們光復大陸的權利。美國既承認我爲唯一合法政府，則我們所轄領土自將包括外圍島嶼及整個大陸在內，故不但無礙於我反攻大陸，且可作爲我反攻時美國支援國軍行動的依據。

近數月以來，中共在俄帝指使下叫囂攻台，並砲擊金門大陳，其政治企圖乃在恫嚇美國，破壞中美締約，但相反地卻使這個條約的迅速誕生，這是國際冷戰中俄共一大失敗，就整個世界反共形勢來講，中美締約已完成了太平洋集體安全中最重要的一環，對俄共的侵略，將是一大打擊。我們從中共的驚恐狂吠醜態可以看出來，周恩來攻擊中美共同防禦條約爲一種「嚴重的戰爭性挑撥」。中共北京廣播亦稱：「這個條約規定經過協議可以把雙方管轄下的其他領土包括進去，美國將積極鼓勵和支持台灣對中國大陸的戰爭行動」。

在本約簽訂後的另一影響是英國與中共關係的惡化和英國對我態度的好轉，因此我們認爲國際情勢已日趨對我有利，但我們切不可以條約的簽訂而鬆懈我們反攻的準備，同時基於條約平等互惠的立場，雙方均應負起共同安全的責任，因此我們更要淬勵奮發，自立自強，以配合當前情勢的發展，爲完成反攻復國的準備，作更進一步的努力。

（四十三年十二月二十日精忠報社論）

透視美國與中共貿易暗潮

時下美國西海岸的一部份商人，主張和中國大陸地區通商，要求美國政府放寬對中共貿易限制，但是這個主張也曾遭到各方的反對，因此一直尚在醞釀之中，雖然在可見的將來，美國與中共貿易尚不足成爲事實，但是處在今天這樣一個國際姑息的環境中，我們對它的發展，都不能不予以密切地注意。

最近，一個美國西海岸的商業訪問團，由舊金山市市長謝利（John F. Shelly）和商會主席柏德（William J. Bird）二人所率領，於二月十八日在其遠東之行中抵台訪問，他們先後也曾訪問過東京和香港，該團係由美國西海岸的工商界領袖所組成，他們此行任務是在探求與中國大陸貿易的可能性，所以在他們抵達東京時，謝利市長便和記者大談其美國應與中共貿易的論調，他明白指出兩國關係可循由貿易而獲得大大地改善。他並舉出美國於一九三三年承認蘇聯政府前，便已先和蘇聯進行了一段長時期的貿易，現在對中共貿易，亦可依照這個方式進行。

當然，謝利市長的談話是在討好美國西海岸的一部份主張與中共貿易的商人。他這樣做，也是爲了他的政治前途着想，他不能不討好他的選民，因爲與中共通商，不僅西海岸的商人可得到利益，即其他如航運業、保險業、碼頭和倉庫工人都可同時受惠。

或許有人要問，爲什麼美國西海岸的商人這樣熱衷與中共通商呢？理由很簡單，主要是地理接近的關係，因爲美國西海岸去東方，只隔了一個太平洋，百餘年來的對華貿易，一直是操在西海岸商人的手中，隨着共黨竊據中國大陸後，雙方貿易才陷於停頓，但美國商人仍憧憬過去的好夢，爲了眼前的利益，故不計後果如何，竟高嚷要與中共貿易，並謂美國與中共間的現有僵局，只有靠貿易來解決。

代表西海岸商人的團體——舊金山商會，便以推動美國與中共貿易作爲他們的目標。爲了研究對中共貿易問題，該商會所屬世界貿易協會，特於去年成立一個十一人委員會，名曰「檢討對中共貿易可能性委員會」，由太平洋菜油協會會長羅加（B. T. Rooca. Sr）和國際事務專家史蒂文斯博士（Dr. Weyne M. Stevens）主持，經過了九個月的研究，最後於十二月三日發表一篇報告書，指出根據中共近兩年來對外貿易進展情形，美國對中國大陸之經濟隔離政策，並未收到預期效果。認爲現時與中共貿易，不但可能而且有利，要求政府准許人民可以自由訪問大陸地區，期能打開美國與中共僵局，進而衡量國家利益，制訂適當政策，至於如何實施，該報告書並未提供任何具體步驟。

報告書發表後，至今未爲世界貿易協會或舊金山商會所接受，而各方對此報告書反應不一，舊金山商會態度尤爲各方所寄。此次該商會主席柏德偕副主席竇歐親自隨團前來遠東訪問，相信與此報告書有關。兩氏對此問題的言論，當可反映舊金山商會的態度。例如柏德個人便不主張直接與中共建立貿易；而主張先從個人接觸與文化交流着手。他說：「從事貿易必先經過談判，你怎能和那些甚至連一句話都沒有談過的人來做生意呢？」

他在抵達台北時，曾對記者否認他的商會贊成與中共貿易。這位美國漢諾克人壽保險公司的副董事長說：「舊金山商會並未正式決定鼓勵美國西海岸商人與中國大陸貿易。相反地，它的商會過去還支持美國政府的對中共禁運政策。」他說：「他不會建議與中共作商業上的來往，因爲在很多情形下，商業和政治是分不開的。」

和他同行的商會副主席竇歐亦明白表示該會不欲批准該項報告書。他說：「目前遠東情勢甚爲險惡，此時與中共通商，殊不相宜。」

讓我們再來看看美國西海岸的輿論反應如何？具有影響力的舊金山「觀察報」（Examiner）本年二月十四日社論，即對舊金山市長謝利和商會訪問團在東京所作與中共貿易之建議，加以抨擊。該報稱：「二十五年前，本報曾倡言反對以廢鐵輸日，但此項輸運仍然進行，結果輸出的廢鐵變成了砲彈來殺害我們的兵士。」該報呼籲讓我們不要再犯同樣的錯誤。它說：「大家可能引起對中共貿易的爭論，但最起碼的先決條件，必須北京政權具有追求和平的誠意，任何一方只是追求利潤那是不夠的。」

即使西海岸的美國商人中，也不乏反對與中共貿易的。例如舊金山的吉時洋行（Getz Bros. & Co.）副總經理派洛特於提到十一人委員會的報告書建議時，即表示該行不予同意，特投票反對，他說：「雖然美國有一部份人和團體對與中共重建商業關係抱着很大的興趣，但我們之中也有很多是例外的。」

在時事討論機構方面，北加州世界事務會與美國友人服務委員會曾於去年十二月中旬在加州大學聯合舉行一次電視座談會，公開討論對中共關係及貿易問題，參加者達七百五十人之多，其中包括加州大學教授強生、斯卡賓諾、舒曼和湯森，華盛頓大學教授泰勒，澳洲國立大學教授費茨吉拉，英報人格林，時代雜誌主編魯斯夫婦以及加拿大工業鉅子鄧肯等，他們意見雖不一致，但尚無一人要求修改現行對中共政策，即承認中共政權。在貿易方面，魯斯更低估中共的貿易能力，他並拿台灣的貿易實績和大陸的相比較，他說：「一九六三年台灣對外貿易達三億美元，而中國大陸在同年僅達六億美元而已。」

不過，多數與會人士並不反對個人或新聞記者前往大陸地區訪問。他們這項意見，似乎也得到國務院的默許。因此，紐約醫生羅森（Dr. Stanley Rosen），去年曾獲准前往大陸訪問，並也曾得到中共的同意，但是這件事就在羅森醫生此行，使得美國許多人士懷疑目前美國與中共僵局是否能順利打開的問題，如果美國與中共關係一時無法緩和，則更遑論貿易問題，但是，西海岸商人對這方面的興趣並未因此稍減，我們且看舊金山商會訪問團回去之後，對這個問題將採取怎樣的行動。

（五十四年三月自立晚報）

蛻變中的國際情勢

在廿世紀的今天，我們眼看着共產主義剝奪了億萬人類的自由生活方式，共產黨更把世界帶向戰爭與毀滅的道路，它是自由世界的一大公敵。故今天我們反共抗俄的戰爭，是反極權、反奴役、爭生存和爭自由的戰爭，是民主集團對抗俄共侵略的戰爭，故我們除了必要正視自身條件之外，更應注意客觀情勢的發展，如何去迎合與運用這些未來情勢的發展，才是我們今天應有的認識。

自從三十八年底整個大陸淪陷後，我們國民革命遭受了一次最大的挫折，四年來，自由中國在總統英明的領導下，勵精圖治，整軍經武，才穩定了台灣的情勢，同時也扭轉了亞洲與世界的情勢，這是很顯而易見的事實。

如果引布萊德雷元帥對韓戰所下的一句評語來說：「這是在一個錯誤的時間，在一個錯誤的地點，所進行的一場錯誤的戰爭。」假使眞是那麼說的話，韓戰的錯誤，應該種因在美國發表的對華白皮書上，不是嗎？中國大陸不失陷，韓共那敢如此猖獗發動韓戰？朱毛共黨又那會參戰呢？

當三十九年六月二十五日，北韓在俄共指使下向三十八度以南發動攻擊，韓戰的砲響劃破了沉寂的聯合國，那時安理會正因俄代表馬立克一氣返國而告休會，十七國的代表們立刻召集一個緊急會議，通過出兵援韓案，等到馬立克趕回來已經來不及了。

韓戰發生後，美國的遠東政策有了個急劇的轉變，杜魯門總統於韓戰發生後的第二天便下令第七艦隊協防台灣，宣佈台灣中立化。待至十一月底，聯軍進至鴨綠江邊，中共突然出兵參戰，這時才使美國感到遠東局勢的嚴重，故韓戰對民主國家而言，實在是敲響了一聲警鐘，民主國家受此警告步調漸趨一致。

韓戰究竟與我們有什麼關係呢？我們可以從七全大會的總統政治報告中讀到，總統說：「韓戰對於我救國復國有什麼影響呢？我們台灣危機的克服，對內方面：是我們軍事政治的緊急措施，對外方面：毫無疑義的就是韓戰。」又說：「韓戰是亞洲和太平洋局勢的轉捩點，同時也是我們中國存敗的大關鍵……。」而自韓戰發生以來，我們也盡量的利用這段時間了。

在杜魯門政府任內，艾契遜的妥協政策造成世界一個可悲的局面。尤其在遠東，中國大陸被關進鐵幕，因而導致韓戰。因此在去年十一月總統大選中，美國人民睿智地選擇了艾森豪，以代替杜魯門政府。現在應該是艾森豪的時代了。

我們從艾森豪政府所標示的新外交政策來看，可以找出二大特質：

㈠全球均衡政策——這個政策一反過去「歐洲第一」的政策，艾森豪指出「俄國共產黨發覺通往歐洲的勝利之道乃是經由亞洲，一個世紀以前，美國已開始看到東方和西方之間連繫的重要，但是，百年後，民主黨政府卻採取一種非常剛愎的政策，以否認那個昭然的眞理，後果是喪失了中國。」因此他在共和黨的外交政策上，已具體的說出：未來的外交政策應歐亞並重，他說：「我們要明晰指出，我們從不想犧牲東方，來替代爭取時間……。」

㈡積極的解放政策——積極的解放政策是艾森豪堅強外交的重點。它的目標有三：⑴援助鐵幕內的反共組織。⑵在鐵幕內發動反共戰爭。⑶用國際壓力迫使蘇俄就範。

根據以上兩大政策，艾森豪於就任後其重大措施略舉如下：

㈠解除台灣中立化，不阻國軍反攻大陸。

㈡美國政府將考慮廢除因蘇俄根據密約所造成之事實。

㈢艾森豪親臨韓國，謀求解決韓戰之道。

㈣杜勒斯訪問歐洲、南亞、中東和日韓諸國，加強與各國聯繫。

㈤全力支持聯合國，阻止中共進入聯合國。

㈥支持西德艾德諾競選的勝利。

㈦在伊朗粉碎俄帝對伊朗的陰謀。

㈧在東德進行「糧包攻勢」，以爭取人心。

㈨大量援助越南，及早結束越戰。

㈩對台灣軍經援的增加。

解放政策所引起另一方面的反應，是俄帝集團的恐懼與動搖，如東德六月十七日的暴動，使東歐各附庸國，均紛紛起來響應，這證明俄帝內部危機的存在，是日甚一日了。

俄共的政權爲什麼會維持得那樣久？很顯然的，在史大林時期，完全是靠特務控制與史魔的神化作用而已，但是，等到馬林可夫整肅貝利亞之後，內鬨的發展便趨於不可收拾，我們知道，貝利亞是俄共的特務頭子，他的黨羽衆多，勢力浩大，現在馬林可夫向貝利亞開刀，他的黨徒豈肯引頸待戮？必然會率衆起來反抗，故在前三個月鐵幕國家呈現極度的不安情勢。反抗暴動之事屢見不鮮，現雖一度沉寂，但這些星星之火，隨時便有燎原之勢，只要國際戰事一起，鐵幕國家人民準會起來響應，幫助推倒俄共政權。

艾森豪的解放政策與俄共內鬨及東歐暴動相形之下，正是一呼一應，證明艾森豪的決策在鐵幕國家已起了發酵作用。當然，這對馬林可夫是一個極大的威脅，他已開始不安起來，觀諸最近他對西方所做的和平姿態，與誇言擁有氫彈鈷彈之說，這都不過是他色厲內荏的表示罷了，實際上他已黔驢技窮，最後必定走上敗滅之途。

四年來，國際情勢在不斷地蛻變中，從中國大陸的失陷到韓戰的爆發，從杜魯門政府的結束到艾森豪政府的開始，從俄共內鬨到東歐的暴動，從這些變動中我們可以看出：國際情勢，從消極的圍堵政策走向積極的解放政策，反共抗俄的形勢已日趨對我有利，而台灣地位的重要，與台灣實力的堅強，更是我們本身條件的充足，再配合國際間的有利形勢，與大陸上億萬同胞渴望自由的心情，相信我們反共抗俄的中興大業，一定能在我們手裡完成，欣逢中華民國四十二年國慶，特撰此文以資慶祝。

（四十二年十月十日精忠報）

一年來國際局勢的檢討

今年是一個外交談判年。

表現在俄共集團方面的是實施冷戰與分化，如今年元旦，馬林可夫透過國際社記者對西方大唱其和平共存濫調，一面又處心積慮要破壞西方團結及世界集體安全組織。而自由世界即針對俄共此種陰謀，繼續加強盟國團結，並透過條約及聯防組織等關係以確保各該地區之安全，越南停戰後，美國受了日內瓦會議的教訓，深知唯有以實力作後盾，方可抵制俄共藉外交軍事雙重的攻勢，因此她在外交上表現了一連串的輝煌成就，而在軍事上也保持了優勢的原子空軍和機動的地面部隊，以行「大力還擊」（Massive retaliation）打擊共黨在任何地方引起的新侵略。

一年來國際局勢的演變，其間曲折變化，雖令人有目迷五色之感，但我們只要稍爲留心，即可尋出其趨向所在，在越南停戰前，西方與俄共舉行了一連串的會議，但並未能解決實際問題，主要在試探俄方是否具有誠意，柏林會議由於西方對德奧立場一致，俄帝並未獲取絲毫便宜。但日內瓦會議討論越南問題時，法國即經不起考驗，以致讓共黨攫得越南北部，檢討起來，這是自由世界最大損失。

越南停戰後，西方步調始漸趨一致，其間先後完成的有東南亞公約之簽訂，希土南三國締結軍事同盟，英伊石油、英埃運河及義南的港等糾紛的解決，西德獨立整軍之通過，以及中美共同防禦條約之簽訂，皆爲自由世界一連串之輝煌成就，恰好抵銷了因越南分裂所造成的嚴重危機。

一、自由世界方面：從柏林會議到西德整軍

關於統一德國的談判，戰後外長會議即達六次之多，但均未獲協議，今年一月二十五日柏林四外長會，其決定失敗命運，亦早已爲人預料到了，共黨之願參與此項談判，無非藉此宣傳以達其離間分化之目的而已。

從柏林會議失敗後，西方所得到的教訓是：共黨決不肯放棄既得的侵略果實，而欲繼續將德國保持分裂，於是西方乃毅然推動西德整軍，此時俄帝亦展開對西方外交攻勢，陰謀破壞歐洲軍之成立，一面以黃金買賣引誘英國，一面則以解決越戰要挾法國延緩批准歐洲軍，雖經美國一再警告不要上當，但法國因急於要停戰，終於一手扼殺了歐洲軍條約。八月十九日，六國外長在比京布魯塞爾會商歐洲軍問題，即爲法國堅持成見而告失敗，接着法國會又於八月三十日正式否決歐洲軍條約，使西方苦心經營的歐洲防務毀於一旦，幸英國能顧全大局，艾登外相乃親赴各有關國家磋商，以謀挽救，遂使九月底的倫敦九國外長會議對西德獨

立整軍獲致協議。

根據倫敦協定，西德將於六個月內恢復獨立自主，同時加入北大西洋公約和布魯塞爾公約，在協議許可範圍內重整軍備，即建立一支五十萬人的陸軍，八萬人和一千三百五十架飛機的戰術空軍以及數約兩萬人的小型海軍，使西歐防務立於不敗之地，故西德整軍之獲得通過，實為自由世界對俄冷戰中的一項偉大勝利。

從日內瓦會議到東南亞公約

四月二十六日召開的日內瓦會議是以韓戰問題為中心的，其中韓國問題之不能獲得協議，正如同德國問題一樣。而遠東自韓戰停後，唯一熱戰場便是越南，故越南問題便成了日內瓦會議的重心。

共黨在日內瓦看準了法國求和心切，以及西方三強對越南所持岐見，於是一面在會上儘量拖延時間和討價還價，一面則在越南戰場造成軍事優勢，攻下奠邊府，迫使蘭尼爾內閣垮台，這些都是共黨策略高度的發揮，最後使法國接受分割越南的建議，使共黨在亞洲繼中國大陸後又獲得一大勝利。

越南停戰後，西方始圖亡羊補牢，於是乃有東南亞會議召開，先前杜勒斯於三月二十九日所倡聯合行動組織東南亞聯盟以對抗共黨侵略之計劃始告實現，然越北已拱手讓敵，這是自由世界因妥協而遭致最大的損失。

東南亞八國會議於九月六日在馬尼拉召開，會議兩天即順利簽訂東南亞公約及通過太平洋憲章，此項公約雖偏重於經濟方面，但仍不失爲一集體防衛組織，各公約國應允在東南亞及西南太平洋站在同一線以對抗侵略，各國承認如有武裝對此區域攻擊將危及彼等之和平與安全。該約唯一缺點即未包括中日韓及其他東南亞國家，公約組織缺乏一支強大的軍事力量，以對抗共黨侵略。

從中共叫囂攻台到中美條約

中共叫囂攻台是繼續侵略的信號，也是韓越戰的延續。它的目的：⑴破壞美國進行組織東南亞聯盟。⑵轉移內部不穩情緒及維持部隊戰志。⑶阻止中美聯防條約的實現。⑷加強朱毛共黨進入聯合國的講話力量。根據上述分析，中共叫囂攻台其政治陰謀大於軍事行動，但我們不能不說它沒有軍事準備，九月三日金門砲戰，即是行動的表現，主要在試探美國是否有協防台灣的決心，然後再作進一步的行動，但所得到的一連串強烈的反應，反而更加速了中美條約的誕生，使美國協防台灣置於一個堅固的條約基礎上，完成了西太平洋聯防中最重要的一環。

中美共同防禦條約經雙方年餘幾經磋商，始於今年十二月二日在華府正式簽訂，此約簽訂後，國際外交地位亦經確立，美國承認我爲唯一合法政府，間接即不承認中共政權，因此中共大爲驚恐，且大罵美國支持台灣進行對大陸的戰爭行動及英國對中共之不友善行爲。

我們再從條約內容來分析，該約在任何意義上均無阻我反攻大陸之規定，而我更可依據此約一旦反攻時且可得到美國之支援，故中美條約的簽訂，非但是對中共冷戰中一大勝利，且予大陸渴望自由同胞一個莫大的希望與鼓勵。

從中共圖插足聯合國到聯大政治戰

中共陰謀進入聯合國，有俄帝爲之提攜，更有英印等姑息者爲之鼓噪，尤以韓戰停戰後，此種情勢更爲惡劣，但美國一致堅決拒絕中共侵略者進入聯合國，九屆聯大於九月二十一日開幕後，首先即以四十三對十一票之壓倒多數拒絕俄帝此項建議，而通過自由中國保持在聯合國席位之美國動議，俄帝陰謀又告失敗。

聯大自九月二十一日開幕迄十二月十八日結束，其間討論獲得兩項成就：

㈠裁軍——聯大一致協議繼續舉行各大國的秘密談判，俄帝之所以同意，目的在拖延，並故示以和平姿態而已。

㈡原子能用於和平——聯大一致協議於明年八月舉行國際會議，以討論成立一國際原子能和平管制機構。其餘如韓國問題，塞浦路斯歸屬問題，北非殖民地問題，印荷新畿內亞爭執以及新會員國入會問題，均未能達成協議。

二、俄共集團方面：和平攻勢分化盟國

馬林可夫於今年元旦答覆美國際社記者所提出的四點問題，強調世界人民可以和平相處，並期盼改善美俄關係等，這無疑又是共黨一貫的和平攻勢的老套，主要是對柏林會議而發，企圖局部緩和冷戰緊張局勢，期使西方防衛措施因而鬆弛。

俄帝雖一再放出和平空氣，但他仍繼續不斷製造國際緊張局勢，如德奧及韓國問題之拖延不決，對越南之加緊侵略及對東南亞其他各地之滲透，在危地馬拉發動叛亂，在遠東擊落英美飛機，以及叫囂攻台，砲擊金門大陳等，皆足以說明共黨的基本侵略目標不變，他亦唯有在國際間不斷製造緊張局勢始可轉移其人民國內不安的注意力，俄帝和中共皆是如此，前者如馬酋與貝利亞之爭權，東歐暴動，鐵幕不安穩，後者因韓戰損失慘重與內部連續水災，人民怨聲載道，反共游擊武力日益滋大，都是他們為什麼要一邊高唱和平一面又要製造緊張局勢的最好答案。

越南停戰後對東南亞的策略

因日內瓦會議而導致越南分割，這是共黨在外交軍事交相運用下的一大勝利。越南停戰後，共黨表現在外交方面的如：⑴拉攏東南亞各中立國家，周恩來因日內瓦會議親赴印緬，先後發表互不侵犯聲明。⑵破壞東南亞聯盟，用恫嚇來阻止各亞洲中立國參加，以削弱其力量。⑶利用艾德禮、尼赫魯作政治走狗，要他們影響英國，在遠東若干重大反共措施上牽制美國。⑷對日本展開和平攻勢，以釋俘與貿易為餌，引日本上鉤。其表現在軍事方面的為滲透戰術，在各地培植共黨勢力，以期不流血而攫取政權。

俄國與中共會談及兩大鐵路之建築與俄國中共一體化

俄共第一書記赫魯雪夫於九月底率領其高級代表團一行抵達北京，參加十月一日中共國慶大典後，即與中共舉行一連串之會議，據中共新華社十月十二日報導，該會議包括「中俄共對國際形勢的觀點」的聯合宣言和特別發表對日本關係的聯合宣言，還有俄共軍隊撤退旅順，各股份公司俄股交給中共，簽訂中俄共科學技術合作協定，修建蘭州到烏魯木齊及集寧烏到巴托的鐵路並組織聯運等聯合公報，這些充分含有新的侵略與長遠的侵略陰謀在內，我們稍一分析便可了然：

㈠在它對「國際形勢觀點」的聯合宣言中，包括⑴強調中俄共不可分性，這正給幻想中共可能變成狄托的一個答覆。⑵誣指美國對台灣的侵略，它認定美國是俄國與中共唯一對敵。⑶要求召開一個對韓國問題的會議，由有關各國廣泛參加，這無異是藉此機會宣傳分化而已。⑷它要求亞洲國家根據周恩來的五項原則，締結「亞洲和平原則」，以圖與東南亞公約對抗。

㈡在它對「日本關係」聯合宣言中，係以「發展貿易關係」來誘致日本，以獨立自主來煽動日本對美惡感，其所以特別爲日本關係而發表宣言證明其對日本的野心，同時更一面以撤退旅順見示日本亦要求美軍作同樣的撤退。

㈢俄帝將股份公司的股份移交給中共，它要中共以供應蘇俄通常出口貨物的辦法在數年內償清，這和俄帝貸款五億二千萬盧布於中共合起來看，是俄帝無限期囊括中國大陸的物資，中共無限期供應俄帝所需物資，分明是俄共控制中國大陸經濟的變相。

㈣兩大鐵路的建築和組織聯繫協定，這不但是俄國與中共經濟軍事一元化，亦加深了中共對俄帝的依賴關係，此兩大鐵路完成之日，已如總統指出即太平洋戰爭再起之時。

三、今後國際局勢的展望

根據今年的國際局勢來看未來的演變，可以找出下面幾個發展方向：

㈠自由世界將繼續與加強集體防衛組織，重點將是中東。

㈡美將以經濟攻勢作為冷戰主要武器，大規模開發世界落後地區，其中尤以亞洲，以抵抗共黨發展。

㈢自由世界尤以美英法團結一致，以實力談判來迫使共黨攤牌。

至於俄共方面，鑑於西方集體防衛組織已大體形成，她已感受於四面被圍的境地，今後她唯有加強控制其衛星國家，設法鞏固內部安全及努力發展原子軍備。其在外交方面仍將鼓吹和平共存，以和緩西方加緊防衛措施的努力，同時儘量利用會議談判，以拖延時間，就整個形勢言，由於原子戰之恐懼，雙方均不敢貿然挑起大戰，但俄帝征服世界目標仍然不變，祇要原子優勢一旦握在西方，俄帝即不敢發動大戰，當然俄帝可以利用滲透從事各國內部的顛覆活動，但美國已決以「原子優勢」及「改善經濟」兩大武器，足制共黨於死地，而無須冒大戰危險以達瓦解共黨集團之目標，亦情勢所趨也。

（四十三年十二月廿九日精忠報）

柒・故事小品

知與能

一個人的求「知」慾，當推兒童時期爲最強，因爲腦筋的啓發，尤其對各種新奇事物，所表現得特別深切，常常會引起疑問，譬如看到天上的太陽和月亮，他就會問：「這是什麼」？有時大人告訴他：「這是太陽或月亮」。但還不滿足他的理想，於是便會繼續再問：「它怎麼會發亮呢」？和「爲什麼會走呢」？或是「走到什麼地方去呢」等這些難題，有時大人也被問得莫明奇妙，瞠目不知所答。你如果再告訴他一些較深知識，或是「太陽是繞着地球走的」。「太陽的光是本身所發出來的」。……但是兒童的腦筋充滿着疑竇，還是存着一個「？」對這些大人的解答，似乎還存一個謎？所以這都是兒童求「知」的啓端。

一到年齡較大，進學校接受各種教育，教育便是要「知」，而亦是練習「能」。你要練習「能」，第一個基本條件就不能不「知」，而「知」又分三個階層，比方說：我們曉得地球是圓的、動的，但是卻不是「知」，而是「聞」。這是「知」的第一層。第二層才進步到了解，要能證明「地球是圓的」或是「地球是繞着太陽動的」；這便非天文學家專門知識不可。「知」的第三層是發明，由「天圓地方」變到「地球是圓的」。由「天動地靜」變到「地球自動」，這便是發明，更是「知」的最高階層。

科學家的許多發明，都是由「知」躍進到「能」。在學校裡受教育是「知」，進入社會服務又要以「能」來表現工作的天才。總理云：「雙手萬能」，就是要以「能」來表現一切，所以「能」亦是「知」的表現。

學問是要隨時去求的，「學無止境」，而「知」又需從學問眞理中去探索研究。德國毛奇將軍有云：「不『知』者不『能』。」「從『知』到『能』尙需一躍」。所謂「從知到能尙需一躍」，這就要有自動精神，凡事不動則已，一動之後，必遇抵抗，要打破這個困難，就需要有「能」。世上的事沒有難，也沒有易，要看抵抗力大不大，自己的「能」夠不夠，所以第一不要把事情看得太易，一遇抵抗力，就意志消沉，要練習打破難關的「能」，便和練習打拳一樣，從大到小，從易到難，最主要的是「繼續不斷」。求「知」也是一樣，所以孔子云：「其爲人也，發奮忘食，樂以忘憂，不知老之將至」，就是俗語說：「做到老學到老」了。

孫子云：「知己知彼，百戰百勝」。就是要先「知」，而後能勝，所以「知」和「能」的問題，這是研究學問的基礎，知道了這個，便可到處自己研究下去。

卅九年一月定海「浙海日報」

友情篇

常常聽得有人說：「在家靠父母，出外靠朋友」。的確，我們立足於社會上，處處需要人家的幫助，而且朋友在我們的一生事業中有着密切的關係。不過我們對朋友的選擇，應該愼重其事，尤不可結交壞的朋友，須知「近墨者黑，近朱者赤」。而且往往容易誤入歧途，「一失足成千古恨」，我們應該把它視作前車之鑒。大凡「酒肉朋友千個好，急難之中半個無」。一到困難的時候，便視同路人，不肯相助。古時的「管鮑之交」，一直到現在還傳爲美談，這是値得我們大家效法的。同時我們結交朋友，第一要誠懇、坦白、彼此間相互瞭解，倘在某種場合之下，因一時誤會而起了隔膜，就應該立刻設法去補救才行。否則裂痕愈演愈大，甚至會將整個友情的基礎撞倒，而致不可收拾，由此所遭受精神上的打擊，將永遠墮入悲苦的深淵，所以我們要保持友誼的永恆，更應作進一步的認識。

× × ×

友情是神聖的，不是供人玩弄的東西，誰有誠意才能獲得眞諦，播弄友情或拋棄友情的人，永遠是孤獨的，在學校裡孤獨，在社會裡孤獨，在墳墓裡也是孤獨。

友情不是享受，也不是利用，而是一種義務。

× × × ×

友情不可濫施給別人，給需要的人，卻要慷慨給予。

× × × ×

眞正的友情，是靈魂上的投合，絕不是建築在形式上。眞正的友情，如汪洋大海，澄之不清，激之不濁。

× × × ×

友情好比一盆草，須要時時去灌溉，才會「欣欣向榮」。友情好比一股清泉，不要任意糟塌，不然它會顯得枯萎污濁了。

× × × ×

在友情的國度裡，是沒有「金錢」這回事的。在友情的社會裡，是沒有「買賣」這回事的。一個人不能沒有錯誤，因此就不能以對方一時疏忽，而將友情的基礎撞倒。友情中存有「博愛」「眞誠」，但也不能沒有寬大，否則所謂友情，只是一朵「曇花」，不會久長的。

卅八年九月廿二日「浙海日報」

你怎樣和人相處？

青年朋友們！你醉心那魯濱遜孤島獨居的生活嗎？然而那不過是文學家筆下描述的一個烏托邦而已，今天這個時代，它已是一個科學的群衆時代了。人是社會的動物，當然不能離開社會而生存，而社會生活又表現在人與人的交互關係上，人處於現社會中，不是孤立的、自我的，因此我們必須要在人與人之間建立一種正常友好的關係，亦便是我們所要研究怎樣和人相處的一個問題。

這實在是一個不可思議的問題，在我們周圍與我們接觸的人實在太多了，「人心不同，各如其面」。而各人皆有他特殊性格的表現，這種性格又是環境、教育和先天所賦予不可改變的，我們要想做到各方密切融洽，眞是談何容易！

許多青年人初入社會，都抱有一股遠大理想和滿腔熱情，本想大有作爲，但由於不善處人的緣故，往往到處碰壁，弄得心灰意懶，非但本身事業一無成就，而且各處皆不受歡迎，所謂「天地之大，獨無我容身之地？」這眞是一個莫大的悲哀，但我們所謂與人相處，卻並不是說拍馬逢迎、虛僞諂媚，亦不是做一個和事佬或好好先生，我們而是爲了要建立人與人之間正常友好關係，使我們大家都能互助合作，切磋砥礪，共同爲實現某一理想而努力！

假如，當你初次結識一個朋友，或者是同事時，你將怎樣去和他相處呢？當然，你首先必須要瞭解對方，調查他的性格、愛好和特長，多找機會和他接近懇談。譬如說他是個愛好戲劇的人，你不妨和他談一齣戲，或者請教一些有關戲劇的問題，他必定很樂意和你談得很融洽，這樣慢慢情感自然就會建立起來了，雙方情感既經建立，我們更要處處表現出恢宏寬大，誠懇熱情，虛心拙己和理智忍耐的態度，使對方對你有個良好的印象，但往往亦有許多很好的朋友，因某種小誤會而發生隔閡，此時你應立即設法彌救。千萬不要讓裂痕加深，致使前功盡棄，這是最值得注意的，此外還有些比較難相處的人，我們除了上面所講之外，必須抓住對方的特性才行，例如：

驕傲的：這種人也許有點聰明才幹，或者因某種關係所造成，就自己認為了不起，驕傲自大、目空一切，與這種人相處，凡事要順水推舟，絕對不要正面反駁他的見解或措施，以免傷害他的自尊心，倘若你有什麼意見，提出時須要十分委婉或用一種暗示的方法，使他領悟而接受我們的主張。對於這種人，有時我們亦不妨表現一點才能，使對方另眼相看，但切不可在他面前出風頭，以免遭忌。

粗暴的：這種人生性暴燥，脾氣很壞，缺乏修養，只憑感情用事，一意孤行，與這種人相處要乾脆，當他動氣時，切莫去找他，等到他心平氣和後，再用好言相勸去疏導他、感化他，使他覺得這個人很夠朋友，以後你說什麼他都會聽你的了。

多疑的：這種人多半狐疑猜忌，心胸狹窄，認識不清。以前或許受過一點刺激，使他不敢相信別人，與這種人相處時，你要儘量開誠佈公，肝膽相照，爭取他的信任。

苛細的：這種人小心小眼，遇事苛求。喜吹毛求疵，愛挑剔別人錯處，與這種人相處時，應注意小節，儘量避免缺點，不要讓他看輕你。

總之，處人是一種藝術的修養和一種經驗累積起來的，它是一種心智的運用，決不是幾句話便能奏效的，但只要你平時能細心考察，把握原則，認清對象，隨機應變，你便能左右逢源無往不利了。

「新生報」副刊

泛論精神動員

前言

今天反共抗俄的戰爭是一個總體戰，必須動員一切可能致勝的力量——包括物質的與精神的，才能擊潰我們當前最頑強的敵人俄寇中共，因此在各項動員方案中，精神動員實為重要而不可缺的一環。

一般人對「精神動員」的觀念，有如我們對「精神」這一個抽象名詞感到摸不着邊際一樣，因為它的範圍實在太廣，故「精神動員」在實施時頗有令人不知從何處下手之感，而世界其他各國所稱動員，皆着眼於人力物力之動員，鮮有注重精神者，如美國即着重於工業生產方面之動員，一旦國防需要，如何將平時的民用工業立即轉變為戰時的軍需工業，使此種生產力完全用於作戰。就我國言，精神動員並非一新鮮名詞，早在抗戰期間，總統即倡行「國民精神總動員」，堅持抗戰必勝信念，全國上下，團結一致，終於戰勝了日本帝國主義。蓋吾國唯一可與侵略者對抗的武器，即為我中華民族五千年歷史文化所蘊藏着無窮的精神力量，此種內發的精神力量，乃能外抗侵略，內除奸賊，使我民族永續無窮之生命，雖內憂外患，不絕如縷，而仍能危而復安，亡而復存者，皆我百折不屈之民族精神也。總理倡導革命，推翻滿清，即憑少數革命志士不畏犧牲的奮鬥精神，又如北伐抗戰，亦無不以少勝多，以劣勢的配備戰勝優勢強大的敵人。故今天我們要打垮俄共，唯一應特別強調的便是我們的精神力量，此種精神力量的發揮，才是我們眞正克敵致勝之道。故從歷史的推演，革命的觀點與吾人今日所處的環境言之，精神動員工作實較其他部門動員尤爲重要，蓋其所發揮的力量是無窮的，如果我們單靠有限的物力人力來對抗俄共那是不夠的，必須加上我們所動員發揮的精神力量，這樣我們所佔力量的比重才能超勝敵人，而我們今天所要研討的亦就是這個問題。

精神動員的意義

所謂「精神動員」，它的含義是什麼？我們首先應予以確定，簡單的說：「精神動員就是基於國防需要，運用各種方法，動員所有精神力量，以支持軍事作戰並爭取最後勝利。」

進一步來說，大凡一個國家的國防，係根據其國策與所處國際環境來作決定。從一個國防概念的產生，到政策的擬定，由政策而計劃，由計劃到執行，其步驟不容絲毫紊亂，故一國於頒佈其動員命令時，必因遭受敵國侵襲或基於其政策上的需要，而動員全國所有力量，以遂行對敵作戰。精神動員自其消極意義言，固爲動員全國的精神力量，以支持軍事作戰並爭取勝利，但積極的更含有直接對敵心理作戰的意義在，即如何運用各種方法去瓦解敵方的精神意志，以達到「不戰而屈人之兵」的最高目的。

精神動員的範疇

實施精神動員，我們必須制定它的範圍究有多大？換言之，亦便是那類性質的工作是屬於精神動員的？同時，我們要把精神動員的實施對象範圍加以補充說明，筆者認爲只要冠以「國民」兩字便可將它整個概括了，即仍稱「國民精神總動員」，而毋須再就其實施對象加以分類，因爲「國民」，它可包括所有居住國內及僑居國外之中華民國人民，即現役軍人及取得我國國籍之外人亦屬之。這樣先在名稱上使人有個較明晰的概念，然後再來討論該項動員工作的範圍，那就比較完整得多了。據筆者研究，精神動員工作可包括政治、社會、文化、教育、心理等五大部門，現逐項分述如下：

一、政治：㈠政治組織之健全；㈡政治效率的增進；㈢政治教育之實施；㈣政治鬥爭之研究；㈤外交戰之運用等。目的在強化政治力量，配合動員作戰。

二、社會：㈠戰時生活之推行；㈡社會風氣之改良；㈢社會組織之嚴密；㈣支援前線之發起等。其目的在養成蓬勃的復興氣象，動員社會各階層力量，配合軍事作戰。

三、文化：㈠各種宣傳之加強；㈡赤色遺毒之肅清；㈢傳統文化之發揚；㈣團結文化界人士一致反共等，其目的在發揚我國固有文化與道德的力量，以撲滅共產主義在精神上所造成的威脅。

四、教育：㈠民族精神教育之實施；㈡文武合一教育之實施；㈢革命救國教育之實施。其目的在使每一學校均能成爲民族精神的堡壘，每一青年均能成爲反共復國的鬥士。

五、心理：㈠對國民心理之建設；㈡對群衆心理之疏導；㈢對敵心理作戰。其目的在鞏固我們自己的心防，並進而摧破敵人的心防，使之不戰而潰。

如何實施精神動員

如何實施精神動員？這是一個方式問題，重點問題和實施時所採步驟的問題。關於前者，換言之，即我們應採取什麼方式和重點來實施精神動員？筆者認爲有下列三種：

一、組織：組織爲謀求一切事功的必要條件，有組織才能發揮力量，故任何動員工作首應注意二點：㈠精密調查；㈡健全組織。使人人均納入組織，這樣意志才能集中，力量才能團結。

二、宣傳：宣傳是實施精神動員的最好方式，由於宣傳所產生的力量是無窮的，它不但可以鼓舞士氣民心，爭取友邦盟國之同情支援，且可直接從事對敵宣傳，瓦解敵人戰志，以收攻心之效。

三、教育：精神動員如何從教育上着手呢？我們認爲民族精神教育與文武合一教育之實施可收很大效果。前者在提高民族自信心與培育青年愛國家、愛民族的思想，使學校成爲民族精神的堡壘；後者在糾正重文輕武的陳腐觀念，訓練學生具備現代軍事常識與技能，使人人成爲反共復國的武裝鬥士，爲國家儲備無窮的後備力量。

至於一般動員在實施時所採取的步驟，我們可以用下列形式標示出來：

國防需要——→動員目標——→計劃擬定——→交付執行——→督導檢查。在計劃與執行的過程中，我們該與各有關部門取得協調聯繫，這在參謀作業中亦有詳盡說明。

當前的精神動員工作

精神動員工作所異於其他動員工作者，即須利用各種方法，來做一番事先的培養工作，即所謂作心理之準備也。俾能在一旦戰爭爆發，立即負起各項直接的與間接的戰鬥任務，故此種培養工作，如何使精神不致散漫，意志不致消沉，這是要從社會現象中去觀察人心傾向，謀求對策。故精神動員工作要從大處着眼，小處着手，莫好高騖遠，捨本逐末，這是要特別注意的。

當前的精神動員工作，茲舉其犖犖大者如下：

一、厲行戰時生活，改良社會風氣：「生活條件與戰鬥條件一致則強，相離則弱，相反則亡」，總統曾一再昭示要大家推行戰時生活，養成刻苦純樸的風氣，於磨練鬥志，喚醒人心，故此爲精神動員工作項目之一。

二、堅定必勝信念，隨時迎接戰鬥：這是做心理上的準備工作，必須在宣傳上多下功夫，係精神動員工作項目之二。

三、加強民族精神教育，恢復民族自信心：當我們民族在遭受一度挫敗之後，再面臨今日我們所處環境，無疑地會產生一種自卑與消極的心理，如何設法去剷除這種心理，這是精神動員工作項目之三。

四、積極展開對敵心理作戰：對敵心理作戰目的有二：㈠瓦解敵人戰志；爭取大陸人心。這是當我們反攻尚未發動前，我們的政治應先行登陸，以便求得速戰速決，這是精神動員之四。

結論

綜上所述，我們可以知道精神動員的範圍至爲廣泛，其工作亦極爲繁重，必須明察秋毫，溯其本末，製出一套可行的方案，以動員全國所有精神力量，爭取軍事勝利。

現今世界大戰，有如劍拔弩張，一觸即發，各國爲應付此種可能突發的情勢，隨時均在保持動員狀態中，如美國一九五三年即成立國家動員局，又我國國防會議，亦設有類似機構，皆爲負責策劃全國動員事宜，以應付未來之突變。

精神動員之實施，在培養高度的士氣民心，發揮無限的精神力量，以達到戰勝敵人爲目的，今天反共抗俄的戰爭，我們要特別重視精神力量這個因素，它是我們中華民族立國的根本，也是戰勝俄共最有力的武器，故我們要把它看作是動員工作中最爲重要的一環，以促起大家的注意研究。

四十四年五月七日「精忠報」

突擊龍山前

一

在指揮部的小會議室裡，作戰組長正在對突擊隊員們作一次任務簡報。室中央掛着二張高可及人的地圖，一張是標明紅色符號五千分之一的山東半島敵情圖，另一張是藍色的海圖，大家的目光集中在箭形所指半島最突出的一點——龍山前。

作戰組長講解着全盤的突擊計劃，他用指揮棒指着海圖：「你們這次任務的目標登陸地區，距離臺灣基隆是七百二十海里……」於是大家的目光自下而上，望着圖上那段漫長的航程，從臺灣出發要經過舟山群島、長江口、再進入黃海，到那目標登陸地區幾乎是和韓國的腰部平行了。

根據作戰組長的敵情研判，龍山前共軍據點駐有一個連的兵力，但在到達目標區前，突擊隊員所乘的無武裝船團，必須儘量避免海上敵艦雷達的發現。登陸目標區後，又要速戰速決，在敵方援軍抵達前撤離戰場。突擊隊希望借這次任務來發揮他們遠程奇襲的威力，使共軍隨時感受威脅與恐懼，並對大陸同胞反共抗暴的運動有所鼓舞。

接着，他們又討論兵力的編組和意外情況的應付，以及所攜帶的裝備武器和食物補給等問題。所有的問題都考慮過了，於是他們決定輕裝出發。把日期定在六月一日夜晚，並將此次任務分爲海上機動，登陸突擊和撤退返航三個階段來實施。

二

五月下旬的一個日子裡，一艘容積不大的母船，攜帶着五、六艘攻擊膠舟，悄悄地從臺灣北部某地出發，船上載滿了一群戰志高昂的突擊隊員，他們趁着月黑風高、潮滿浪大的時刻，進入洶湧的臺灣海峽，朝着北北西的方向航進。

五月的海峽，可能是一年中航行最不平穩的一個季節。氣候惡劣，風浪很大，船似乎搖幌得特別厲害。但是三十多位突擊隊員個個都是訓練有素，沒有人對船的搖幌感到異樣。他們坐在艙裡，有說有笑，只有副隊長于岱一人倚着船舷，對起伏的波濤發怔，他的心情也隨海浪上下而顯得非常激動。

黝黑的面孔，古銅色的皮膚，靠近五十的年紀，但仍保有一副結實而健康的身軀。于副隊長是名震全隊的浪裡白條和神槍手，他的潛水紀錄經常保持在一個小時以上；他也是一名掌舵的能手，從出生到抗戰時打游擊，都一直在他家鄉山東榮城打轉，這次要去登陸的龍山前地區，正巧是屬於榮城縣的，但現在中共卻把它劃歸爲青島特區管了，姑不管這些，他對龍山前每一方寸土地，都記得清清楚楚，儘管他離開家鄉已經十多年了，但那是他出生和呼吸長大的地方，如今被中共佔據着、蹂躪着，他一定要回去和中共算這筆帳。因此，他向上級提出這次突擊龍山前的建議，而且表示自願充任嚮導。他的建議終於被上級採納了。記得一個禮拜前，指揮官召見時，告訴他這個決定，當時他內心感到一陣無比的喜悅，他堅決地報告指揮官：「我一定要達成這個任務！」

于副隊長的幻覺，正要把他帶往登陸的灘頭。他想這次如果一切順利，總要帶一點「禮物」回來，作爲突擊的戰果。想到這裡，他最欣賞的年輕隊員李秉銘悄悄地挨近了他，等他發覺時，他向他笑了一笑，李秉銘以關心地口吻道：

「副隊長，你一向天塌下來都是無憂無慮的，今天怎麼啦，有什麼心事嗎？」

副隊長定了定神，恢復了他以往爽朗的笑容，他說：「小李，沒有什麼，剛才我不過在想怎樣抓個把小鬼來作禮物罷了。」

小李朝他望了望，副隊長的笑容慢慢收斂起來，他的語氣和態度都變得非常堅決，使他內心也引起一陣共鳴。

「副隊長，你一向把我當小老弟看待，這次又蒙你准我參加任務，到時我一定爲你效勞，也算我對國家的一點小小貢獻。」

副隊長對他誠懇的態度，一時不知道應該說些什麼安慰的話才好。二人相對默默地凝視了一會，還是副隊長先說：「今天起得太早了，還有六、七天的航程呢？讓我們下艙去歇一會吧！」

三

日子一天一天地過去，距離目標地區也一天一天地接近了，這時突擊隊的船團已駛過長江口，深入黃海水域了。一路上除了水天相接之外，幾乎什麼也見不到。根據海圖上的位置，現在已快接近山東半島了；張大龍隊長接到基地的特別指示，要全隊提高警覺，相機防範中共的所謂「渤海艦隊」。機警的張隊長，和副隊長商議後，立刻把船稍偏東北行駛，以免接近大陸海岸，被中共雷達發現。幸好這天天氣又再度變壞，海上刮起了七級強風，天上的烏雲好像要把整個大海吞噬了似的，經驗豐富的副隊長對張隊長說：「老天保佑我們，讓我們預祝成功！」

六月一日下午四時左右，船團經過了與海浪的長程搏鬥，終於抵達了預定的海上位置。這裡距離目標登陸地點至少還有五、六個小時的航程，看來天氣沒有轉好的希望，將近薄暮時分，海上已是濃霧一片，而且還有隨時下雨的可能。

張隊長在艙內召開了攻擊前的一次會議，作了最後的情況判斷。他說：「諸位同志，現在天氣對我們這次任務特別有利，我們就要利用這種惡劣的天氣，來掩護我們的行動。」於是，張隊長便執行任務交待，他命令于副隊長駕舟前導，尋覓龍山前預定登陸點，一個搜索組和一個火力組隨後，另一組後備隊亦相繼跟進。此外還指定了連絡與策應人員，一切安排妥當，決定於晚上八時從母船出發，實行敵前登陸。

母船裡的突擊隊員開始作戰前的最後準備，他們檢查槍枝，裝上子彈，把要隨身攜帶的東西統統帶上了，隊長副隊長走過來拍拍每一個人的肩膀，這時大家的面部表情都很嚴肅，像一名戰士就要去捕捉他的敵人一樣。

艙門內很少有人說話，也沒有一絲燈火，天已完全黑下來了，而且黑得非常可怕。只有海浪拍打着船舷的響聲，時間雖然一分一秒地過去，但對這些等得心急的勇士們，卻是像空坐等待漫長的歲月過去一樣。

「還有十分鐘！」隊長一聲尖銳急促的聲音，劃破了艙內沉寂的空氣，立時像一帖興奮劑一般，注入了每個人的心扉。隊長把右腕上的夜光錶向大家幌了幌，要求每人對一下錶：「七時五十分」。

在對錶一霎那的沉寂後，艙內開始動起來了，各組人員陸續下了母船，登上了攻擊舟。在黑暗中一陣忙亂後，又恢復了一時的寧靜，這時大家都已各就攻擊舟的位置，只等隊長下令出發攻擊了。

隊長的口令，正好在時針指向八時下達，纜繩一鬆，第一艘由于副隊長所駕的攻擊舟，立時把頭一調，朝西北大陸岸邊急駛，後面一艘艘地跟進，在黝黑無光的大海中，浩浩蕩蕩地乘風波浪而去。

四

攻擊舟在黑暗的大浪中穿梭而過，于副隊長熟練地操着小舟，朝着羅盤所指示的一個定點行駛。經驗告訴他，在抵達龍山前登陸灘頭以前，他必須先要找到鏌耶島燈塔的目標。找到燈塔後，再往裡拐約三千碼便是龍山前了。

海上仍是一片漆黑，呼嘯的風挾着一陣陣的急雨打在他們臉上，北國的初夏，使人仍有春寒料峭之感。他們單薄的衣衫已被雨水濕透了，然而他們抖擻的精神，沒有一絲畏縮，每個人都睜大了眼睛，在搜索着大海的前方。

先是，遠處左前方的海平線上，隱約露出一絲微光，但不時被高大的浪形所遮住，漸漸地、漸漸地，這支微光變成黑暗大海中的明燈，閃爍着耀眼的光亮。「燈塔」！于副隊長高興得差點跳起來，但他只是壓低了嗓子說了聲：「瞧！」這時大家也都發現了這座黑暗中的明燈，像指引着他們走向勝利成功的路。

人們久處於黑暗與恐怖所籠罩的大海之中，突然發現了這座爲航海者歌頌的燈塔，心中的興奮與喜悅是無可比喻的了。他們漸漸地接近，開始左轉，對着魔影重重的大陸海岸駛進。

時針指在凌晨一時四十分，他們所駕的攻擊舟，全部到達距龍山前登陸點不及五十碼的海中；他們一個燕子翻身，全數都下了海，把攻擊舟推向灘頭，動作是那麼地敏捷。

巨浪像排山倒海似的拍打着海灘，雨下得更大了，突擊隊員們匐伏地爬上了灘頭。他們照例要先偵察一下灘頭附近的地形，除了于副隊長外，沒有人能更比他清楚龍山前的地形了，這是一個坡度上升的灘頭，正面不過五、六十公尺寬，灘頭上面進去二、三十公尺的地方，有一座十多公尺高的小山坡，共軍營房便在山坡上；山坡下有一條一丈寬的戰壕，這便是龍山前的共軍據點，也是這次突擊的目標。

隊長接到搜索組的報告後，附近沒有發現哨兵，他便自帶了搜索組和火力組繼續向前搜索，副隊長帶了一組後備隊分二路跟進，並且還留下一組看守攻擊舟，和準備撤退工作。

這時雨愈下愈大，隊長所率領的二組人員，正在向前推進了約十多公尺之際，前面突然

「刷」地一聲，大家心知有異，立時臥倒不動，在嘩嘩的雨聲中，不遠的前面傳來了一聲顫抖的喝聲：「口令！」

突擊隊員們非常沉着，一動也不動，但對方那個共軍哨兵卻沉不住氣慌張起來了。

「砰」的一聲槍響，劃破了豪雨的夜空，這時把隊長氣惱了。

「這傢伙眞討厭，讓我幹掉他！」

他抽出身邊那枝無聲手槍，對準那條從樹背後伸出來的人影，才扳槍機，那條人影不知不覺地倒下去了。

突擊隊員們立時散開，火力組更佔據着有利的射擊位置。就在那人影倒下去的那霎那，山坡前營房邊射出了第一顆白色的信號彈，共兵們似乎也被那槍聲從睡夢中驚醒了，營房中一陣慌亂，共兵接着一連放射了好幾個照明彈，把整個據點照得通亮，正好給突擊隊員一個機會，親眼看到共兵們的狼狽情狀，有的提着褲子拖了槍跑出來；有的連上衣也沒有來得及穿，便一古腦兒湧了出來；他們東張西望，還以爲他們的營房發生了火警，做夢也沒有想到反共突擊隊員會在如此夜深雨大之際，遠渡臺灣來登陸突擊他們呢！

身經百戰的張大龍隊長，眼見那條人影倒下去之後，又見到營房內的共兵已傾巢而出，他已直覺地想到這場仗是不能避免的了，但是他依舊非常沉着，雖然大敵在前，他用手勢指示所屬：「不准先射擊。」

也許是照明彈的關係，把突擊隊員們暴露在敵人視線之下，他們開始衝下來了，有的已經越過了山坡下的戰壕，和突擊隊員相距只有二十餘公尺。

隊長一聲令下：「射擊！」

「咯咯咯！咯咯咯！………」

一陣密集的自動武器槍聲，發射出如箭似的火舌，劃過一度明亮而又復歸黑暗的夜空，貫穿了敵人的胸膛。

這陣突如其來使共軍們迅不及防的掃射，只見他們一個個應聲倒下去了，其餘的連滾帶爬躲進了戰壕。突擊隊員張爲民少尉恨恨地咬了一下牙，對着一旁的隊長說：「他媽的，統統把他們幹光了事。」他隨即從懷裡掏出來一顆手榴彈，用手使力一拉，摔了前去「轟」地一聲，又是一陣火光從戰壕裡冒了出來。

這時，共軍也開始猛烈地還擊了。左右兩挺機槍，朝着突擊隊員們亂掃一陣；他們同時還使用了迫擊砲和手榴彈，在黑夜中，他們摸不清究竟有多少反共游擊隊登陸來打他們，他們恐懼他們即將遭受全部被殲的命運，於是他們在作困獸鬥，躲在據點和戰壕裡不敢出來。

爲了解除左邊敵人那挺機槍的威脅，隊長命于副隊長帶了一組預備隊從側面包圍上去，那是一個獨立的小土丘，共軍的機槍就放在土丘後，旁邊有一株不高的樹，如能作良好的利用，正可以擋住敵人的視線，一舉而將他俘獲。

李秉銘少尉從後面俯身上來，他拉拉于副隊長的衣角：

「副隊長，讓我和張爲民上去，你在這裡掩護我們。」

於是他又拉了附近的張爲民，迅速地俯身一躍而去，他倆的影子，很快地便消失了。于副隊長張大了雙眼，朝着那個土丘凝視，手裡握着一枝衝鋒槍，做出射擊的姿態。

三分鐘前，那挺機槍還神氣活現地朝這邊亂射一陣，但此刻槍聲突然停止，于副隊長似乎見到樹後有二條人影一幌，緊接着有二、三聲「砰，砰」之聲，一陣短暫的沉寂後，沉重的拖曳聲自遠而近，于副隊長正要準備射擊，那邊傳來了張爲民的聲音，他壓低了嗓門：「副隊長，是我，快來幫忙。」

他摸了過去，張爲民把他一把拉住：「李秉銘受傷了。」這時，李秉銘正好躺在他的腳邊，于副隊長俯身摸摸他的頭急切地問他：

「小李，怎麼樣!?」

「副隊長，沒有什麼……我們成功了！」他微弱的聲音，到最後「成功」二字幾乎聽不清楚了；于副隊長再摸摸他，他已一動也不動地死去了。

「趕快，我們背他回去！」于副隊長勉強忍住哀傷，他對張爲民說：

「副隊長，我背不動了，我背部也受了點輕傷，還在流血呢？」張爲民搖搖頭，于副隊長又是一怔。

「你也……」

「我們快走。」于副隊長結實的身軀，把李秉銘的遺體背在右肩，左手一把扶住了張爲民，他們朝着原來預定會合的集中地急走，雨愈下愈大，地上也變得泥濘了，但他們終於尋到了灘頭的集中點，隊長和其他隊員正在那裡焦急地等待他們。這時，從共軍據點裡射出來疏落的槍聲，幾乎全被雨聲所掩蓋，只有共軍的迫砲彈，落在附近爆炸時才聽得出來。看樣子，共軍早已嚇破了膽子，躲在據點裡只求游擊隊快點退走，談不到出來追擊了。

隊長見到相處多年的李秉銘已經在這場戰役中壯烈成仁了，他不禁一陣悲痛，連忙叫人趕快把他的遺體接送上船。隊長說：「我們必須要在他們援軍到來之前離開這裡，現在大家立刻上船，我們不能留下任何東西給他們。」

五

天依然黑沉沉的一片，強勁的風浪，使得剛離岸的攻擊舟，在馬達沒有發動前又被風浪打了回來。這樣連續了二、三次，最後終於開動了，但船行速度很低，慢慢駛離了原來登陸的灘頭。

這是極爲驚險的一幕，在軍事上「敵前撤退」成功的史例並不多見。如果共軍稍有作戰經驗，利用突擊隊員們撤退的一剎那實行追擊，則當時的天候與地形，對撤退者是極爲不利的。

大約經過一小時的光景，鎮耶島燈塔的閃光已經遠遠地落在他們後面，向他們微笑招手再見了。這時，走在前頭的于副隊長才鬆了一口氣，他回頭看看有沒有其他跟上來的船隻，但是除了近處起伏的浪頭之外，什麼也看不到。

在經過極度緊張的鬆弛，疲乏隨着襲上心頭，他的眼皮不由自主地合了起來，他雖然一手掌着舵，但是他已沉沉打盹了，不過他的手還是緊緊有力地握住那枝短短的舵把……。

不知經過多少時候，于副隊長才悠悠地醒了過來，但是他感覺是在另外一條大船上，旁邊有許多熟悉的聲音縈繞在他的耳際。他驀地一躍而起，把附近的人嚇了一跳。

「嘿！副隊長醒了。」是隊員劉德少尉的聲音，大家的目光都朝向他，他一看都是自己人，才算放了心。

「我眞糟，最後實在支持不住了。」他搖搖頭，連忙關心地問：「隊長他們呢？」

「正在前艙和基地連絡，直到現在，還有田立一組沒有上來。」孫力行接了上去。

「田立一組，我看見他們上船的呀，可能被海浪沖失了。」他又想起跟田立一起的周田、王洪祥、王壽良、孫明德和李文星五人，不禁爲他們失去連絡而耽心，他沒有辦法，只有默默地祈禱他們早上平安歸來。

最初幾天都沒有他們的消息，直到他們快駛抵臺灣的前一天，才收到基地拍來的電報，說田立他們被韓國一條漁船救起來了，不久便可接回臺灣。這消息頓時變成他們出擊以來最好的消息，全船都在一片歡欣聲中，大家都希望到臺灣重聚一堂，談談這一次他們各自所遭遇的經過。

六

六月十四日端午節的下午，臺北松山機場貴賓室前擁塞着全國各界的歡迎代表，歡迎田立等六人從海上脫險歸來。一束束鮮紅的花圈，從美麗小姐的手中套上六位英雄的胸前，小朋友的代表把他們每天省下來的糖果錢獻給英雄，高級首長和外賓也上來向他們握手道賀。掌聲，鞭炮聲和歡呼聲交匯成一片熱烈動人的歡迎場面。

六位突擊英雄隨即在機場招待記者，由田立報告他們海上脫險經過，第二天，報上登出他們的新聞和動人的故事。

原來田立這一組所乘的攻擊舟，在撤退中駛往海上集中點的途中，因機件發生故障，在海上漂流了四天五夜後，才被韓國的一艘漁船「心溫」號所救起，送往漢城中國大使館，最後由政府接運返國。

田立說：「在海上最感困難的是沒有淡水喝，在飢渴難耐的情況下，我們只好喝自己的小便……」

「小舟的馬達壞了，只好把衣服撕破了接起來當帆，用繩繫在孫明德的左腳趾上，再把腳放下當舵，所以孫明德的雙腳因泡在水裡太久而變得浮腫，他的足趾被繩子綑得太久也受傷了。」

「六月六日，我們見到水平線上一個小島的影子，大家便用手努力划近小島一看，那是個無人的荒島，沒有食物，我們只好放棄了，回到舟上，已因飢渴過久而全身癱瘓，我們奄奄一息，到被救起時，幾乎是已經失去知覺了……。」

「但是，我們堅信我們終將得救，因爲我們走對了方向，那是自由的一面。」

（五十三年八月號「幼獅文藝」）

民族英雄高鄉長

一

抗戰發生後的第一年。

春天開始悄悄地降臨到南中國的一個濱海的城市——廈門。在過去，這兒的春天該是一個多麼令人迷戀的季節啊！幽靜的海灣裡，泛着點點遊艇，替藍色的海憑添一幅自然的畫面，高高的山崗上，踏着無數戀人的足跡，他們儘情地在大自然的懷抱裡去追求他們甜蜜的夢境，然而今年，這些情景不知到那裡去了，戰爭的陰影籠罩着整個的廈門，人們的心情早已變得像鉛石一樣的沉重，他們嗅不出一點春的氣息，更沒有人去領略那綺麗的春光，只有老年人的驚悸，嘆息和年青人的憤慨激昂，正代表着當時兩種不同人們的心理。

張明顯——一個年青的醫師，瘦長的個子，顴骨微微有點突出，一雙小眼睛，常常眨着眼，嘴角略往下垂，他不大愛說話，因此也很少交際。三年前，跟一位同鄉從臺灣高雄渡海來廈，就在東街開設一家小小的診所，由於平日對病人的照拂不周到，因此營業也就十分清淡了。

五月裡，廈門連接遭受敵機的轟炸，局勢逐漸吃緊起來，不安的謠言也特別多，人們紛紛開始向後方疏散，這時張明顯也覺得自己的診所不能再維持下去了，物價的波動，和醫藥來源的缺乏，而且局勢那麼緊，敵人隨時可能登陸，於是他決心結束營業，自己疏散到後方去。

他原先計劃到韶武去，在他從廈門動身時曾有這個打算，因爲那邊比較安全，有幾個家鄉朋友，可以設法找點事做做，再者自己是學醫出身，更不會有什麼問題，他主意打定，便開始向韶武出發了。

當他行至龍岩的那天，他在街上遇到一位從前的朋友。

「喂！張醫師，你什麼時候來到這裡的，眞巧得很！」那位朋友向他打招呼。

張明顯怔了一下，他斜着眼看看那個向他打招呼的人，似乎在思索。

「張醫師！不認得我了嗎？我們在廈門還見過一次面呢？我叫李子成。」那個人親熱地走近了他，還拍了一拍他的肩。

「啊！子成兄！一時想不起來了，你怎麼也在這裡，可算得眞巧了。」

「這裡談話不方便，我們到對面茶店裡坐下來談談好嗎？」

張明顯點點頭，二個人一同走進了茶店，選了靠牆的一張桌子坐下，茶房泡來二壺紅澄澄的濃茶擺在他們面前。

「張醫師；你廈門的醫院不開了嗎？」還是李子成先開口，他打量着張明顯的上下，呷了一口茶。

「是的，還不是受了局勢影響，那有什麼辦法呢？我打算到韶武去找點事做，你看怎麼樣？」

「到韶武去找工作，可眞不容易呀；現在後方人浮於事，到了那邊的人又想回頭轉呢？」

「那麼？你想有什麼好辦法呢？」張明顯懇切地說。

「我想現在軍隊或許還有點辦法。」他頓了頓，接着又說：「噢！我倒替你想出一條路來了，如果你願意的話。」

「什麼路！」張明顯急急地問。

「到部隊當醫官好嗎？」

「當醫官……」張明顯重複了一遍，他開始被這個新鮮動聽的「官」字迷住了，小眼睛眨動了幾下：「子成兄，你說的是什麼地方呀！」

「近得很，就離城不遠的一個鄉下，那個×長，他是我的老長官，只要我帶你去見見他就成！」

「眞的嗎？」

「當然是眞的，只問你願不願意了。」

「子成兄！我們一見如故，你能在急難中幫我這個大忙，眞使我感激不盡……」張明顯的嘴角浮上一絲笑意，他點點頭，表示已經同意。

「都是老朋友，不必客氣了，我們決定明天去走一趟，你住在什麼地方？明天我來找你，此刻我有點事要先走了。」李子成站起來準備要走，張明顯匆匆地在日記本上撕下一張紙寫了個地址給他，並由他搶先付了賬，二個人走到街心，張明顯感激地和他握了握手說：「明天見！」

張明顯回到旅館，茶房迎着他，他今天似乎特別興奮，他沒有想到會在這裡遇見這樣一位熱心的朋友，去韶武的計劃無形中打消了，他想到以後……這晚，他還做了一個金色的夢。

第二天，李子成和張明顯到了離城四十里的一個鄉下，附近的村子裡都駐滿了隊伍，幾個穿灰色軍服的大兵，土頭土腦的以好奇眼光望着他們。李子成聳聳肩說：「前面那所廟就是。」於是他們加快了步子。

一個衛兵攔住了他們的去路，李子成很熟練地從袋裡掏出一張卡片，衛兵看了，瞪了他倆一眼，便放他們進去了。這座獨立的古廟，被指爲×長的司令部，屋內簡陋的陳設，臨時用竹片隔開來幾個房間，中間一個大天井，光線倒是不壞。他們先在外面等了好一會兒，才看見×長房間裡走出來一個傳令兵說：「李同志，有請」李子成遂拉了張明顯一把，要他跟去見×長，張明顯點點頭，跟他走進了×長室。

×長正坐在一張靠背椅上，用力地在抽他的煙，兩隻腳交叉地架在腿上，他看見他們兩個進來，點點頭，命他們一旁坐下。

「李同志!你介紹的這位同志姓什麼?原來幹什麼的?」×長悠然地噴出一口煙，眼睛朝着張明顯掃了一眼，向李子成發問。

「報告×長，這就是張明顯同志，他是我從前的老朋友，原先是在廈門開醫院的。」李子成大略的向×長介紹了一下，接着又說：「我們部隊醫務人員不是很缺嗎？我介紹他來當醫官，他倒很願意來參加我們的部隊。」

「唔！唔！很好，那就這麼辦吧！」沉默了半晌，×長吸了最後一口煙，把煙蒂拋在地上，從靠椅上站了起來。

「張同志！你參加我們的部隊，吃得了苦嗎？……還有，在我們的部隊裡，是不能隨便離開的！」

「是是」張明顯立正回答着，怯懦地低下了頭。

「唔……」×長點點頭，發着沉重的鼻音，隨即寫了張條子交給李子成，揮揮手，李子成向×長鞠了一躬，把張明顯似綿羊般地帶走了。

二

幾天後，張明顯在村上出現了，他穿着一套灰軍服，像變了另外一個人樣，頭上戴一頂軍帽，遮了大半個腦袋，顯得那樣不相稱，他躑躅在一條小路上，他想到李子成，這個神秘的人物，他把他介紹到這裡來，前二天他又回去了，原先他還不知道這個部隊叫什麼番號？現在他才明白這個部隊是屬於新四軍的一部，他們的軍長葉挺，對於他，葉挺不算是個生疏的名字，他記得從前曾在報紙上看見過似的，漸漸地他也知道了這個部隊是什麼性質？

張明顯變得很快，他原先就是常常表示不滿現狀的一個，此刻他參加了新四軍以後，思想變得更左傾了，他除了熱烈學習，參加各種組會活動之外，對政治也漸漸感到興趣，他想那一個大官，不是在政治圈裡轉過幾轉的？要想飛黃騰達，唯有朝着政治路線發展，他覺得自已幹了四五年醫界，一無成就，如果這樣下去，將來還不是窮一輩子！

在一次偶然的機會裡，他結識了一位姓王的政委，他們時常討論一些關於中國未來的問題，張明顯也就漸漸傾向共產黨，讀起馬列主義來了。

王政委把張明顯的情形反映到上級，上級的命令要他嚴密考核和爭取，三個月後，張明顯已是共黨的一名預備黨員了，他覺得這不僅是他政治事業的開始，還有更大的希望在後面，他還需要努力，以爭取上級的信任。

第二年，他的部隊悄悄地開到了浙西，展開了他們所謂「敵後游擊」的行動，其實他們嘴裡儘喊着「擁護抗戰」「服從國民政府」等一類漂亮的口號，而實際上卻幹着違背國家民族利益的勾當，有一次，他們集結了二萬人，把一團國軍秘密包圍繳械了，他們無異做了敵人的幫兇。

張明顯自來浙西後，他在工作上表現得更積極，並且還兼辦了一個軍中刊物，時常寫些歌頌共軍的文字，不久，上級來了個命令，要調他到皖南邊區去受訓，王政委把命令轉達給他，催他馬上動身去報到。

「作一個共產黨員，對於黨的命令是要無條件服從的，參加了黨，就沒有個人自由意志的行動。」王政委帶着嚴肅的口吻說。

「是！是！」張明顯動身到皖南去了。

六個月的訓練，張明顯很快的由預備黨員爬上中共的正式黨員了，這六個月的訓練，也把張明顯訓練成另外一種人了，他變得殘酷、陰險、狡詐、機警，他還常常這樣想：「做一個共產黨員，是應當如此的！」他學會了怎樣潛伏，怎樣去套取情報，怎樣發展組織，怎樣作煽動和宣傳……十足具備了作一個中共特務的技能，於是上級正式賦予他的工作任務，派他仍回福建作潛伏工作，臨行時他的上級特別指示給他說：「張同志，派你到福建工作，這是一項很重要的任務，到了福建，你可以去和×××同志連絡，他是政府的×長，會給予你許多方便的。不過你要澈底記住：現在國民黨抗戰時期，我們對於抗戰的政策，是一分抗日九分抗國……。」

「抗戰的政策……」張明顯把幾個字在肚子裡重複唸了一遍，啊！他明白了共黨對抗戰的政策是乘機發展力量，準備叛亂。

三

廿九年秋，張明顯來到福建，他的第一步工作，便是和×長取得了連絡，他原來打算到漳州去，可是到了南平之後，就駐足不前了，原因是到漳州的公路已遭破壞，坐船起碼要半個多月，同時他覺得南平這地方倒是值得住上一住，軍政機關大部份都駐在這裡，成爲他活動的對象，於是他便決定住下來了。

這時他的任務是協助×長搜集一些軍政方面的情報，和做些煽動宣傳以及發展組織等工作，他正苦於缺少一個可供利用的助手，恰巧他的鄰居有位小姐，年華雙十，生得楚楚動人，張明顯一來便看中了她，於是便開始向她進攻。如同每個共產黨員一樣，對於女人不是利用就是玩弄，只要是被選中的女人，她的命運就大半被決定了，到了最後，不是遺棄便是作了他們犧牲的工具。

這位鄰居小姐名叫何麗萍，高中畢業以後，便留在家裡幫她的母親料理家事。她有一雙水汪汪的明眸，烏黑的秀髮，襯托着她那蘋果似的臉蛋，分外顯得嫵媚。一個成熟的少女，那能經得起一個男子的幾次誘惑？何麗萍終於成了張明顯手下的一名俘虜。

對於知識婦女，張明顯當然懂得爭取的捷徑，首先，他對她進行思想上的麻醉，和她談些莫明奇妙的社會問題，一個閱世未深的少女，自然容易接受他那套慣於蠱惑的宣傳詞令，何麗萍的思想被矇蔽了，她自以爲變得很前進，她憤恨封建的禮教社會，她不像以前那樣拘束，而變得很放蕩，她再不把男女關係看得是很嚴重的一回事，什麼「貞操」？都是封建名詞，她曾經聽張明顯說毛澤東把男女關係看成「一杯水主義」，那是多麼新鮮的名詞。

這個少女思想的轉變，對於張明顯的爭取工作是相當的順利，他覺得時機已告成熟，他不但要爭取她作爲他的工具，而且他還要佔有她的身子。因爲唯有這麼做，他才能絕對的控制她，他曾有這麼一個殘酷的想法。

一天傍晚，他倆走到野外去散步，在一個小山坡上坐了下來，欣賞着那遲暮的景色，很久很久。

「麗萍，親愛的！我覺得你眞是一個前進的女性！」張明顯像一頭野獸似的發出向她挑逗的聲音。

她沒有回答，回頭來向他嫵媚地一笑，他目光洒落在她的臉上，她的兩顆明眸，像具有無限魅力似的，蕩漾着一股少女青春的美，這使張明顯更靠近了她，撫着她的雙肩。

「麗萍，你怎麼不說話，你說，你愛我不！」

「嗯……」麗萍嬌羞地瞟了他一眼。

張明顯順勢把她摟在懷裡，她沒有拒絕，這時，月光被一片黑雲遮住，四周的虫聲叫得很悽厲，都好像在哀惜這件即將發生不幸的事，色慾泯滅了他的理性，他像一頭兇猛的狼，躺在他懷裡的，卻是一隻可憐的小羔羊，一隻將要被噬的羔羊。

何麗萍就這樣被他蹂躪了，對於一個少女這種不道德的行爲，他並沒有絲毫良心上的愧責，他只認爲是應當這麼做，所以他便做了，他早已被共產主義的教條毀滅了人性，他把人都看成了工具，就連他自己也不例外。

他既佔有了她的身子，他的次一步驟便是如何掌握她使成爲他利用的工具，過去一年來，他曾同樣地煽動不少左傾的青年，作爲他手下的爪牙，他曾誇言，憑他的組織迅速發展，不到二年，他就能控制半個福建省，事實上，他眞的在極力發展組織，而且他的工作，也獲得了上級的嘉勉。

他珍惜那份寶貴的工作成就，他以爲這便是他的政治資本，他想到將來，洋房、汽車、太太……一古腦兒都湧上他的心頭，他樂得從椅子上跳起來，卻不防何麗萍站在後面，使他怔了一怔。

「咦！你什麼時候站在這裡的，不聲不響，嚇我一大跳！」他有點不高興起來了，眉頭微微縐了一下。

「明顯，我有件事想跟你說。」

「什麼事，大驚小怪的！」他從椅子上轉了個身，背向着她。

「明顯，我們的事……媽說勸我們早點結婚……。」她低着頭，懇切地望着他。

「嘿！結婚！小資產階級的意識，在我們共產黨的革命階級，是不容許有這種封建思想存在的，何況我們的婚姻，是要經過黨的批准才行。」他冷冷地回答着。

她心冷了，他說的每個字刺痛了她的心，她沒有想到他竟會這樣的拒絕她，她一陣心痛，撲漱漱地掉下二顆大眼淚，但她是個倔強的女性，馬上收乾了眼淚，對他說：

「明顯，你不能老是這樣敷衍我，你應該對我負責任！」

「責任！什麼責任？兩相情願，誰都可以不負責任！」他冷笑了二聲，不耐煩地從椅子上站了起來，小眼睛裡射出了二道陰險的光。

何麗萍氣得臉色紅一陣，白一陣，她再也忍不住了，她鼓足了勇氣，把手一指：

「你這魔鬼……」她氣得說不出話來，把頭一回跑出去了。

室內發出一陣勝利而陰冷的笑聲。

就在這夜，何麗萍服毒自殺了。

對於她的死，他絲毫沒有感到驚異，他雖然失去了一個可供利用的工具，但他畢竟已玩弄過她，他似乎感到滿足，而且滿足地笑了。

她成了他的第一個犧牲者。

四

三十四年，勝利的歡聲響動了全中國，日本軍閥終於被我們打倒了，全中國人民都以激動而興奮的心情來迎接這份光榮的勝利，對於這，唯有共產黨人的心情是沉重的，因為從此他們失去了趁機坐大的機會，未來形勢顯然對他們是極為不利的，隨着勝利的來臨，共黨的政策也有了大大的轉變，他們不得不暴露武裝叛亂的眞面目，到處襲擊國軍，阻撓接收，同時趁政府全力注意接收之際，他們卻在廣大的後方積極活動起來了。

臺灣——這塊甫經收復的寶島，中共早就異常重視，他們計劃着如何建立臺灣的工作。這時共方給了張明顯一個指示說：「你在福建工作很有成績。現在黨需要你馬上到臺灣去，利用你的家鄉關係，佈置一個工作環境，重點應放在臺灣山地游擊武力的建立，和山胞的掌握運用，以準備迎接未來的軍事登陸。」張明顯接到了這個命令，他想到臺灣是他的故鄉，工作環境當然容易打開，他似乎很有把握，悠然地抽了一枝煙，在室內踱着方步。

翌年春，張明顯踏上了由漳州開往臺灣的船，回到了故鄉高雄，他以勝利者的姿態出現在高雄父老的面前，果然，他憑藉了一點從內地來的關係，就很快地當了光復新報的副社長，他握了報社的實際大權，似是而非的發表一些煽動的謬論。這時他的工作是放在搞好地方關係上，他各處奔走，蠱惑台胞，離間對政府的信仰，挑撥臺灣和大陸同胞的感情，時常製造一些糾紛，終於釀成「二二八」事變的大流血。

當「二二八」的槍聲驚動了整個台灣的時候，張明顯正在嘉義指揮一群暴徒，搶劫了一個軍械庫的械彈，分別搬運入山，作爲未來裝備山地游擊隊的武器。

事變結果，共黨的陰謀沒有實現，他又奉上級命令，叫他和「臺灣省工作委員會」取得連絡，同年八月，擔任該會高雄市支部書記，當時他以副社長的身份掩護活動，誰都沒有想到他竟是一個出賣國家民族利益的中共特務。

卅七年中共在大陸上的軍事形勢顯然已佔着優勢，他們在密切注意着臺灣，由於臺灣特殊的地理形勢，他們認定政治的瓦解比軍事的進攻來得有效，他們妄想以不流血的政治手段來攫取臺灣，因此他們積極加強對台灣的工作，大批共諜的派遣，以各種不同方式潛入臺灣各地，冀圖腐蝕臺灣，使臺灣不戰自潰。

蔡孝乾，這位中共「臺灣省工作委員會」的負責人，他深深讚佩張明顯的工作能力，把他當成一名得力的工作幹部。十月裡，一個初秋的天氣，在北投一次秘密會議中，蔡正式賦予他積極開展山地工作的指示。

「張同志！我們對山地的工作方式，這裡有幾點值得你注意的：第一，我們要適合山地的特殊社會情況，應該儘量爭取利用山地有力份子，最後加以掌握。第二，山地同胞思想單純，不可先談社會問題，應先建立情感，有時我們要用假慈悲的方式，買點山胞所需要的東西送給孩子或老人，裝做尊敬，搞好情感，然後再交給任務。第三，山地工作的組織是特種組織，因爲山胞知識太幼稚，沒有政治色彩，不要急急吸收爲黨員，只賦予他們調查的責任，實際的工作由一般基本組織派人負責。第四，對山胞的宣傳工作，不要拿秘密文件給他們看，即使有個別思想前進份子，也儘可能用口頭宣傳。第五，在山地設立簡單工廠，吸引民心，並建立經濟基礎……。」

「是！是！」張明顯帶着一顆沉重的心踏上了南下的火車回到高雄。

他計劃着今後的工作步驟，首先他設法辭去了光復新報副社長的職務，他來到嘉義，在城內佈置了一個連絡站，然後他到了阿里山的樂野村，和預先潛伏的共幹劉石柱、劉水龍、黃至超、陳正宸等四人，共同開設了一家小型的醬油工廠，作爲他們職業的掩護，暗中卻幹着傷天害理的賣國勾當。

阿里山，這座綿亙台灣東南部的名山，在那裡，你可欣賞到原始山林的幽美，與山胞淳樸愉快的生活。光復後，政府對山胞像慈母一樣的撫愛着他們，山胞是熱愛祖國的，當張明顯等一班人妄想用種族關係去離間他們對政府的擁戴，他們說山地同胞是南洋群島的人種，而不是屬於中華民族的，但他們都有一個共同的認識，那就是他們不變的膚色，是黃種人，而不是南洋群島的棕色人種，張明顯他們的陰謀沒有達到。

卅八年底，大陸軍事急轉直下，台灣變成政府最後的根據地了，在中共仍妄圖以政治的滲透來達成其所謂「解放臺灣」的迷夢，他們認定臺灣山地擁有優越的地理條件，和十多萬可資利用的山胞，因此中共的指示是：「加緊控制山區。」

這時候張明顯的目標轉向山地行政機構來了，他認爲只要能掌握住政府在山地的行政機構，十多萬山胞就不難俯首聽命了，因此他開始對嘉義吳鳳鄉鄉長高一生做了一番爭取工作。

一天，吳鳳鄉鄉長家忽然來了二個陌生客，對於陌生客人的來訪，這是常有的事。所以高鄉長還是很客氣的迎着他們，連說：「請坐請坐！」兩位客人也就很自然的坐了下來。

「高鄉長！久仰得很！今天我們特地不揣冒昧的來拜訪，同時帶來幾瓶小店出產的醬油，請鄉長收下不要見笑，表示我們一點敬意！」張明顯重重地吸進了一口煙，臉上飄起一絲詭譎的微笑。

「不敢當！不敢當！這二位先生貴姓，尊處是……」

「我姓王，名叫顯仁，他叫謝志達，我們都住在樂野，開醬油廠的，高鄉長有便請到小廠指教指教，我們十分歡迎！」張明顯看了他那同伴一眼，嘿嘿地笑了二聲，在他那二聲笑裡，包含了多少陰險詭詐。

「謝謝兩位的好意！到這裡來沒有什麼招待，抱歉得很！」高鄉長謙恭地搓搓手。

「那裡！那裡！高鄉長只要不嫌棄我們，我們以後還要時常來叨擾呢？」

「請便！請便！二位儘管請過來好了！」高鄉長笑着點點頭，他們開始談些不着邊際的話，便算結束了這次的訪問。

以後，張明顯便常常走到高鄉長那裡，和他談些時局問題，臺灣的將來問題，他責罵政府，危言聳聽，極盡挑撥之能事，漸漸地，高鄉長也開始對他懷疑，他覺得他有些異樣，但他表面依然敷衍他，偶爾也附和一些類同的意見，這使張明顯大為高興，他認為爭取時機已告成熟，他毋須再偽裝了，於是他暴露出來本來的面目。

「高鄉長！未來的局勢，解放臺灣的命運是註定了的，你如果趁這時加入共產黨，我可保證你的生命財產和地位將不受影響，否則，臺灣解放了，只要是在國民黨政府裡工作的人，都逃不掉被清算的命運……」出乎張明顯的意料之外的高鄉長並沒有屈服他的恫嚇，相反的在他的心中激起了一股憤慨的怒火，他覺得這一個民族的敗類，不效忠國家，而出賣國家，他不能容忍了，他勇敢地向當局檢舉了他。

張明顯等一班賣國的叛徒被捕之後，他所藏匿山中的兩批武器也被發掘出來了，中共的陰謀非但沒有實現，反更加深山胞對政府忠誠的擁戴。高鄉長眞不愧是一位可佩服的民族英雄。

（新中國出版社「匪諜落網紀實」）

編後記

在完成本書的編校工作，行將付印之前，作者想借此機會，對在臺的幹校新聞系老同學姜龍昭教授，和承印本書的臺北文史哲出版社負責人彭正雄先生以及他社內其他有關同仁，分別表示我衷心的感謝。由於他們熱心的協助與指導，本書才得以順利問世。

「採訪憶往」一書從籌備到出版，前後經過了三個年頭，也恰好是橫跨了兩個世紀。當初我決定要在國內出書，但如何又能在臺北挑選一家適當的出版社？那是頗費周章的事。幸有龍昭兄代勞奔走，最後我中意「文史哲」，因它的名字涵蓋了本書的內容，由它來出版，那是最恰當不過的了。

另外值得一提的是本書的書名，最早我想用「採訪集」來作書名，但龍昭兄覺得它沒有什麼文藝氣息，經過數度討論之後，才決定改用現在的書名。他和出版社並也提出一些其他方面的改進意見，諸如封面的設計、圖片的增添與版面的編排等等，使本書能夠引人入勝。因此呈現在讀者面前的，它應該是一本可讀和可看的好書。

二〇〇一年暮春三月作者於美國舊金山灣區